KB125761

4월 테제

레닌 전집 후원회

강건	강건영	권성현	권용석	권일천
김가온	김누리	김건수	김동석	김로자(정우재)
김미르	김성인	김성훈	김연수	김영범
김요한	김용화	김우철	김은림	김지유
김태균	김태남	김태영	김태훈	김향진
김현우	김형석	김형철	김희란	나미선
나석채	나수빈	노준엽	단풍	또토
몽실아빠	민들레홀씨	박경순	박근홍	박민하
박상빈	박상흠	박원일	박윤종	박정직
박정호	박준성	박회송	배예주	백건우
백종성	백철현	볼셰비키그룹	서인형	선경지연
손동규	손민석	손형선	송기철	송서경
송석준	신유재	신정욱	양은정	양준호
양찬우	엄길용	왕승민	우빈	우종우
월간 워커스	유가람	유재언	이교희	이김건우
이대명	이동현	이문열	이성철	이원호
이은경	이주용	이지수	이태진	이평세
이효정	이희욱	임세환	임용현	임재성
전경민	전경진	정경직	정나위	정동헌
정연용	정영섭	정진헌	정한영	조명숙
조원하	주동빈	지동섭	채재웅	채주병
천미라	초라	최명숙	최의왕	함진철
허영식	허운	홍류서연	홍정익	황형수
∀				

066 레닌
전집

Владимир
Ильич
Ленин

4월 테제

현재의 혁명에서 프롤레타리아트의 임무

양효식
옮김

AGORA

차례

일러두기

1. 본 전집의 대본은 V. I. Lenin, *Collected Works*, Progress Publishers, Moscow다.
2. 주석은 모두 각주로 처리했으며, 저자 주는 주석 앞에 '레닌 주'라고 표기했다. 원서 편집자 주는 주석 뒤에 '원서 편집자', 옮긴이 주는 '옮긴이'라고 표기했다.
3. 원문에서 이탤릭체로 강조된 것은 고딕체로 표기했으며, 볼드체로 강조된 것은 굵은 글씨로, 대문자로 강조된 것은 권점을 사용해 표기했다. 밑줄이 그어진 것은 동일하게 처리했다.
4. 신문이나 잡지의 이름은 우리말로 번역되어 익히 알려져 있거나 사용되고 있는 경우에는 번역된 우리말로 표기했으나, 그렇지 않은 경우에는 소리 나는 대로 표기했다.
5. 날짜는 러시아 구력이며, 신력을 표기할 때는 구력을 먼저 적고 괄호 안에 신력을 표기했다.

4월 테제

현재의 혁명에서
프롤레타리아트의 임무

이 글의 원제는 "현재의 혁명에서 프롤레타리아트의 임무"
지만, "4월 테제"라는 이름으로 더 널리 알려져 있다. 그래서 이
책에서는 "4월 테제"를 원제보다 더 앞에 내세워 책의 제목으로
처리했다.—편집자

내가 4월 3일(16일) 밤에야 페트로그라드에 도착한 탓에 4월 4일 집회에서는, 혁명적 프롤레타리아트의 임무에 관한 보고를 오직 나 개인의 명의로만, 그것도 준비가 충분치 못하다는 단서를 단 상태로 제시할 수밖에 없었다.[1]

나 자신에게——또 선의의 반대자들에게도——일을 편하게 만들기 위해 내가 할 수 있었던 유일한 작업은 이 테제를 문서로 준비하는 것뿐이었다. 나는 이 테제를 낭독하고 나서 그 문서를 체레텔리(Tsereteli) 동지에게 건네주었다. 나는 테제

---

[1] 1917년 4월 7일 《프라우다》 26호에 N. 레닌의 서명으로 발표된 이 글은 1917년 4월 4일(17일)에 타우리다 궁에서 열린 두 집회(하나는 볼셰비키의 집회였고, 다른 하나는 노동자·병사 대표 소비에트 전(全) 러시아 협의회의 볼셰비키 대의원과 멘셰비키 대의원의 합동 집회였다)에서 레닌이 낭독한 유명한 4월 테제를 내용으로 하고 있다. 이 글은 볼셰비키 신문 《사회민주주의자Sotsial-Demokrat》(모스크바), 《프롤레타리Proletary》(하리코프), 《크라스노야르스키 라보치Krasnoyarsky Rabochy》(크라스노야르스크), 《브페료드Vperyod》(우파), 《바킨스키 라보치Bakinsky Rabochy》(바쿠), 《카프카즈키 라보치Kavkazky Rabochy》(티플리스) 등에 실렸다.──원서 편집자

를 아주 천천히, 두 번 낭독했다. 먼저 볼셰비키의 집회에서, 다음에는 볼셰비키와 멘셰비키의 합동 집회에서.

이 개인적인 테제는 아주 짧은 주해만 붙여 발표하지만, 보고서에는 훨씬 더 상세한 주해를 달아두었다.

테제

1) 르보프(Lvov) 일파의 새 정부 치하에서도, 이 정부의 자본가적 성격 때문에 전쟁은 러시아의 입장에서 지금도 의문의 여지 없이 약탈적 제국주의 전쟁이다. 따라서 이 전쟁에 대한 우리의 태도에 있어 '혁명적 조국방위주의'에 조금이라도 양보하는 것은 용납되지 않는다.

계급적으로 각성한 프롤레타리아트는 오로지 다음의 조건이 충족되는 경우에만, 혁명적 조국방위주의의 정당성이 보장되는 혁명적 전쟁에 동의할 수 있다. (a)권력이 프롤레타리아트와 그들과 손을 잡은 빈농에게로 넘어간다. (b)말로만이 아니라 실제로 모든 영토 병합을 포기한다. (c)모든 자본의 이익과 실제로 완전히 단절한다.

전쟁을 정복의 수단이 아니라 불가피한 것으로 여기기 때문에 혁명적 조국방위주의를 믿는, 대중 가운데 **폭넓은** 층의 의심할 바 없는 선의를 고려할 때, 그들이 부르주아지에게 기만당하고 있다는 사실을 고려할 때, **특별히 철저하고 끈질기고 참을성 있게** 그들에게 그들의 오류를 설명하는 것이 필요하다. 또 자본과 제국주의 전쟁의 불가분의 관계를 설명하는 것이 필요하다. 그리고 자본을 타도하지 않고서는, 전쟁을 끝장내는 것은——폭력이 강제한 평화가 아니라 진정 민주적인 평화로 전쟁을 끝장내는 것——**불가능하다는 사실**을 증명하는 것이 필요하다.

전선에 있는 군대 내부에서 이런 생각을 최대한 널리 보급하는 선전 활동을 조직해야 한다.

양측 병사들의 우애 관계의 형성.

2) 러시아 현 시기의 특수성은, 프롤레타리아트의 계급적 자각과 조직화가 충분치 못해 권력을 부르주아지에게 넘겨준 혁명의 최초 단계에서, 프롤레타리아트와 빈농에게로 권력을 넘기지 않으면 안 되는 혁명의 **두 번째** 단계로 **이행**하고 있다는 점이다.

이 이행의 첫 번째 특징은 합법성을 최대한 확보했다는 것이다(러시아는 지금 세계의 모든 교전국들 가운데 가장 자유로운 나라다). 두 번째 특징은 대중에 대한 폭력이 존재하지 않는다는 것이다. 마지막 특징은 평화와 사회주의의 최대의 적인 자본가 정부에 대하여 대중이 불합리한 신뢰를 보이고 있다는 것이다.

이와 같은 특수성이 우리에게 요구하는 것은, 이제 막 정치 생활에 눈뜬 유례없이 광범한 프롤레타리아 대중 속에서의 당 활동이 맞이하는 **특수한** 조건에 우리가 적응할 수 있어야 한다는 것이다.

3) 임시정부는 지지하지 않는다. 그 모든 공약, 특히 영토병합을 포기한다는 공약은 완전히 거짓임을 설명해야 한다. 이 정부, 자본가들의 정부에 제국주의적이기를 **그만두라고** 하는 식의 환상을 심는, 용납될 수 없는 '요구'를 할 것이 아니라 이 정부를 폭로해야 한다.

4) 부르주아지의 영향에 굴복하여 프롤레타리아트에게 부르주아지의 영향을 전달하고 있는 인민사회주의자들[2]과 사

2 '인민사회주의자들'은 근로인민사회당의 당원들을 가리키는 이름이다. 근로인민사회당은 1906년에 사회주의혁명가당 우파에서 분리한 소부르주아 정당이다. 인민사회주의자들은 카데츠와의 블록 결성에 찬성했다. 레닌은 이들을 "사회카데츠", "소부르주아적 기회주의자들", 카데츠와 사회주의혁명가당 사이에서 동요하는 "사회주의혁명가당 멘셰비키"라고 불렀으며, 이 당이 "자신의 강령에서 공화제와 모든 토지 몰수 요구를 삭제하여 카데츠와 거의 다를 바가 없게 되었다"(「러시아 정당 분류 시도An Attempt at a Classification of the Political Parties of Russia」(본 전집 31권에 수록─편집자) 참조.─원서 편집자)고 강조했다. 이 당의 지도자는 A. V. 페셰호노프(Peshekhonov), N. F. 아넨스키(Annensky), V. A. 미야코틴(Myakotin) 등이었다. 1차 세계대전 동안 인민사회주의자들은 사회배외주의적 입장을 취했다. 1917년 2월 부르주아 민주주의 혁명 후 트루도비키와 통합하여 부르주아 임시정부를 적극 지지했고, 각료도 파견했다. 10월 사회주의 혁명 후에는 소비에트 정부에 대항하는 음모와 무력 행동에 가담했다가 열강의 군사 개입과 내전이 진행되는 동안 소멸했다.─원서 편집자

회주의혁명가당3부터 조직위원회(치헤이제〔Chkheidze〕, 체레텔리
등)4와 스테클로프(Steklov) 등에 이르는 모든 소부르주아적 기
회주의 분자들의 블록에 비하여 우리 당은 대다수의 노동자
대표 소비에트 내에서 소수파라는 사실을, 지금으로서는 작

3 1901년 말부터 1902년 초까지 각종 나로드니키 그룹과 서클(사회주의
혁명가동맹, 사회주의혁명당 등)이 통합하여 결성한 소부르주아 정당.
이 당의 견해는 나로드니키주의와 수정주의를 절충적으로 섞어놓은 것
이었다. 레닌의 표현에 따르면, 그들은 "나로드니키 사상의 해진 틈을 현
재 유행하는 기회주의적인 마르크스주의 '비판'으로 기우려 했다."(「사회
주의와 농민Socialism and the Peasantry」〔본 전집 26권에 수록―편집
자〕참조.―원서 편집자) 1차 세계대전 동안 사회주의혁명가당의 대다
수는 사회배외주의적 입장을 취했다.

1917년 2월 부르주아 민주주의 혁명의 승리 후, 사회주의혁명가당은
멘셰비키 및 카데츠와 함께 부르주아지와 지주 들의 반혁명적 임시정부
를 떠받치는 버팀목이 되었고, 이 당의 지도자들(케렌스키, 압크센티예
프, 체르노프)은 정부 각료가 되었다. 사회주의혁명가당은 농민의 지주
소유지 철폐 요구를 지지하길 거부했고, 사실상 토지의 사적소유를 옹
호했다. 임시정부의 사회주의혁명가당 각료들은 지주 소유지를 탈취한
농민들을 응징하기 위해 토벌대를 보냈다. 10월 무장 봉기 전야에 이 당
은 자본주의 체제를 수호하고자 공공연하게 반혁명 부르주아지의 편에
서면서 혁명적 인민 대중으로부터 고립되었다.

1917년 11월 말에 사회주의혁명가당 좌파는 따로 좌익사회주의혁명
가당을 결성했다. 좌익사회주의혁명가당은 농민 대중에 대한 영향력을
유지하려고 정식으로 소비에트 정부를 인정하고 볼셰비키와 협정을 맺
었으나, 곧 소비에트 권력에 등을 돌렸다.

10월 혁명을 무너뜨리기 위한 열강의 군사 개입과 내전이 진행되는
기간에 사회주의혁명가당은 반혁명 전복 활동에 뛰어들어 개입주의 열
강과 백군 장군들을 열렬히 지지하며, 반혁명 음모에 가담하여 소비에
트 국가와 공산당 지도자들에 대한 테러를 조직했다.―원서 편집자

은 규모의 소수파라는 사실을 인정해야 한다.

노동자 대표 소비에트는 혁명정부의 유일하게 가능한 형태라는 것, 따라서 이 정부가 부르주아지의 영향에 빠져 있는 한, 우리의 임무는 참을성 있고 체계적이며 끈질기게 그들 전술의 오류를 설명하는——특히 대중의 **실천적** 필요에 부응하는 방식으로 설명하는——것 외에는 없다는 것을 대중이 알게 해야 한다.

우리가 소수파인 한, 우리는 오류를 비판하고 폭로하는 활동을 수행하는 것과 동시에 대중이 경험에 의해 오류에서 헤어나올 수 있도록 모든 국가권력을 노동자 대표 소비에트로 옮길 필요를 선전해야 한다.

5) 의회제 공화국이 아니라——노동자 대표 소비에트에서 의회제 공화국으로 되돌아가는 것은 후퇴다——전국에 걸친 위에서부터 아래까지의 노동자·농업노동자·농민 대표 소비에트들의 공화국이다.

경찰, 군대, 관료의 폐지.5

관리는 모두 선거로 뽑고 언제든지 소환 가능하게 하며, 봉급은 숙련 노동자의 평균 임금을 넘지 않게 한다.

---

4 멘셰비키의 지도 중앙. 1912년에 청산파의 8월 협의회에서 결성되었다. 1차 세계대전 동안 차리즘의 편에 서서 전쟁을 정당화했고, 민족주의와 배외주의 이념을 전파했다. 1917년 8월에 멘셰비키 당의 중앙위원회가 선출될 때까지 존속했다.—원서 편집자

5 레닌 주 즉 상비군을 대신하여 모든 인민을 무장시키는 것.

6) 농업 강령에서는 무게 중심을 농업노동자 대표 소비에 트로 옮겨야 한다.

모든 지주 소유지의 몰수.

전국의 모든 토지를 국유화하고, 토지의 처분은 지역의 농업노동자·농민 대표 소비에트에 맡긴다. 빈농 대표 소비에트를 따로 만든다. 모든 대농장에 농업노동자 대표 소비에트의 통제하에 공공 비용으로 시범농장을 설립(지역 조건을 비롯한 그 밖의 조건에 따라, 해당 지방 기관의 결정에 의거하여 약 100~300데샤티나[6]의 규모로)한다.

7) 전국의 모든 은행을 즉각 단일한 국립 은행으로 통합하고, 노동자 대표 소비에트가 이 국립 은행을 통제한다.

8) 우리의 당면 임무는 사회주의를 '도입'하는 것이 아니라, 사회적 생산과 생산물의 분배를 지금 즉시 노동자 대표 소비에트의 통제하에 두는 것일 뿐이다.

9) 당의 임무.

 (a) 당 대회의 즉각 소집.

 (b) 당 강령의 개정. 주되게는,

  (1) 제국주의와 제국주의 전쟁 문제.

  (2) 국가에 대한 태도와 '코뮌 국가'[7]라는 우리의 요구.

---

6 데샤티나는 러시아의 토지 면적 단위이며, 1데샤티나는 10,920제곱미터다.—원서 편집자

7 레닌주 파리 코뮌을 원형으로 하는 국가.

(3) 시대에 뒤떨어진 최소강령의 수정.

(c) 당명 변경.[8]

10) 새로운 인터내셔널.

혁명적 인터내셔널, 즉 **사회배외주의자**와 '중앙파'[9]에 반대하는 인터내셔널의 창립을 주도해야 한다.

왜 내가 드문 예외로 선의의 반대자의 '경우'를 특히 강조해야 했는지 독자에게 이해시키기 위해 나는 앞의 테제를 골덴베르크(Goldenberg) 씨의 다음과 같은 반론과 비교해보길 권한다. 골덴베르크 씨는 레닌이 "혁명적 민주주의파의 한가운데에 내란의 깃발을 꽂아놓았다"(플레하노프(Plekhanov) 씨의 《예딘스트보*Yedinstvo*》[10] 5호에서 인용)고 말했다.

8 레닌주 전세계적으로 그 공식 지도자들('조국방위파'와 동요하는 '카우츠키(Kautsky) 파')이 사회주의를 배반하고 부르주아지의 편으로 탈주해버린 '사회민주당'이라는 명칭을 대신하여 우리는 우리 자신을 공산당이라고 불러야 한다.

9 레닌주 국제 사회민주주의 운동 내에서 '중앙파'는 배외주의자(='조국방위파')와 국제주의자 사이에서 동요하는 조류다. 독일의 카우츠키 일파, 프랑스의 롱게(Longuet) 일파, 러시아의 치혜이제 일파, 이탈리아의 투라티(Turati) 일파, 영국의 맥도널드(MacDonald) 일파 등이 그들이다.

10 '단결'이라는 뜻. 1917년 3월부터 11월까지 페트로그라드에서 발행된 일간지. 1917년 12월부터 1918년 1월까지는 다른 이름으로 발행되었다. 플레하노프가 편집했다. 멘셰비키 조국방위파 가운데 가장 우익적인 부분을 통합하여 부르주아 임시정부를 지지했다. 볼셰비키 당에 맞서 맹렬한 반대 투쟁을 벌였다.—원서 편집자

16

주옥같은 말 아닌가?

나는 다음과 같이 쓰고, 읽어주고, 잘 알아듣게 설명했다. "혁명적 조국방위주의를 믿는, 대중 가운데 **폭넓은** 층의 의심할 바 없는 선의를 고려할 때, 그들이 부르주아지에게 기만당하고 있다는 사실을 고려할 때, **특별히 철저하고 끈질기고 참을성 있게** 그들에게 그들의 오류를 설명하는 것이 필요하다."

그러나 사회민주주의자라고 자칭하고는 있지만 **폭넓은** 층에 속하지도, 조국방위주의의 신봉자 대중에도 속하지 않는 부르주아 신사분들이 낯두껍게도 나의 견해를 이런 식으로 제시한다. "혁명적 민주주의파의 한가운데에(!!) 내란의 깃발(! 테제에서도, 보고에서도 이런 말은 한 마디도 언급되지 않았다!)을 꽂아놓았다.(!)"

대체 이게 무슨 말인가? 이게 폭동이나 부추기는 《루스카야 볼랴*Russkaya Volya*》[II]의 선동과 다를 게 뭐가 있는가? 나는 다음과 같이 쓰고, 읽어주고, 잘 알아듣게 설명했다. "노동자 대표 소비에트는 혁명정부의 유일하게 가능한 형태라는 것, 따라서 …… 우리의 임무는 참을성 있고 체계적이며 끈질기게 그들 전술의 오류를 설명하는——특히 대중의 **실천적** 필요

II   '러시아의 자유'라는 뜻. 부르주아 일간지로 1916년 12월부터 1917년 10월까지 페트로그라드에서 발행되었다. 대은행의 돈으로 창간되고 운영되었다. 볼셰비키를 겨냥한 테러를 선동했다. 레닌은 이 신문을 가리켜 가장 혐오스런 부르주아 신문 중 하나라고 했다.—원서 편집자

에 부응하는 방식으로 설명하는——것 외에는 없다."

그런데도 모종의 반대자들은 나의 견해를 "혁명적 민주주의의 한가운데에서 내란"을 호소하는 것이라고 표현한다!

내가 임시정부를 공격한 것은 임시정부가 신속하게 제헌의회 소집 날짜를 정하지 않고, 아니 아예 날짜를 정하지 않고, 그저 입으로 공약만 하기 때문이었다. 나는 노동자·병사 대표 소비에트가 없다면 제헌의회 소집은 보장되지 않으며 그것의 성공은 불가능하다고 주장했다.

그런데도 마치 내가 제헌의회를 신속히 소집하는 데 반대하는 의견을 지니고 있는 것처럼 왜곡하고 있는 것이다!

만약 내가 수십 년에 걸친 정치투쟁의 교훈을 통해 반대자의 선의는 드문 예외라고 간주하는 습관을 갖게 되지 않았다면, 나는 이것을 "헛소리"라고 불렀을 것이다.

플레하노프 씨는 자신의 신문에서 나의 연설을 "헛소리"라고 불렀다. 참 훌륭하군요, 플레하노프 씨! 하지만 당신의 논박이 얼마나 서툴고 졸렬하고 우둔한지 보시오. 만약 내가 두 시간 동안이나 한 말이 헛소리였다면, 어떻게 수백 명의 청중이 그 "헛소리"를 참고 들었겠소? 게다가 왜 당신의 신문은 칼럼 하나를 다 바쳐 그 "헛소리"를 전한 거요? 앞뒤가 안 맞아도 이렇게 안 맞을 수가 있나!

물론 마르크스와 엥겔스가 1871년, 1872년, 1875년에 파리 코뮌의 경험에 관하여, 프롤레타리아트에게 필요한 **종류**의 국가에 관하여 무슨 말을 했는지 그것을 전하고 설명하고 상기시키려고 하는 것보다는, 소리치고 욕하고 으르렁대는 게 훨씬 더 쉽겠지.

왕년의 마르크스주의자 플레하노프 씨는 아무래도 마르크스주의를 떠올리고 싶어하지 않는 것이 분명하다.

나는, 1914년 8월 4일에 독일 사회민주당을 "악취 풍기는 시체"라고 불렀던 로자 룩셈부르크(Rosa Luxemburg)의 말을 인용했다. 그러자 플레하노프, 골덴베르크 일당은 '불쾌해' 했다. 누구를 대신해서? 독일 배외주의자를 대신해서. 그들을 배외주의자라 했다는 이유로!

말로는 사회주의자지만 실제로는 배외주의자인 이 가련한 러시아 사회배외주의자들은 혼란에 빠져버렸다.

| 《프라우다》 26호, 1917년 4월 7일

우리는 어떻게 도착했는가

이 글은 레닌이 페트로그라드 소비에트 집행위원회에 제출한 보고서다. 레닌과 함께 스위스에서 귀국한 망명자들의 위임하에 레닌이 작성해, 페트로그라드에 도착한 다음 날인 1917년 4월 4일(17일)에 제출했다.—원서 편집자 이미 사회주의 신문에는 영국과 프랑스 정부가 망명 중인 국제주의자들의 러시아 입국을 거부했다는 소식이 보도된 바 있다.

여기에 도착한 다양한 당파의 망명자 32명(그 중 19명은 볼셰비키, 6명은 분트 파, 3명은 파리에서 발행된 국제주의적 신문 《나셰 슬로보*Nashe Slovo*》의 지지자)은 다음과 같이 공표하는 것이 우리 자신들의 의무라고 생각했다.

우리가 스톡홀름으로부터 받는 대로 바로 공표할 여러 문서들(스웨덴-러시아 국경이 영국 정부의 지배를 받고 있어 그 문서들을 가져올 수 없었다)이 있는데, 이 문서들은 앞에서 언급한 "연합국" 정부들이 이와 관련하여 하고 있는 개탄스런 노릇을 만인 앞에 드러내줄 것이다. 이 점에 대해서는 다음 내용만 언급하겠다. 23개 그룹(중앙위원회, 조직위원회, 사회주의혁명가당, 분트 등을 포함한)의 대표가 참가하고 있는 취리히 망명자귀국위원회는 전원일치로 채택한 결의 속에서, 영국 정부는 고국으로 돌아가서 제국주의 전쟁 반대 투쟁에 참가할 가능성이 있는 망명 국제주의자들의 귀국을 막기로 결정했다는 사실을 공공연하게 확인했다.

영국 정부의 이런 의도는 이미 혁명 첫날부터 망명자들에게 명료하게 드러났다. 사회주의혁명가당(M. A. 나탄손〔Natanson〕), 러시아 사회민주노동당 조직위원회(L. 마르토프〔Martov〕), 분트(코솝스키〔Kosovsky〕) 등의 각 당 대표자 회의에서는 러시아에 억류되어 있는 독일인, 오스트리아인 포로와 교환하는 조건으로 이들 망명자들이 독일을 지나칠 수 있게 하자는 안이 수립되었다(이 방안을 제안한 사람은 마르토프다).

이런 내용을 담은 전보가 러시아로 타전되었고, 그와 동시에 스위스 사회주의자들을 통해 이 방안을 실행하기 위한 조치가 취해졌다.

러시아로 보낸 전보는 차단되어 아무 응답도 받지 못했는데, 우리 임시 '혁명정부'(또는 그 지지자들)가 한 짓이 틀림없다.

러시아에서 답신이 오길 기다린 지 2주가 지났을 때, 우리는 앞에서 언급한 방안을 우리 스스로 실행하기로 결의했다(다른 망명자들은 그때까지도 임시정부가 망명자 전원의 통과증을 확보하기 위한 조치를 취할 거라고 믿으면서 좀 더 기다려보자고 했다).

스위스의 국제파 사회주의자 프리츠 플라텐(Fritz Platten)이 모든 일을 전결 처리했다. 그는 스위스 주재 독일 대사와 주의

깊게 문안을 만들어 문서로 협약을 체결했다. 우리는 이 협약 전문을 공개할 것이다. 그 주요 항목은 다음과 같다. (1)전쟁에 대해 어떤 견해를 지닌 사람이냐와 관계 없이 망명자 전원을 이번 귀국의 대상으로 한다. (2)망명자가 탈 열차는 치외법권을 갖는다. 플라텐의 허가 없이는 누구도 열차 안에 들어갈 수 없다. 여권과 수하물 모두 어떤 검사도 받지 않는다. (3)귀국자는 러시아 국내에서, 통과를 허가받은 망명자와 같은 수의 오스트리아인, 독일인 억류자를 교환해야 한다고 선동할 의무를 갖는다.

귀국자들과 연락을 취하려는 독일 사회민주당 다수파의 모든 시도를, 귀국자들은 단호히 거부했다. 열차 안에서는 줄곧 플라텐이 망명자들의 곁을 지켰다. 그는 우리와 함께 페트로그라드까지 동행할 예정이었으나 러시아의 국경(토르네오)에서 억류되어버렸다. 바라건대 우리는 그 억류가 일시적인 것이리라 믿는다. 교섭은 모두 외국의 여러 국제파 사회주의자들이 참석한 가운데, 그들의 완전한 동의를 얻어 진행되었다. 귀국에 관한 의정서에는 두 명의 프랑스인 사회주의자 로리오 (Loriot)와 길보(Guilbeaux), 리프크네히트 그룹의 사회주의자(하르슈타인(Hartstein)), 스위스의 사회주의자 플라텐, 폴란드의 사회민주주의자 브로지스키(Broziski), 스웨덴 사회민주당 국회의원 린드하겐(Lindhagen), 카를레손(Carleson), 슈트룀(Ström), 투레 네르만(Ture Nerman) 등이 서명했다.

"카를 리프크네히트(Karl liebknecht)가 현재 러시아에 있다면, 밀류코프(Milyukov)들은 기꺼이 그를 독일로 석방할 것이다. 베트만 홀베크(Bethmann Hollweg)[1]들은 러시아의 국제주의자 여러분을 러시아로 석방하려 하고 있다. 여러분의 임무는 러시아로 가서, 거기서 독일 제국주의와도, 러시아 제국주의와도 싸우는 것이다." 이것이 그 국제파 동지들이 우리에게 한 말이다. 우리는 그들이 옳았다고 생각하고 있다. 우리는 노동자·병사 대표 소비에트 집행위원회에 귀국에 대한 보고를 할 것이다. 노동자·병사 대표 소비에트 집행위원회가 우리 귀국자들과 같은 수의 억류자, 특히 저명한 오스트리아 사회주의자 오토 바우어(Otto Bauer)를 석방시키고, 사회애국주의자들로만 한정되지 않는 망명자 전원의 러시아 귀환을 가능케 할 것이라고 우리는 믿고 있다. 우리는 《레치Rech》[2]보다 왼쪽에 있는 신문은 국외에 보내는 것이 허락되지 않는, 심지어 노동자·병사 대표 소비에트가 만국의 노동자에게 보내는 선언[3]조차 외국 언론에 실리는 것이 허락되지 않는 전대미문의 상태에 집행위

---

1   베트만 홀베크는 1차 세계대전 시기의 독일의 총리였다. 보수적 입장에서 내정개혁, 영국과의 화해 등을 꾀했으나 모두 철저하지 못해 국내외의 대립만 격화시켰다. 1909년부터 1917년 7월까지 재임했다.—편집자

2   '말'이라는 뜻. 카데츠 당(입헌민주당)의 중앙기관지로서 일간지다. 1906년 2월부터 페테르부르크에서 발행되었다. 1917년 10월 26일(11월 8일) 페트로그라드 소비에트 군사혁명위원회에 의해 폐간되었고, 1918년 8월까지는 다른 이름으로 발행되었다.—원서 편집자

원회가 종지부를 찍을 것이라 믿는다.

1917년 4월 4일(17일)에 집필
1917년 4월 5일 《프라우다》 24호와 《이즈베스티야》 32호에 발표

3 1917년 3월 14일(27일)에 페트로그라드 소비에트 회의에서 채택된 노동
자·병사 대표 소비에트의 선언인 「전세계 인민들에게」를 가리킨다. 이
선언은 3월 15일 각 중앙 신문들에 발표되었다. 노동자·병사 대표 소비
에트의 다수파를 장악하고 있던 사회주의혁명가당과 멘셰비키의 지도
부들은 전쟁 종결을 요구하는 혁명적 대중의 압력 때문에 이 선언을 채
택하지 않을 수 없었다.
    이 선언은 교전국 각국의 노동자에게 평화를 위한 행동에 나설 것을
촉구했다. 그러나 이 선언은 전쟁의 약탈적 성격을 폭로하지 않았으며,
평화를 위한 투쟁의 그 어떤 실천적 조치도 제안하지 않았다. 그로 인
해 사실상 부르주아 임시정부가 제국주의 전쟁을 계속하는 것을 정당화
했다.—원서 편집자

두 세계

《레치》와《노보예 브레먀*Novoye Vremya*》[1] 등의 자본가 신문들은 우리가 독일을 지나쳐 온 것을 반대하는 논설을 발표하며, 은근히 귀국자들이 독일 제국주의를 돕고 있다는 식의 주장을 펼치고 있다.[2]

노동자·병사 대표 소비에트의 《이즈베스티야*Izvestia*》[3]는 어제 《프라우다*Pravda*》[4]에 발표된 보고——도착 후 바로 다음 날에 노동자·병사 대표 소비에트 집행위원회에 제출한 보고——전문(全文)을 실었다.[5] 더불어 《이즈베스티야》는 집행위

---

1   '새 시대'라는 뜻. 반동 귀족과 관료 사회의 일간신문으로 1868년부터 페테르부르크에서 발행되었다. 1905년 후에는 흑백인조의 기관지가 되었다. 레닌은 이 신문을 가리켜 매수된 부패 언론의 전형이라고 했다. 2월 혁명 후 《노보예 브레먀》는 부르주아 임시정부의 반동적 정책을 전면적으로 지지하며, 볼셰비키에 대한 악의적인 비방 캠페인을 펼쳤다. 1917년 10월 26일(11월 8일)에 페트로그라드 소비에트 군사혁명위원회에 의해 폐간되었다.—원서 편집자

2   레닌 주 유명한——악명으로 유명한——《루스카야 볼랴》는 우리를 겨냥한 논설에서 완벽한 《레치》식의 논조로 "유죄를 입증하는" 자료를 제공해주고 있다. 밀류코프 일당은 이런 이웃이 부끄럽지 않을까?

원회의 결정도 실었다. 《이즈베스티야》 편집국이 전한 결정은
다음과 같다.

집행위원회는 주라보프(Zurabov) 동지와 지노비예프
(Zinoviev) 동지의 보고를 듣고 다음과 같이 결정했다. 즉각 임
시정부에 제기할 것, 망명자들의 정치적 견해와 전쟁에 대한 태
도가 무엇인가에 관계 없이 망명자 전원의 즉시 귀국을 가능케

3 '회보'라는 뜻. 일간지로 1917년 2월 28일(3월 13일)에 창간되었다. 노동
   자·병사 대표 소비에트 1차 전 러시아 대회에서 소비에트의 중앙집행위
   원회가 창설되고 나서 그 기관지가 되었고, 1917년 8월 1일(14일)자 132
   호부터는 "중앙집행위원회 및 페트로그라드 노동자·병사 대표 소비에트
   회보"로 개칭되었다. 《이즈베스티야》는 이 시기 내내 멘셰비키와 사회주
   의혁명가당에 장악되어 있었고, 볼셰비키 당에 반대하는 맹렬한 투쟁을
   벌였다. 2차 전 러시아 소비에트 대회 후인 1917년 10월 27일(11월 9일)
   부터는 소비에트 정부의 공식 기관지가 되었다. 1918년 3월에 전 러시아
   중앙집행위원회와 인민위원회의가 모스크바로 이전하면서 《이즈베스티
   야》의 발행지도 페트로그라드에서 모스크바로 바뀌었다.—원서 편집자
4 '진실'이라는 뜻. 볼셰비키의 합법 일간지로서, 1912년 4월 22일(5월 5일)
   에 창간되었다.
      창간 이래 끊임없이 탄압당해 여덟 차례나 발행 정지 처분을 받았지
   만, 그때마다 이름을 바꿔 복간했다. 그러나 1914년 7월 8일(21일)에 결
   국 폐간되었다. 1917년 2월 혁명 후에 복간되어, 3월 5일(18일)부터는
   러시아 사회민주노동당(볼셰비키)의 중앙기관지로 발행되게 되었다. 7월
   사건으로 다시 금지되었지만, 그후 임시정부의 탄압을 받는 가운데에도
   《소형판 '프라우다'》, 《프롤레타리》, 《라보치》, 《라보치 프치》 등으로 명
   칭을 바꿔 발행을 이어갔다.—원서 편집자
5 레닌주《레치》가 감히 이 글을 게재할까?

할 조치를 취할 것. 정부와의 교섭 결과는 가까운 시일 내에 보도될 것이다.—편집국

여기서 여러분은 두 세계에 대한 작은——매우 작은, 그러나 매우 특징적인——정경을 보게 된다. 하나는 자본가의 세계, 즉 사회주의자를 비방하는 내용들을 넌지시 흘리면서 빈정거리는 《레치》, 《루스카야 볼랴》, 《노보예 브레먀》의 세계고, 다른 하나는 차분하고 일관되며 위엄 있는 태도로 "조치를 취할 것"을 결정한 혁명적 민주주의파의 세계, 노동자·병사 대표의 세계. 이 조치들은 무엇을 목표로 하는 조치들인가? 임시정부가 수행하지 **않은** 것을 목표로 하는 조치들이다!

이것은 임시정부에 대한 불신임에 다름 아니지 않은가?

그리고 이것은 당연한 불신임이 아닌가?

집행위원회가 자신과 볼셰비키 사이에 존재하는 **정치적** 차이를 잘 알고 있음에도 불구하고 이 결정을 통과시킨 것에 주목하라. 자본가들에게는 이것이 빈정거릴 구실일 것이다. 인간적인 품격, 그것을 자본가들의 세계에서는 찾을 생각일랑 마시라.

| 《프라우다》 25호, 1917년 4월 6일

4월 테제를 옹호하는
논문 또는 연설 노트

1) 경제적 붕괴가 임박했다. 그러므로 부르주아지를 배제하는 것은 오류다.

(이것은 부르주아적인 결론이다. 붕괴가 임박할수록 부르주아지를 배제하는 것은 더욱 절실해진다.)

2) 프롤레타리아트는 조직되어 있지 않고, 약하며, 계급적 자각이 결여되어 있다.

(그렇다. 따라서 모든 임무는 대중이 부르주아지를 신뢰하게 만들어 대중의 힘을 잠재우려는 소부르주아적 지도자, 이른바 사회민주주의자——치헤이제, 체레텔리, 스테클로프——와 싸우는 것이다.

이들 소부르주아——치헤이제, 스테클로프, 체레텔리——와의 통일 단결이 아니라, 프롤레타리아트의 혁명을 파멸시키고 있는 이들 사회민주주의파를 분쇄하는 것.)

3) 혁명은 지금 단계에서는 부르주아 혁명이다. 따라서 '사회주의적 실험'은 필요 없다.

(이것은 철저하게 부르주아적인 주장이다. '사회주의적 실험' 같은 말은 누구도 입에 올리지 않고 있다. 구체적이고 마르크주의적인 명제는 계급뿐

만 아니라 제도도 계산에 넣을 것을 요구하고 있다.)

혁명 압살자들——치헤이제, 체레텔리, 스테클로프——은 달콤한 문구로 혁명을 뒤로, 즉 노동자 대표 소비에트로부터 부르주아지의 '단독 권력'으로, 통상적인 부르주아 의회공화제로 끌고 가고 있다.

우리는 솜씨 있고도 신중하게 사람들의 의식을 명료하게 하여 프롤레타리아트와 빈농을 **앞으로**, 즉 '이중권력'으로부터 노동자 대표 소비에트의 **전일적(全一的) 권력으로** 이끌지 않으면 안 된다. 그리고 이것이야말로 마르크스가 말한 의미로의, 1871년 경험의 의미로의 코뮌이다.

문제는 얼마나 빠르게 나아갈 것인가가 아니라, 어디로 나아갈 것인가다.

문제는 노동자에게 그럴 의향이 있는지 없는지가 아니라, 노동자에게 **무엇을 어떻게** 준비시킬 것인가다.

노동자 대표 소비에트의 전쟁 등에 관한 선언과 호소는 그저 인민을 달래 잠재우려는 것에 불과한 지극히 공허하고 기만에 찬 소부르주아적 수다일 뿐이다. 그러므로 우리의 임무는 내가 말했듯이, 무엇보다도, 사람들의 의식을 명료하게 하여 치헤이제, 스테클로프, 체레텔리 일당의 부르주아적 영향으로부터 대중을 해방시키는 것이다.

노동자 대표 소비에트의, 즉 치헤이제, 체레텔리, 스테클로프의 '혁명적 조국방위주의'는 달콤한 문구로 포장되어 있다는 점에서 백 배 더 유해한 배외주의 조류로서, 대중을 임시혁명 정부와 화해시키려는 시도다.

치헤이제, 체레텔리, 스테클로프 일당에게 우롱당하고 있는 자각하지 못한 우매한 대중은 '전쟁이 정치의 연속'이며 전쟁을 수행하고 있는 것은 정부임을 깨닫지 못하고 있다.

'인민'은 정부의 계급적 성격을 바꾸는 것에 의해서만 비로소 전쟁을 중지시키든가, 전쟁의 성격을 바꾸든가 할 수 있다. 이 점을 명확히 설명해야 한다.

| 1917년 4월 4일(17일)과 12일(25일) 사이에 집필

1933년 1월 21일 《프라우다》 21호에 발표

블랑주의

프랑스의 사회주의자 루이 블랑(Louis Blanc)은 1848년 혁명 중에 계급투쟁의 입장에서 소부르주아적 환상의 입장으로 탈바꿈하여 향기롭지 못한 명성을 떨쳤다. 이 환상은 이른바 '사회주의'의 미사여구로 장식되어 있었으나 실제로는 프롤레타리아트에 대한 부르주아지의 영향을 강화시키는 구실밖에는 하지 못했다. 루이 블랑은 부르주아지에게 도움을 얻고자 했는데, 부르주아지가 노동자들을 도와 '노동을 조직하는'——이 불명확한 용어는 '사회주의'적 경향을 표현하고자 하는 취지임——것을 원조할 수 있다고 기대했고, 그런 기대감을 다른 사람들에게도 불어넣었다.

　블랑주의는 지금 러시아에서는 우파 '사회민주주의'에서, 즉 조직위원회 일파에서 완전한 승리를 거두었다. 현재 페트로그라드 노동자·병사 대표 소비에트의 지도자이자 최근에 폐회된 소비에트 전 러시아 협의회'의 지도자이기도 했던 치헤이제, 체레텔리, 스테클로프와 그 밖의 많은 사람들이 바로 루이 블랑의 입장을 취하고 있다.

카우츠키, 롱게, 투라티를 비롯한 많은 사람들로 대표되는 국제적 중앙파 경향에 가까운 이 지도자들은 현대 정치 생활의 모든 주요 문제에서 루이 블랑의 소부르주아적 입장에 섰다. 전쟁 문제를 예로 들어보자.

이 문제에서 프롤레타리아트적 입장이란 전쟁을 명확히 계급적으로 정의하는 것이다. 그리고 제국주의 전쟁에 대하여, 즉 자본가의 노획물을 놓고 벌이는 자본주의 나라들(군주국이든 공화국이든 관계 없이) 양 집단의 전쟁에 대하여 화해할 수 없는 적대적 태도를 취하는 것이다.

소부르주아적 관점이 부르주아적 관점(에두르지 않고 전쟁을 정당화하고, 에두르지 않고 '조국을 방어'하는, 즉 자국 자본가의 '이익'을 옹호하고 그들의 영토 병합 권리를 옹호하는 입장)과 다른 점은 다음과 같다. 소부르주아는 병합 '포기 선언'을 하고 제국주의를 '비난'한다. 그리고 부르주아지에게 제국주의적 국제 관계와 자본주의적 경제체제의 틀 안에 계속 남아 있는 상태로 제국주의적이기를 그만두라고 '요구'한다. 소부르주아는 이런 미온적이

I 페트로그라드 소비에트 집행위원회가 소집하여 1917년 3월 29일(4월 11일)부터 4월 3일(16일)까지 페트로그라드에서 개최되었다.

이 협의회에는 페트로그라드 및 지방의 소비에트 대표들, 전선과 후방 부대 대표 등이 출석했고, 전쟁 문제, 임시정부에 대한 태도, 제헌의회, 농업 문제, 식량 문제 등에 대해 논의했다.

사회주의혁명가당과 멘셰비키가 압도적인 영향력을 갖고 있었던 이 협의회는 '혁명적 조국방위주의' 입장을 취했고, 부르주아 임시정부를 지지하는 결의를 채택했다.―원서 편집자

고 위험하지 않고 공허한 웅변에 머무름으로써 **실제로는** 아무
런 희망 없이 부르주아지의 뒤를 좇고 있을 뿐이다. 말로는 이
러쿵저러쿵 프롤레타리아트에 '동조'한다고 하면서도 행동으로
는 여전히 부르주아지에게 종속된 채로 남아 있는 이 소부르
주아들은 자본주의의 멍에를 타도하는 것에 이르는 길, 인류
를 제국주의로부터 해방시킬 수 있는 유일한 길을 이해할 능력
도, 의지도 없다.

병합을 포기한다는 '엄숙한 선언'을 하라고 부르주아 정부
들에게 '요구'하는 것은 소부르주아들로서는 자신이 낼 수 있
는 최상의 용기를 보여주는 것이며, 반제국주의적인 '치머발트
적' 일관성의 모범을 보여주는 것이다. 그러나 이것이 최악의
블랑주의라는 건 쉽게 알 수 있다. 첫째, 어느 정도 노련한 부
르주아 정치가라면 병합 '일반'에 반대하는 그럴싸한, '빛나는',
거창한, 그러나 어떤 의무도 없으므로 아무 의미도 없는 언사
를 수없이 쏟아내는 것이 전혀 어렵지 않을 것이다. **행동**의 문
제가 되면, 《레치》가 바로 앞에서 했던 식으로 야바위 마술을
부리는 것은 언제든 거뜬히 해낼 수 있는 일이다. 이 《레치》는
애처롭게도, 쿠를란트[2](현재 부르주아 독일의 제국주의적 강도에게 병
합돼 있다)는 러시아의 병합지가 **아니다**라고 용감하게 선언했다.

이것은 가장 역겨운 종류의 야바위로, 부르주아지의 가장

---

2 리가 만의 서쪽과 남서쪽에 있는 발트 해 연안 지역의 옛 이름.—원서
　　편집자

파렴치한 노동자 기만이다. 왜냐하면 정치에 굉장히 무관심한 사람이라도 쿠를란트가 항상 러시아의 **병합지**였다는 것을 알 것이기 때문이다.

우리는《레치》에 공공연하게, 정면으로 도전한다. (1)전세계의 **온갖** 병합에 정확히 적용되는, 즉 독일이 한 병합에도, 영국이 한 병합에도, 러시아가 한 병합에도, 과거의 병합에도, 현재의 병합에도, 모든 병합에 예외 없이 적용되는 '병합' 개념의 정치적 정의를 인민에게 제시할 것. (2)《레치》 자신이 말하는 "**병합을 포기한다**"는 것은 무엇을——말로가 아니라 실제로——의미하는지 명확하게 밝힐 것. 독일인에게만이 아니라 영국인에게도 적용되는, 병합을 한 적이 있는 모든 민족에게 정확히 적용되는 '병합의 실제 포기'라는 개념의 정치적 정의를 제시할 것.

우리는 단언한다.《레치》는 우리의 도전을 피해 도망치거나, 아니면 전체 인민 앞에서 우리에게 폭로될 것이다.《레치》가 쿠를란트 문제를 건드렸기 때문에 우리의 논쟁은 이론상의 논쟁이 아니라, 최고의 긴급성과 사활적 이해를 지니는 실천상의 논쟁이다.

다음으로는 부르주아 장관들은 양심의 화신이라고, 구치코프(Guchkov)들과 르보프들과 밀류코프들은 자본주의가 지속되는 상황에서도 병합지를 포기할 수 있다고 가슴으로부터 믿고 있다고, 그들에겐 진심으로 병합지를 포기할 의지가 있다고 1초 동안만이라도 가정해보자.

잠시 1초 동안만이라도 그렇다고 해두자. 그런 루이 블랑주의적 가정을 해두자.

당연히 다음과 같은 질문이 나온다. 성인이라면, 그 사람들의 실제 **행동**으로 확인해보지 않고서도, 그들이 자기 자신에 대해 어떠하다고 믿고 있는 것으로 우리가 사람들을 충분히 판단할 수 있다고 할 수 있을까? 마르크스주의자가 소망과 언명을 객관적 현실과 **구별하지 않는** 것이 가능한가?

아니다. 가능하지 않다.

병합은 금융자본, 은행자본, 제국주의적 자본이 뒤집어씌운 굴레에 의해 유지되고 있다.

여기에 병합의 근대적 기초, 경제적 기초가 있다. 이런 각도에서 볼 때 병합이란 병합된 땅에 들어선 수많은 기업에 '투자'된 수십억의 자본에 붙는, 정치적으로 보증된 이윤이다.

자본주의의 굴레를 벗어던지는 단호한 발걸음을 내딛는 것 없이 병합을 포기한다는 것은——설사 병합 포기를 희망한다 하더라도——가능하지 않다.

그렇다면 이것은 《예딘스트보》, 《라보차야 가제타*Rabochaya Gazeta*》[3]를 비롯한 우리 소부르주아지 '루이 블랑들'이 결론지으려 하고, 또 실제로 결론짓고 있듯이, 우리가 자본주의의 타

---

3 '노동자 신문'이라는 뜻. 멘셰비키의 중앙기관지. 1917년 3월부터 11월까지 페트로그라드에서 일간지로 발행됐다.—원서 편집자

도로 나아가는 그 어떤 단호한 발걸음도 내딛지 말아야 한다든가, 적어도 부분적인 병합에는 타협해야 한다든가 하는 것을 의미하는가?

아니다. 자본주의 타도를 향한 단호한 발걸음을 내딛어야 한다. 오직 압도적 다수의 노동자·빈농의 자각과 조직된 활동에 의거하여 능숙하게 한 걸음, 한 걸음을 내딛어야 한다. 발걸음을 내딛지 않으면 안 된다. 노동자 대표 소비에트는 러시아의 수많은 지방들에서 이미 그 발걸음을 내딛기 시작했다.

지금 시급한 과제는 돌이킬 수 없이 단호하게 루이 블랑들──치헤이제들, 체레텔리들, 스테클로프들, 조직위원회 일파, 사회주의혁명가당 등──과 분리하는 것이다. 만약 대중이 이런 소부르주아적 환상의 해악을 깨닫지 못한다면, 그리하여 계급적으로 각성한 노동자와 결합하여 사회주의를 향해 주의 깊게, 충분히 숙고하면서, 그러나 확고한 태도로 즉시 발걸음을 내딛지 못한다면, 루이 블랑주의가 다음에 도래할 혁명의 성공을, 심지어 자유의 성공까지도 망쳐버리고 모두 허사로 만들어버릴 것이라는 사실을 대중에게 알려야 한다. 이를 대중에게 설명하는 것도 지금 해야 할 과제다.

인류를 전쟁과 기아, 나아가 수백, 수천만의 파멸에서 구할 길은 사회주의 외에는 없다.

| 《프라우다》27호, 1917년 4월 8일

이중권력

모든 혁명의 근본 문제는 국가권력의 문제다. 이 문제를 명확히 하지 못한다면, 혁명을 지도할 수 없는 것은 말할 나위도 없고, 혁명에 의식적으로 참여할 수도 없다.

우리 혁명의 굉장히 뚜렷한 특징은 혁명이 **이중권력**을 만들어냈다는 것이다. 무엇보다도 이 사실을 이해해야 한다. 이 사실을 이해하지 못하면 우리는 앞으로 나아갈 수 없다. 우리는 낡은 '공식들', 예를 들어 볼셰비즘의 공식들을 보완하고 수정하는 능력을 갖추지 않으면 안 된다. 왜냐하면 이 공식들은 시간이 흐른 후 분명해졌듯이, 일반적으로는 옳았으나, 그것의 구체적 실현은 다른 모습인 것으로 드러났기 때문이다. 누구도 과거에는 이중권력을 생각하지 못했고, 생각할 수도 없었다.

어떤 상황이기에 이중권력이라는 것인가? **부르주아지**의 정부인 임시정부와 **또 다른 하나의 정부**가 나란히 존재하고 있는 상황이라는 것이다. 아직은 약하고 맹아적이지만 현실로 존재하며 성장해나가고 있는 또 하나의 정부, 즉 노동자·병사 대표 소비에트가 성립되어 있다.

이 제2의 정부는 어떤 계급들로 이루어져 있는가? 프롤레타리아트와 (군복 입은) 농민이다. 이 정부의 정치적 성격은 어떤 것인가? 혁명적 독재다. 즉 중앙집권적 국가권력에 의해 발포된 **법률에 기초를 둔 것이 아니라**, 혁명적 권력 탈취에, 아래로부터의 인민의 직접 발의에 기초를 둔 권력이다. 유럽과 아메리카의 선진국에서 여전히 유력한 지위를 점하고 있는 통상적인 유형의 의회제 부르주아 민주주의 공화국 일반에 존재하는 권력과는 전적으로 다른 종류의 권력이다. 이 점은 종종 간과되고 있고, 종종 충분히 고려되고 있지 않지만, 이것이야말로 문제 전체의 핵심이다. 이 권력은 1871년의 파리 코뮌과 같은 유형의 권력이다. 이 유형의 기본적인 특징은 다음과 같다. (1)권력의 원천은 사전에 의회에 의해 심의되고 승인된 법률이 아니라, 아래로부터의 발의, 각 현지 인민의 직접 발의다. 유행하는 표현을 쓰자면, 직접 '탈취'다. (2)인민으로부터 분리되어 인민과 대립하는 기관들인 경찰과 군대는 전 인민의 직접 무장으로 대체된다. 그 권력 아래 국가질서를 유지하는 것은 무장한 노동자와 농민 자신, 무장한 인민 자신이다. (3)관리와 관료 또한 인민 자신의 직접 통치로 대체되든가, 적어도 특별 감독을 받게 되고, 인민에게 선출될 뿐만 아니라 인민이 요구하면 언제라도 **소환 가능한**, 단순한 대리인의 지위로 격하된다. 그들의 '지위'는 부르주아 수준의 높은 급여를 받는 특권층에서, 숙련 노동자의 평균 임금을 **넘지 않는** 급여를 받는 특수

'병종(兵種)' 노동자가 된다.

이 점에, 오직 이 점에, 특별 유형의 국가로서의 파리 코뮌의 본질이 있다. 플레하노프들(마르크스주의를 배반한 공공연한 배외주의자들)과 카우츠키들('중앙파', 즉 배외주의와 마르크스주의 사이에서 동요하는 자들) 그리고 일반적으로 지금 사태를 쥐고 흔드는 모든 사회민주주의자들, 사회주의혁명가당 등은 모두 이 본질을 잊거나 왜곡했다.

그들은 공문구와 얼버무리기와 잔꾀로 사태를 모면하려 애쓰고 있다. 그들은 혁명이 일어난 것을 축하한다는 말을 서로 천 번이고 주고받지만, 노동자·병사 대표 소비에트란 도대체 무엇인가에 대해서는 조금도 생각해보려고 하지 않는다. 이 소비에트들이 존재하고 있는 한, 그것들이 하나의 권력인 한, 러시아에는 파리 코뮌 형의 국가가 존재하고 있는 것이라는 명백한 진실을 그들은 보려 하지 않는다.

나는 '한'이라는 단어를 강조했는데, 왜냐하면 그것은 맹아적인 권력에 지나지 않기 때문이다. 이 권력은 부르주아 임시정부와의 직접적인 협정에 의해, 그리고 일련의 사실상 양보에 의해 스스로 부르주아지에게 진지를 내주었고, 지금도 내주고 있다.

왜인가? 치헤이제, 체레텔리, 스테클로프 일당이 '오류'를 범하고 있기 때문일까? 헛소리. 오직 속물만이 그렇게 생각할 수 있다. 마르크스주의자라면 그럴 수 없다. 원인은 프롤레타리아와 농민의 자각과 조직화가 불충분하기 때문이다. 내가 앞서 언급한 저 지도자들의 '오류'는 그들의 소부르주아적 입지에서 비롯된다. 그들의 '오류'는 그들이 노동자의 의식을 명료하게 하는 것이 아니라, 흐려놓고 있다는 점에 있다. 소부르주아적 환상을 일소하는 것이 아니라, 불어넣고 있다는 점에 있다. 인민을 부르주아지의 영향으로부터 해방시키는 것이 아니라, 그 영향을 강화해주고 있다는 점에 있다.

우리 동지들조차, 당장 임시정부를 타도해야 한다는 것인가라는 식으로 '단순하게' 문제를 제출하여 수많은 오류를 범하고 있는 이유가 앞의 내용들로부터 명백해진다.

그 문제에 대해 나는 다음과 같이 대답하겠다. (1)임시정부는 타도하지 않으면 안 된다. 왜냐하면 그것은 인민의 정부가 아니라 과두지배적·부르주아적 정부로서 평화도, 빵도, 완전한 자유도 줄 수 없기 때문이다. (2)당장 임시정부를 타도하는 것은 가능하지 않다. 왜냐하면 임시정부는 노동자 대표 소비에트, 그것도 주도적 소비에트인 페트로그라드 소비에트와의 협정——직접 협정과 간접 협정, 정식 협정과 사실상의 협정 모두——에 의해 그 권력이 유지되고 있기 때문이다. (3)일반적으로, 임시정부를 보통의 방법으로 '타도하는' 것은 가능하지 않다. 왜냐하면 임시정부는 제2의 정부, 즉 노동자 대표 소비에트가 부르주아지에게 보내고 있는 '지지'에 기초를 두고 있기 때문이며, 게다가 이 제2의 정부는 노동자와 농민 대다수의 의식과 의지를 직접적으로 표현하는 단 하나의 가능한 혁명정부기 때문이다. 노동자·농업노동자·농민·병사 대표 소비에트 같은 유형의 정부보다 우월하고 수준 높은 정부를 인류는 아직 만들어내지 못했고, 우리는 지금으로서는 그런 정부를 알지 못한다.

계급적으로 각성한 노동자가 권력이 되기 위해서는, 다수자를 자기 편으로 획득하지 않으면 안 된다. 인민에 대한 폭력이 존재하지 않는 **동안에는** 권력에 이르는 길은 이것밖에 없다. 우리는 블랑키주의자가 아니며, 소수자에 의한 권력 탈취를 지지하지 않는다. 우리는 마르크스주의자이며, 소부르주아적 도취, 배외주의와 조국방위주의, 공문구 퍼뜨리기와 부르주아지에 대한 의존을 반대하는, 프롤레타리아트적 계급투쟁의 지지자다.

프롤레타리아트적 공산주의 당을 만들어내자. 볼셰비즘을 지지하는 가장 역량 높은 인자들은 이미 그런 당의 요소를 만들어내고 있다. 프롤레타리아트 계급적 활동을 위해 결속하자. 그러면 프롤레타리아와 빈농 가운데서 우리 편으로 넘어오는 사람들이 더욱더 늘어날 것이다. 왜냐하면 **실생활**은 치헤이제들, 체레텔리들, 스테클로프들 같은 '사회민주주의자'와, 그보다 한결 순수한 품종의 소부르주아인 '사회주의혁명가당' 등의 소부르주아적 환상을 나날이 산산조각 낼 것이기 때문이다.

부르주아지는 부르주아지가 단독으로 권력을 갖는 것에 찬성한다.

계급적으로 각성한 노동자는 노동자·농업노동자·농민·병사 대표 소비에트가 단독으로 권력을 갖는 것에——모험주의적 행동에 의해서가 아니라, 프롤레타리아트적 의식을 명료하게 하고 그것을 부르주아지의 영향으로부터 해방시킴으로써 가능해지는 단독 권력에——찬성한다.

소부르주아지——'사회민주주의자'와 사회주의혁명가당 등——는 갈팡질팡하고 있으며, 그들의 동요는 명료화와 해방을 방해하고 있다.

이상이 우리의 임무를 규정하고 있는 현실에서의 **계급적 세력 관계**다.

| 《프라우다》 28호, 1917년 4월 9일

전술에 관한 편지

1917년 페트로그라드에서 볼셰비키 출판사인 프리보이 출판사가 『전술에 관한 편지. 제1서한』이라는 제목의 소책자로 출간했던 글이다. 이 소책자는 3판까지 출간되었는데, 세 판 모두 「현재의 혁명에서 프롤레타리아트의 임무The Tasks of the Proletariat in the Present Revolution」(「4월 테제」, 이 책에 수록—편집자)를 부록으로 실었다.—원서 편집자

서문

나는 1917년 4월 4일 페트로그라드에서 열린 볼셰비키 집회에서, 제목에 표시된 주제에 대해 처음으로 보고할 기회를 얻었다. 그 모임에 참석한 이들은 노동자·병사 대표 소비에트 전러시아 협의회의 대의원들로, 곧 각자의 지역으로 돌아가야 했기 때문에 정해진 보고 일정을 미룰 수가 없었다. 집회가 끝난 뒤 의장 G. 지노비예프 동지는 집회를 대표하여 나에게 곧 있을 볼셰비키와 멘셰비키 대의원들의 합동 집회에서 같은 보고를 한 번 더 해줄 것을 요청했다. 그 대의원들은 러시아 사회민주노동당 통합 문제를 토의하고 싶어했다.

곧바로 반복하여 보고를 하는 것이 나로서는 곤란한 일이었지만, 멘셰비키뿐만 아니라 우리 **동지들** 또한 그것을 요구하고 있는 이상 나는 거절할 권리가 없다고 생각했다. 그들은 정해진 출발 일정 때문에 결코 내게 일정 연기를 허락해줄 수 없는 상황이었다.

그 보고에서 나는 1917년 4월 7일 《프라우다》 26호에 발표한 나의 테제[1]를 읽어주었다.

테제와 나의 보고 모두, 이 볼셰비키들 사이에서도,《프라우다》편집국 내부에서도 의견 차이를 불러일으켰다. 여러 차례 논의한 끝에 우리는 차이를 드러내놓고 토론에 부치기로 하고, 그렇게 했다. 우리는 1917년 4월 20일에 페트로그라드에서 개최될 예정인 우리 당(중앙위원회 아래 통합되어 있는 러시아 사회민주노동당) 전국협의회를 위한 자료를 제공하는 편이 바람직하다는 데 합의했다.

내가 다음에 나오는 몇 편의 편지를 인쇄하도록 하는 것도, 토론을 드러내놓고 한다는 결정을 이행하기 위해서다. 나는 이 편지들이 문제를 전면적으로 연구한 것이라고는 주장하지 않는다. 다만 노동계급 운동의 실천적 임무에 특히 필수적인 주요 논거들을 제시했기를 바랄 뿐이다.

I 레닌 주 이 테제를 간략한 해설 주와 함께 이 편지의 부록으로 첨부한다 (「현재의 혁명에서 프롤레타리아트의 임무」(4월 테제)를 보라.—원서 편집자).

첫 번째 편지: 현 시기 평가

마르크스주의는 우리에게 계급들의 상호관계와 각 역사 시기의 구체적 특수성을 객관적으로 검증할 수 있는 방식으로 아주 엄밀하게 분석할 것을 요구한다. 우리 볼셰비키는 정책에 과학적 토대를 제공함에 있어 절대적으로 필수적인 이러한 요구에 부합하고자 항상 애써왔다.

마르크스와 엥겔스는 언제나 "우리의 이론은 교조가 아니라 행동의 지침"이라고 말하면서, '공식'을 단순히 암기하여 반복하는 자들을 비웃었다. 그것은 매우 적절했다. 공식이란 잘해야 역사적 과정의 각 시기마다의 구체적인 경제적·정치적 상황에 의해 수정될 것이 분명한 일반적 임무의 큰 줄기만을 제시해줄 수 있을 뿐이다.

그렇다면 현재 혁명적 프롤레타리아트의 당이 자신의 임무와 활동 형태를 결정하는 데 있어 지침으로 삼아야 하는 엄밀하게 확립된 객관적 사실이란 무엇인가?

1917년 3월 21일과 22일에 《프라우다》14호와 15호에 실린 나의 「먼 곳에서 보낸 편지들Letters from Afar」(본 전집 65권에 수록—편집자)의 첫 번째 편지("첫 번째 혁명의 첫 번째 단계")와 나의 테제는 모두 혁명의 첫 번째 단계에서 두 번째 단계로 이행하는 과도 국면을 "러시아 현 시기의 특수성"으로 규정하고 있다. 나는 이 시기의 기본 슬로건, '당면 임무'는 다음과 같아야 한다고 보았다. "노동자들이여, 동지들은 차르 체제에 대항하는 내전에서 프롤레타리아트 영웅주의, 인민의 영웅주의의 기적을 만들어왔다. 동지들은 혁명의 두 번째 단계에서 승리의 길을 준비하기 위해 조직의 기적, 프롤레타리아트 조직, 전체 인민 조직의 기적을 수행해야만 한다."(《프라우다》15호)[2]

그렇다면 이 첫 번째 단계의 특징은 무엇인가?

부르주아지가 국가권력을 잡는 것이다.

1917년 2~3월 혁명 전에 러시아에서 국가권력은 하나의 낡은 계급, 말하자면 니콜라이 로마노프(Nicholas Romanov)를 우두머리로 하는 봉건적 토지 소유 귀족의 손아귀에 있었다.

혁명 후 권력은 **다른 계급**, 새로운 계급, 즉 **부르주아지**의 손아귀에 있다.

국가권력이 한 계급에서 다른 계급으로 넘어간다는 것, 그것은 **혁명**의 제1의, 주요한, 기본적인 표식이다. 혁명이라는 용어의 엄밀히 과학적인 의미에서나, 그 실천적인 정치적 의미에서나 모두 말이다.

---

2   「먼 곳에서 보낸 편지들」참조.—원서 편집자

러시아에서 부르주아 혁명 또는 부르주아 민주주의 혁명은 이 정도로 **완료되었다**.

그러나 이 지점에서 '구(舊) 볼셰비키'라고 기꺼이 자처하는 사람들이 떠들썩하게 항의하는 소리들이 들린다. 그들은 묻는다. 부르주아 민주주의 혁명은 오직 '프롤레타리아트와 농민의 혁명적 민주주의 독재'로만 완료된다고 우리는 항상 주장하지 않았던가? 토지 혁명, 그 또한 부르주아 민주주의 혁명인 토지 혁명이 완료되었는가? 그렇기는커녕 토지 혁명은 아직 시작되지조차 않았다는 게 사실 아닌가?

나의 대답은 이렇다. 볼셰비키의 슬로건과 사상이 옳다는 것은 일반적으로는 역사에 의해 확증되었지만, **구체적으로는** 사태가 누구도 예상치 못했던 다른 양상으로 나타났다. 사태는 누구의 예상보다도 더 독특하고 더 특이하며 더 복잡하다.

이 사실을 무시하거나 간과하는 것은 새로운 생생한 현실의 특수한 측면들을 연구하는 대신 **암송한 공식들**을 분별없이 되됨으로써 우리 당의 역사에서 너무나도 개탄스런 역할을 한 것이 이미 한두 번이 아닌 저들 '구 볼셰비키'를 닮는다는 것을 뜻할 것이다.

'프롤레타리아트와 농민의 혁명적 민주주의 독재'는, 러시아 혁명에서는 이미 실현되었다.[3] 왜냐하면 이 '공식'은 **계급들**

---

3 레닌주 일정한 형태로, 또 일정한 정도로.

의 상호관계를 예상한 것일 뿐, 이 상호관계, 이 협동을 **실현하는** 구체적인 정치적 기관을 예상한 것은 아니기 때문이다. '노동자·병사 대표 소비에트'야말로 생활에 의해 이미 실현된 '프롤레타리아트와 농민의 혁명적 민주주의 독재'다.

그 공식은 이미 시대에 뒤떨어져버렸다. 생활은 그것을 공식의 왕국에서 현실의 왕국으로 옮겨놓았다. 그리고 그것에 뼈와 살을 입혔고 그것을 구체화시켰으며 **그렇게 함으로써** 그것을 수정한 것이다.

지금 일정에 올라 있는 것은 별개의 새로운 임무다. 이 독재 내부의 분립, 즉 프롤레타리아적 분자(조국방위주의에 반대하고 코뮌으로의 이행에 찬성하는 국제주의적·'공산주의적' 분자)와 **소경영주적 또는 소부르주아적 분자**(코뮌으로 나아가는 것에 반대하고 부르주아지와 부르주아 정부를 '지지'하는 입장에 서 있는 치헤이제, 체레텔리, 스테클로프, 사회주의혁명가당 그리고 그 밖의 혁명적 조국방위주의자들)를 분리시키는 임무다.

지금 '프롤레타리아트와 농민의 혁명적 민주주의 독재'만을 말하는 사람은 실제 상황에 뒤처진 사람이며, 그 결과로 사실상 프롤레타리아 계급투쟁에 반하여 소부르주아지 쪽으로 넘어간 사람이다. 그런 사람들은 혁명 전 '볼셰비키' 고물 보관소('구 볼셰비키' 보관소라 불러도 무방하다)에나 수용해야 마땅하다.

프롤레타리아트와 농민의 혁명적 민주주의 독재는 이미 실현되어 있다. 다만 아주 독특한 방식으로, 일련의 극히 중요한 수정들을 통해서 실현되어 있는 것이다. 이러한 수정에 대해서는 나의 다음 편지들 가운데 하나에서 따로 논할 것이다. 마르크스주의자는 언제까지나 어제의 이론에 매달려서는 안 된다. 지금 필요한 것은 실생활, 현실의 정확한 사실을 고려해야 한다는 이론의 여지가 없는 진리를 깨우치는 것이다. 모든 이론이라는 것이 그렇듯이, 이 어제의 이론도 기껏해야 기본적인 것, 일반적인 것의 개요를 가리킬 뿐이며, 생활의 그 모든 복잡함을 파악하는 데 단지 **근접할** 뿐이다.

"벗이여, 모든 이론은 회색일세. 영원한 것은 저 푸른 생명의 나무뿐이라네."[4]

부르주아 혁명의 '완료'라는 문제를 옛 방식으로 제기하는 것은 살아있는 마르크스주의를 죽은 문자 앞에 제물로 바치는 것이다.

옛 사고방식에 따르면, 부르주아지의 지배가 있은 **후에** 프롤레타리아트와 농민의 지배, 그들의 독재가 올 수 있고 또 그래야만 한다.

그러나 실생활에서는 **이미** 사태가 **다르게** 펼쳐졌다. 극히 독특하고 새롭고 전례 없이 **전자와 후자가 서로 교차하는** 상황이 발생한 것이다. 부르주아지의 지배(르보프와 구치코프의 정부)와 프롤레타리아트와 농민의 혁명적 민주주의 독재 양자가 나

---

4   레닌의 이 인용문은 괴테의 『파우스트』에 나오는 메피스토펠레스의 말이다.—원서 편집자

란히, 함께, 동시에 존재하고 있는데, 후자는 **자발적으로** 권력을 부르주아지에게 넘기고 있고 자발적으로 부르주아지의 부속물이 되고 있다.

실제로 페트로그라드에서는 노동자와 병사가 권력을 쥐고 있다는 점을 잊어선 안 된다. 새로운 정부는 노동자와 병사에게 폭력을 사용하지 않고 있고, 사용할 수도 없는데, 그것은 바로 경찰이 없고, 인민과 유리된 군대도 없고, 인민 위에 전능하게 군림하는 관리도 없기 때문이다. 이것은 사실이며, 파리 코뮌 형(型) 국가에 특징적으로 나타나는 사실이다. 이 사실은 옛 도식에 들어맞지 않는다. 이제는 무의미해져버린 '프롤레타리아트와 농민의 독재' 일반이라는 문구를 되뇌는 대신 도식을 어떻게 실제 상황에 맞출 것인지를 알아야 한다.

이 문제를 더 명확하게 규명하기 위해 또 다른 측면에서 접근해보자.

마르크스주의자는 계급 관계의 분석이라는 엄밀한 기반으로부터 유리되어서는 안 된다. 권력은 실로 부르주아지에게 쥐어져 있다. 그러나 농민 대중 또한 부르주아지가 아닌가? 다만 다른 사회계층의, 다른 종류의, 다른 성격의 부르주아지일 뿐. 이 계층이 권력에 이를 수 없고, 그리하여 부르주아 민주주의 혁명을 '완성할' 가능성이 없다는 것은 도대체 어디서 나오는 결론인가? 어째서 그것이 불가능하다는 것인가?

이것이 구 볼셰비키가 흔히 반박하는 방식이다.

이에 대한 나의 대답은 다음과 같다. 그것은 전적으로 가능하다. 그렇지만 마르크스주의자는 정세를 평가할 때 가능한 것으로부터가 아니라 현실에 존재하는 것으로부터 출발해야 한다.

그리고 현실이 우리에게 보여주고 있는 것은, 자유롭게 선출된 병사와 농민의 대표가 자발적으로 제2의 정부, 부(副)정부에 가담하고 있으며, 자발적으로 그 정부를 보완하고 발전시키고 완성하고 있다는 사실이다. 그들은 또한 자발적으로 부르주아지에게 권력을 넘겨주고 있다. 이것은 마르크스주의 이론에 조금도 '반하지' 않은 사실인데, 왜냐하면 우리는 부르주아지가 권력을 유지하는 것은 단지 폭력에 의해서만이 아니라 대중의 계급의식 및 조직화의 결여, 관례에 얽매이는 습성 및 짓밟힌 상태 덕이기도 하다는 점을 언제나 알고 있었고, 또 되풀이해서 지적해왔기 때문이다.

오늘의 이러한 현실 앞에서 사실로부터 등을 돌리고 '가능한 것'에 대해 논한다는 것은 그저 우스운 짓일 뿐이다.

농민이 모든 토지와 모든 권력을 탈취하는 것은 가능하다. 나는 이것이 가능하다는 것을 잊기는커녕, 현재에 나 자신을 가두기는커녕, 새로운 현상, 즉 농업노동자와 빈농을 한편으로 하고 경영주 농민을 다른 한편으로 하는 두 부류 사이의 골이 깊어지고 있는 것을 고려하여 명확하게 농업 강령을 정식화하고 있다.

그러나 또 다른 가능성도 있다. 농민이 사회주의혁명가당이라는 소부르주아 당의 충고를 받아들이는 것도 가능한데, 그 당은 부르주아지의 영향을 받아 조국방위주의로 기울었고, 아직 소집 날짜조차 정해지지 않은 제헌의회를 기다리라고 권고하고 있다.[5]

농민이 부르주아지와 맺은 협정——농민이 현재 노동자·병사 대표 소비에트를 매개로 해서 형식상으로뿐만 아니라 실제로도 맺은 협정——을 계속 유지하는 것도 가능하다.

여러 경우들이 가능하다. 농촌의 운동과 농업 강령을 망각한다면, 그것은 중대한 오류다. 그러나 현실을 망각하는 것 또한 그에 못지않은 오류다. 부르주아지와 농민 사이의 **협정**, 또는 (보다 정확한 용어, 법률 용어가 아닌 계급적·경제적 용어를 쓰자면) **계급협조**가 존재함을 드러내주는 **현실** 말이다.

이 사실이 사실이기를 멈출 때는, 즉 농민이 부르주아지에게서 떨어져나와 부르주아지에 맞서 토지와 권력을 탈취할 때는, 그것은 부르주아 민주주의 혁명의 새로운 단계일 것이다.

---

5 레닌 주 내 말이 곡해될까 봐 곧바로 말한다. 나는 농업노동자와 농민 **소비에트**가 **지금 즉각 모든** 토지를 탈취하는 것에 무조건 찬성한다. 그러나 질서와 규율을 **그들 스스로** 가장 엄격하게 준수해야 하며 기계나 건물 또는 가축을 손상시키는 것은 조금도 허용하지 말아야 한다. 그리고 어떠한 경우에도 농사와 곡물 생산을 무질서로 끌고 가지 말고 도리어 **강화**시켜야 하는데, 왜냐하면 병사들은 빵이 지금보다 **두 배**나 필요하며 인민들도 굶주리게 해서는 안 되기 때문이다.

이 문제는 별도로 다루겠다.

마르크스주의자가 그와 같은 미래의 단계가 가능하다는 이유로, 농민이 부르주아지와 협정을 맺고 있는 현재에 자신의 의무를 망각한다면, 그는 소부르주아가 되어버리는 것이다. 왜냐하면 그는 사실상 프롤레타리아트에게 소부르주아지를 신뢰하라고 설교하고 있는('이 소부르주아지, 이 농민은 현재의 부르주아 민주주의 혁명의 틀 내에서 반드시 부르주아지와 분리할 것이다'라고 설교하고 있는) 셈이기 때문이다. 농민이 부르주아지의 꼬리가 아니게 될, 사회주의혁명가당과 치헤이제들과 체레텔리들과 스테클로프들이 부르주아 정부의 부속물이 아니게 될, 너무도 유쾌하고 달콤한 미래가 '가능'하다는 이유로 불유쾌한 현재를 망각해버리는 것이다. 농민이 여전히 부르주아지의 꼬리를 이루고 있고, 아직도 사회주의혁명가당과 사회민주주의자들이 부르주아 정부의 부속물 역할, 르보프 '폐하'의 야당[6] 역할을 포기하지 않고 있는 이 불유쾌한 현재를 말이다.

이 가상의 인물은 감미로운 루이 블랑, 또는 달짝지근한 카우츠키 파겠지만, 혁명적 마르크스주의자가 아닌 것은 분명

6 "폐하의 야당"이라는 표현은 카데츠 당(입헌민주당)의 지도자 P. N. 밀류코프가 쓴 표현이다. 밀류코프는 1909년 6월 19일(7월 2일)에 런던 시장이 개최한 오찬 행사에서 "예산을 통제하는 입법부가 러시아에 존재하게 된다면, 러시아의 야당은 폐하에 대한 야당이 아닌, 폐하의 야당으로 남을 것이다"(《레치》 167호, 1909년 6월 21일)라고 말했다.—원서 편집자

하다.

그런데 우리가 주관주의에 빠질 위험에 있는 것은 아닌가? 아직 완료되지 않은, 그것도 아직 농민운동조차 채 완수되지 않은 부르주아 민주주의 혁명을 '건너뛰어' 사회주의 혁명에 이르고 싶어하는 위험에 빠진 것은 아닌가?

만일 내가 "차르 반대, 노동자 정부!"를 말한다면 나는 그런 위험에 빠질지도 모른다. 그러나 나는 그렇게 말하지 **않았고**, 뭔가 다른 걸 말했다. 나는 러시아에서는 (부르주아 정부를 제외하면) 노동자·농업노동자·병사·농민 대표 소비에트 외의 정부는 **존재할 수 없다**고 말했다. 현재의 러시아에서는, 권력이 구치코프와 르보프에게서 이 소비에트들로 넘어가는 것밖에는 없다는 말이다. 그런데 이 소비에트들에서 우세를 점하고 있는 것이 다름 아닌 농민이고 병사다. 과학적이고 마르크스주의적인 용어로 말하면, 즉 세간의 통속적인 직업적 표현이 아니라 계급적 표현을 사용하자면, 소부르주아지가 우세를 점하고 있는 것이다.

나는 나의 테제에서 아직 끝나지 않은 농민운동 또는 일반 소부르주아 운동을 절대 건너뛰지 않도록, 노동자 정부에 의한 '권력 탈취'라는 놀이를 가지고 **놀지 않도록**, 어떤 종류의 블랑키주의적 모험주의에도 빠지지 않도록 절대적 보장을 마련해두었다. 말하자면 나는 특별히 파리 코뮌의 경험을 환기시켜놓은 것이다. 그런데 우리가 알고 있다시피, 그리고 마르크스가 1871년에, 엥겔스가 1891년에 상세하게 증명했듯이[7], 이 경험은 블랑키주의를 절대적으로 배제하며, 다수자의 직접적이고 무조건적인 지배와 대중의 활동성을 완전하게 보증——이 다수자 자신이 의식적으로 행동하는 한에서——하고 있다.

문제는 결국 노동자·농업노동자·농민·병사 대표 소비에트 **내부에서** 영향력을 획득하기 위한 **투쟁**으로 귀결된다는 것을, 나는 테제에서 아주 분명하게 밝혔다. 이 점에 조금의 의문도 남기지 않기 위해서 나는 참을성 있고 끈질긴, "대중의 **실천적** 필요에 부응하는" "설명" 작업이 필요하다고 테제에서 두 번이나 강조해두었다.

무지하거나 플레하노프 씨처럼 마르크스주의를 배신한 사람들이라면, 아나키즘이라고, 블랑키주의라고 소리칠 수도 있다. 그러나 생각하고 배우기를 원하는 사람이라면, 블랑키주의가 소수에 의한 권력 탈취를 뜻하는 반면 소비에트는 **명백히** 인민 다수의 직접적인 조직이라는 것을 이해하지 못할 리 없다. 이 소비에트들 내부에서의 영향력 획득을 위한 투쟁으로 귀착되는 작업은 블랑키주의의 늪으로 빠질 염려가 없다. 그럴 염려는 전혀 없다. 또한 그런 작업은 아나키즘의 늪으로 빠질 염려도 없는데, 왜냐하면 아나키즘은 부르주아지의 지배에서 프롤레타리아트의 지배로 넘어가는 **과도**기에 국가와 국가권력

7 마르크스·엥겔스, 『선집*Selected Works*』, 1권, 모스크바, 1962년, 516~30쪽과 473~4쪽을 보라.—원서 편집자

이 필요하다는 것을 부인하는 반면, 나는 이 과도기에 국가가 필요하다는 것을 어떠한 오독의 여지도 남지 않도록 정확하고 명료하고 강력하게 주장하고 있기 때문이다. 단, 그 국가는 통상적인 의회제 부르주아 국가가 아니라, 마르크스와 파리 코뮌의 교훈에 따라 상비군이 없고 인민에 대립하는 경찰이 없고 인민 위에 군림하는 관리가 없는 국가다.

플레하노프 씨는 자신의 《예딘스트보》에서 이건 아나키즘이라고 악을 쓰며 소리치고 있는데, 그것은 그 자신이 마르크스주의와 결별하고 있다는 추가 증거를 제시하는 행위일 뿐이다. 마르크스와 엥겔스가 1871년, 1872년, 1875년에 국가에 관하여 무엇을 가르쳤는지 우리에게 말해보라고 내가 《프라우다》(26호)에서 요구하자[8] 플레하노프 씨는 쟁점인 국가의 본질 문제에 대해서는 입을 꾹 다문 채, 격분한 부르주아지가 하는 식으로 욕설을 내뱉는 일밖에 할 수 없었다.

왕년의 마르크스주의자 플레하노프 씨는 국가에 관한 마르크스주의적 학설을 조금도 이해하지 못했다. 내친김에 말하자면, 그런 이해 결여의 싹은 아나키즘에 대해 쓴 그의 독일어 소책자에서도 발견된다.[9]

---

8   「현재의 혁명에서 프롤레타리아트의 임무」(4월 테제) 마지막 부분(이 책 18~9쪽—편집자)을 보라.— 원서 편집자

9   1894년에 독일어로 초판이 발행된 플레하노프의 소책자 『아나키즘과 사회주의*Anarchism and Socialism*』를 가리킨다.— 원서 편집자

* * *

이번에는 카메네프(Kamenev) 동지가 나의 테제 및 내가 앞에서 표명한 견해에 대해 자신이 지니고 있는 '의견 차이'를 《프라우다》27호에서 어떻게 정식화했는지 보자. 그 의견 차이라는 것을 보다 명확하게 파악하는 데 도움이 될 것이다.

레닌 동지의 일반적 도식에 대해 말하자면 …… 그의 도식이 부르주아 민주주의 혁명은 **완료되었다**는 가정에서 출발하여 이 혁명을 사회주의 혁명으로 직접적으로 전화시키는 것을 목표로 하고 있는 한, 우리로서는 받아들일 수 없는 것으로 보인다.

여기에는 두 가지 큰 오류가 있다.

첫째, 부르주아 민주주의 혁명의 "완료"라는 문제가 잘못된 방식으로 설정되어 있다. 문제가 객관적 현실에 조응하지 않은 추상적이고 단순한 방식, 말하자면 단색의 방식으로 제기되어 있다. 문제를 이런 식으로 제기하는 것, 현재 "부르주아 민주주의 혁명"이 "완료"되었는지 질문하면서도 **그것밖에는** 질문하지 않는 것은 극히 복잡하고 적어도 '두 가지 색'을 지닌 현실을 보지 않으려고 스스로 차단막을 치는 것이다. 이론에서는 이러하며, 실천에서는 절망하여 소부르주아 혁명주의에 항복하는 것이다.

실로 현실은 우리에게 둘 다를 보여주고 있다. 즉 권력이 부르주아지에게로 넘어가는 것(통상적인 유형의 부르주아 민주주의 혁명의 '완료')을 보여줌과 동시에, '프롤레타리아트와 농민의 혁명적 민주주의 독재'를 대표하는 부(副) 정부가——본(本) 정부와 나란히——존재하고 있음을 보여주고 있는 것이다. 이 '제2의 정부'는 스스로 권력을 부르주아지에게 양도해버렸고 부르주아 정부에 자신을 붙들어 매놓았다.

이런 현실이 '부르주아 민주주의 혁명은 완료되지 않았다'고 말하는 카메네프 동지의 구 볼셰비키적 공식으로 수습될 수 있을까?

안 된다. 그 공식은 낡은 것이 되어버렸다. 그것은 아무 쓸모도 없다. 그것은 죽은 공식이다. 그리고 그 공식을 되살려보려 애써봤자 소용이 없다.

둘째, 실천적 문제다. 현재의 러시아에서 부르주아 정부로부터 분리한 독자적인 '프롤레타리아트와 농민의 혁명적 민주주의 독재'가 지금도 가능한지는 알 수 없는 문제다. 미지의 것을 마르크스주의적 전술의 기초로 삼을 수는 없다.

그러나 만약 그것이 지금도 가능하다면, 그렇다면 그것에 도달하는 길은 하나밖에, 오직 하나밖에 없다. 그것은 즉각, 단호히, 돌이킬 수 없이 프롤레타리아적·공산주의적 분자들을 소부르주아적 분자들로부터 떼어놓는 것이다.

왜인가?

소부르주아지 전체가 배외주의(=조국방위주의)로 돌아서서 부르주아지를 '지지'하고 부르주아지에게 종속되고 부르주아지와 사이가 벌어질까 봐 두려워하게 된 것은 우연이 아니라 필연이기 때문이다.

소부르주아지가 지금 당장이라도 권력을 잡을 수 있는데도 잡으려고 하지 않을 때 어떻게 하면 이 소부르주아지를 '밀어붙여서' 권좌에 앉힐 수 있을까?

그것은 프롤레타리아트적 공산주의 당을 분리시킴으로써만, 그 소부르주아들의 소심함으로부터 자유로운 프롤레타리아트적 계급투쟁을 감행함으로써만 할 수 있는 일이다. 입으로만이 아니라 실제로도 소부르주아지의 영향을 받지 않는 프롤레타리아의 결속만이 소부르주아지로 하여금 일정 조건에서는 권력을 잡지 않을 수 없을 정도로 그 발밑에 '불이 붙었다'는 생각을 하게 만들 수 있다. 심지어 구치코프와 밀류코프가——다시 일정 조건에서는——치헤이제, 체레텔리, 사회주의혁명가당, 스테클로프가 온전히 단독으로 권력을 갖는 것에 찬성하는 것까지도 불가능하지는 않은데, 왜냐하면 이들도 결국 '조국방위파'기 때문이다.

소비에트 내 프롤레타리아적 분자(즉 프롤레타리아트적 공산주의 당)를 지금 당장, 즉각적으로, 돌이킬 수 없이 소부르주아적 분자로부터 분리시키는 것은 다음의 두 가지 가능한 경우 중 어느 쪽 경우에든——즉 부르주아지에게 종속하지 않는, 독자의, 별도의 '프롤레타리아트와 농민의 독재'가 이 시대에 러시아에서 출현하는 경우에도, 또는 소부르주아지가 부르주아지로부터 분리해 나오지 못하여 부르주아지와 우리 사이에서 영구히(말하자면 사회주의가 될 때까지) 동요하는 경우에도——정확히 운동의 이익으로 표현된다.

'부르주아 민주주의 혁명은 아직 완료되지 않았다'는 단순한 공식만을 활동의 지침으로 삼는 것은 소부르주아지에 대해 일종의 보증을 해주는 것과 같은데, 소부르주아지는 부르주아지로부터 독립할 능력을 틀림없이 지니고 있다고 자청해서 보증을 해주는 꼴인 것이다. 그렇게 하는 것은 바로 그 순간에 스스로를 소부르주아지의 자비에 내맡기는 것이다.

내친김에 말하자면, 프롤레타리아트와 농민의 독재라는 '공식'과 관련하여 내가 「두 전술Two Tactics」(『12년간』[10], 435쪽, 1905년 7월)[11]에서 특별히 강조한 점을 상기하는 것도 무익하지는 않을 것이다.

프롤레타리아트와 농민의 혁명적 민주주의 독재 또한 세상의 다른 모든 것과 마찬가지로 과거와 미래가 있다. 그것의 과거

10 1907년 말에 페테르부르크에서 출판한 논문집으로, 제목은 "Twelve Years. A Collection of Articles. Volume I. Two Trends in Russian Marxism and Russian Social-Democracy"다.—원서 편집자

11 본 전집 22권에 수록.—편집자

는 전제, 농노제, 군주제, 특권이다. …… 그것의 미래는 사적소유에 대한 투쟁, 고용주에 맞서는 임금노동자의 투쟁, 사회주의를 위한 투쟁이다.

카메네프 동지의 오류는 1917년에 이르러서도 프롤레타리아트와 농민의 혁명적 민주주의 독재의 과거만을 본다는 점이다. 그러나 **실제로는** 이미 그 미래가 시작되었다. 왜냐하면 임금노동자와 소경영주의 이해관계와 정책은 **현실에서** 이미 엇갈려버렸기 때문이다. '조국방위주의' 문제, 제국주의 전쟁에 대한 태도 문제 같은 극히 중요한 문제들에서도 그들의 이해관계와 정책이 완전히 다르게 나타나고 있는 것이다.

여기서 우리는 앞에서 인용한 카메네프 동지의 논리 속에 있는 두 번째 오류로 들어가게 된다. 그는, 레닌의 도식은 "이〔부르주아 민주주의〕 혁명을 사회주의 혁명으로 직접적으로 전화시키는 것"을 "목표로 하고 있"다고 비판한다.

그 말은 사실이 아니다. 나는 우리 혁명을 "직접적으로" 사회주의 혁명으로 "전화시키는 것"을 "목표로 하"기는커녕 실제로는 오히려 그것을 경계하여 테제 8조에서 이렇게 말했다. "우리의 당면 임무는 사회주의를 '도입'하는 것이 **아니**다.[12]

우리 혁명을 직접적으로 사회주의 혁명으로 전화시키는

12 「현재의 혁명에서 프롤레타리아트의 임무」(4월 테제)를 보라.—원서 편집자

것을 목표로 하는 사람이 사회주의의 도입을 당면 임무로 삼는 것에 반대할 리 없다는 것은 분명하지 않은가?

그뿐만이 아니다. 러시아에서는 '코뮌 국가'(즉 파리 코뮌 형에 따라 조직된 국가)조차 "직접적으로" 도입하는 것은 가능하지 않은데, 왜냐하면 그렇게 하려면 사회주의혁명가당, 치헤이제, 체레텔리, 스테클로프 등의 전술과 정책이 완전히 틀렸고 유해하다는 것을 모든(또는 대다수의) 소비에트의 대의원 다수자가 명확히 인식하지 않으면 안 되기 때문이다. 나로 말하면, 이 문제에 있어 내가 "목표로" 하고 있는 것은 "참을성 있는"("직접적으로" 실현 가능한 변화를 가져오는 것에 참을성을 발휘할 필요가 있겠는가?) 설명일 뿐이라고 분명하게, 오해의 여지가 없게 언급한 바 있다.

카메네프 동지는 '참을성 없이' 너무 나아간 나머지 파리 코뮌이 사회주의를 "직접적으로" 도입하고자 했다는 식의 부르주아적 편견을 반복해서 표현하고 있다. 이것은 사실이 아니다. 코뮌은 불운하게도 사회주의를 도입하는 데 너무 더뎠다. 코뮌의 진정한 본질은 흔히 부르주아들이 말하는 데 있지 않다. 특별한 유형의 국가를 만들어냈다는 점, 거기에 코뮌의 본질이 있다. 그런데 러시아에는 그런 국가가 **이미** 생겨나고 있다. 노동자·병사 대표 소비에트가 그것이다!

카메네프 동지는 사실을, 실재하는 소비에트의 의의를 충분히 살펴보지 않았고, 소비에트가 그 유형 및 사회적·정치적 성격에서 볼 때 코뮌 국가와 동일하다는 것을 제대로 숙고하지 않았다. 그리하여 그는 사실을 연구하는 대신에, "직접적인(당면한)" 미래에 내가 "목적으로 하고 있"다는 어떤 것에 대하여 말하기 시작했다. 결과는 불행하게도 많은 부르주아들이 사용한 방법을 되풀이한 꼴이 되었다. 주의를 다른 곳으로 돌리고 있다. 소비에트란 대체 무엇인가, 소비에트는 그 유형으로 볼 때 의회공화제보다도 한층 더 고도의 것인가 아닌가, 인민에게 더 유용하고 더 민주주의적인 것인가 아닌가, 투쟁에 더 적합한 것인가 아닌가, 예를 들어 식량 부족 등을 극복하기 위한 투쟁에 더 적합한 것인가 아닌가——이와 같은 실생활이 일정에 올려놓고 있는 긴박하고 사활적인 문제로부터, "직접적으로 전화하는 것을 목표로 한다"는 식의 공허한, 자칭 과학적이지만 실제로는 아무 내용이 없는, 현학적인 죽은 문제로 주의를 돌리고 있는 것이다.

문제가 한가하게, 그것도 틀린 방식으로 제기되었다. 내가 "목표로 하고 있는" 것은, 노동자와 병사와 농민은 더 많은 곡물을 생산하고 식량 분배를 개선하고 병사들에게 물자 공급이 잘 되도록 하는 등의 어려운 실천적 문제를 관리들이나 경찰들보다 더 잘 처리할 것이라는 것, 오로지 그것일 뿐이다.

나는 노동자·병사 대표 소비에트가 의회공화제보다 더 신속하고 더 효과적으로 대중의 자주적 활동을 실현할 것이라고 깊이 확신한다(이 두 유형의 국가에 대해서는 별도의 편지에서 더 상세하게 다룰 것이다). 소비에트는 우리가 사회주의로 나아감에 있어 내딛을 수 있는 **걸음들**이 어떤 것인지, 그 **걸음들**을 어떻게 내딛어야 하는지 더 효과적으로, 더 실제적으로, 더 올바르게 해결할 것이다. 은행의 통제, 모든 은행의 단일 은행으로의 통합은 아직 사회주의는 아니지만, 사회주의로 나아가는 한 걸음이다. 오늘 독일에서는 융커와 부르주아지가 인민을 적으로 삼아 그런 걸음을 내딛고 있다. 내일은 소비에트가 인민의 이익을 위해 훨씬 더 효과적으로 그런 걸음을 내딛을 수 있을 것이다. 모든 국가권력이 노동자·병사 소비에트의 손에 쥐어진다면 말이다.

그런 걸음을 **강제하는** 것은 무엇인가?

기근이다. 경제의 해체다. 임박한 붕괴다. 전쟁의 참화다. 전쟁이 인류에게 입힌 참상이다.

카메네프 동지는 다음과 같은 말로 자신의 논고를 끝맺고 있다. "나는 광범한 토론에서 나의 관점을 전달할 생각인데, 이 관점은 만약 혁명적 사회민주주의가 공산주의 선전가 그룹으로 변질되지 않고 최후까지 혁명적 프롤레타리아트 대중의 당으로 남아 있고자 한다면, 또 마땅히 그렇게 해야 한다면, 혁명적 사회민주주의에서 유일하게 가능한 관점이다."

내가 보기에 이런 말들은 현 시기를 완전히 그릇되게 파악하고 있음을 보여주고 있는 듯하다. 카메네프 동지는 "대중의 당"에 "선전가 그룹"을 대립시킨다. 그러나 지금 "혁명적" 조국방위주의 열풍에 빠져 있는 것은 다름 아닌 "대중"이 아닌가. 이런 시기에는 대중과 함께 '있기를 바라는' 것보다, 즉 전반적 유행병에 굴복하는 것보다 '대중적' 도취에 저항할 능력이 있음을 보여주는 편이 국제주의자에게 더 어울리는 일이 아닐까? 유럽의 모든 교전국에서 배외주의자가 '대중과 함께 있겠다'는 논리로 어떻게 자신의 행동을 정당화하려 애썼는지를 우리는 봐오지 않았던가? 당분간 '대중적' 도취를 거슬러 소수파가 될 능력을 갖는 것이 우리의 의무 아닐까? 현재로선 다름 아닌 선전가의 일이야말로 가장 중요한 임무가 아닐까? 즉 조국방위주의적·소부르주아적인 '대중적' 도취로부터 프롤레타리아적 방향을 끌어내 분별정립시키는 핵심적인 임무 말이다. 계급적인 차이와 상관 없이 대중이라는 틀 안에서 뒤섞여버린 것, 프롤레타리아적 대중과 비프롤레타리아적 대중이 하나로 섞여버린 것이 바로 조국방위주의적 유행병의 조건들 중 하나였다. 프롤레타리아트적 방침을 내세우는 "선전가 그룹"에 대하여 경멸적으로 말하는 것은 그다지 적절해 보이지는 않는다.

| 1917년 4월 8일(21일)과 4월 13일(26일) 사이에 집필
1917년 4월에 프리보이 출판사에서 소책자로 발행

우리 혁명에서
프롤레타리아트의 임무

프롤레타리아 당의 강령 초안

러시아가 지금 통과하고 있는 역사 시기에는 다음과 같은
기본적 특징이 있다.

현재 혁명의 계급적 성격

1. 전체 국가기구(군대, 경찰, 관료)를 지휘하는 한 줌의 봉건
적 지주만을 대표하는 낡은 차르 권력은 타도되고 제거되었지
만, 아직 숨통이 끊어지지는 않았다. 군주제는 정식으로 폐지
되지 않았다. 로마노프 가(家) 패거리는 계속 군주제 유지 음모
를 꾀하고 있다. 봉건적 지주의 거대한 토지 소유는 일소되지
않았다.

2. 러시아의 국가권력은 새로운 계급, 즉 부르주아지와 부
르주아화한 지주의 손아귀로 넘어갔다. 그 정도로 러시아의 부
르주아 민주주의 혁명은 완료되었다.

권력을 쥔 부르주아지는 1906~14년에 혈제(血帝) 니콜라

이와 도살자 스톨리핀을 유례없이 열렬히 지지한 것으로 악명
높은 공공연한 군주제주의자들(구치코프를 비롯하여, 카데츠[1]보다
오른쪽에 있는 정치가들)과 동맹을 결성하였다. 르보프 일당의 새
로운 부르주아 정부는 러시아에서 군주제를 복원시키는 것에
대해 로마노프 가와 교섭하려 했고, 그 모의는 이미 시작되고
있다. 이 정부는 혁명적 언사 뒤에 몸을 숨긴 채, 구체제 인사
들을 요직에 임명하고 있다. 이 정부는 국가기구 전체(군대, 경
찰, 관료)를 부르주아지에게 넘겨주고, 그것을 가능한 한 개혁하
지 않으려고 애쓰고 있다. 새로운 정부는 이미 대중행동의 혁
명적 창의(創意)와 인민에 의한 아래로부터의 권력 탈취——이
것들은 혁명의 진정한 성공을 위한 유일한 보장책이다——를
온갖 방법으로 방해하기 시작했다.

이 정부는 지금까지 제헌의회 소집 날짜도 정하지 않고 있
다. 봉건적 군주제의 물질적 기초인 지주의 토지 소유에 손가
락 하나도 대지 않고 있다. 이 정부는 대은행과 자본가의 신디

[1] 자유주의 부르주아지의 주요 정당인 입헌민주당의 당원들. 1905년 10
월에 창당한 이 당의 주요 인사는 밀류코프, 무롬체프, 마클라코프, 신
가료프, 스트루베, 로디체프 등이 있었다. 최종적으로 카데츠는 제국주
의적 부르주아지의 당이 되었다. 1차 세계대전 동안 그들은 차르 정부의
공격적인 대외 정책을 전면적으로 지지했다. 1917년 2월 부르주아 민주
주의 혁명 중에는 군주제를 구하기 위해 전력을 다했다. 임시정부에서
자신들이 차지하고 있던 요직을 이용하여 인민의 이익에 반하는 반혁
명적 정책을 강행하며 영국과 프랑스 제국주의 자본에 협력했다.—원서
편집자

케이트, 카르텔 등의 독점적 금융단체의 활동을 조사, 공표하고 그것들을 통제하는 것에 착수할 생각조차 하지 않고 있다.

새 정부의 핵심 요직, 주요 장관직(내무장관과 육군장관, 즉 군대, 경찰, 관료 등 인민을 억압하는 기구 모두를 지휘하는 직책)은 노골적인 군주제주의자들과 대토지 소유 지주제 지지자들이 차지하고 있다. 애송이 공화주의자, 마음에도 없는 공화주의자인 카데츠에게는 인민들에 대한 지휘나 국가권력 기구와 직접적인 관계가 없는 한직만 배정되고 있다. 트루도비키[2]의 대표자이자 '자칭 사회주의자'인 A. 케렌스키(Kerensky)는 인민의 경계심과 관심을 허풍스런 언사로 누그러뜨리는 것 말고는 할 일이 없다.

이 모든 이유로 새로운 부르주아 정부는 국내 정책 분야에서조차 프롤레타리아트에게 전혀 신뢰를 받지 못하고 있으며, 프롤레타리아트가 이 정부를 조금이라도 지지하는 것은 용납될 수 없다.

2 나로드니키 경향의 농민과 지식인으로 구성된 소부르주아 민주주의자 그룹으로, 1차 두마의 농민 대표자들이 1906년 4월에 결성했다. 두마에서 트루도비키는 끊임없이 동요하며 카데츠와 혁명적 사회민주주의자 사이를 오갔다. 1차 세계대전 중에는 그들 대부분이 사회배외주의적 입장을 취했다.

1917년 2월 부르주아 민주주의 혁명 후에는 부농의 이익을 대변하며 임시정부를 적극 지지했다. 트루도비키 지도자 자르두니(Zarduny)는 7월 사건 후 법무장관이 되어 볼셰비키 당을 탄압했다.―원서 편집자

새 정부의 대외 정책

3. 현재 객관적 조건에 의해 전면에 부각된 대외 정책 분야에서 보자면, 새 정부는 제국주의 전쟁, 즉 자본주의 노획물의 분배와 약소민족의 압살을 놓고 영국, 프랑스 등 제국주의 대국과 동맹하여 벌이고 있는 전쟁을 계속하기 위한 정부다.

러시아 자본과 그것의 강력한 보호자이자 주군(主君)인, 세계에서 가장 부유한 영국·프랑스 제국주의 자본의 이익에 종속되어 있는 새 정부는 병사·노동자 대표 소비에트가 러시아 모든 민족들의 다수자들을 대표하여 더할 나위 없이 명확하게 표명한 희망을 짓밟고서, 자본가의 이익을 위한 민족 도살을 중단시킬 어떠한 현실적 조치도 취하지 않았다. 누구나 알고 있듯이, 러시아를 영국·프랑스의 약탈적 제국주의 자본에 묶어놓고 있는 명백히 약탈적인 내용의 비밀 조약(페르시아의 분할, 중국의 약탈, 터키의 약탈, 오스트리아의 분할, 동프로이센의 탈취, 독일 식민지의 탈취 등에 관한)을, 새 정부는 공표조차 하지 않았다. 수백 년 동안 그 어느 폭군이나 전제군주보다도 많은 민족을 약탈하고 억압해온 차리즘, 대러시아 민족을 억압해왔을 뿐만 아니라 그들을 타민족들의 사형집행인으로 만들어 오욕을 씌우고 타락시켜온 차리즘, 그런 차리즘이 맺은 이 조약들을, 새 정부가 확인해준 것이다.

새 정부는 이런 치욕스러운 약탈적 조약들을 확인해주면

서, 러시아의 민족들 대다수가 노동자·병사 대표 소비에트를 통해 명확히 표명한 요구를 무시하고, 모든 교전국 국민들에게 즉각 휴전을 제의하지 않았다. 새 정부는 엄숙하고 과장되고 허풍스럽지만 알맹이는 하나도 없는 미사여구와 공문구──쉽게 믿어버리는 순진한 피억압 인민 대중을 속이는 데 늘 사용되어왔고 지금도 사용되고 있는, 부르주아 외교관들이 입에 달고 사는 외교적 언사들──의 도움으로 문제를 얼버무려왔다.

4. 그러므로 새 정부는 대외 정책 분야에서 조금의 신뢰도 받을 만하지 못하다. 또한 이 정부에 러시아 여러 민족들의 평화 의지를 널리 선언할 것, 병합을 포기할 것 등을 요구하는 것은 실제로는 인민을 속이고 인민에게 거짓 희망을 불어넣는 것이며, 인민의 의식이 명료해지는 것을 방해하고 지체시키는 것이며, 간접적으로 인민을 전쟁 계속과 타협시키는 것에 불과하다. 왜냐하면 전쟁의 진정한 사회적 성격을 결정하는 것은 경건한 소망이 아니라, 전쟁을 수행하는 정부의 계급적 성격이며, 이 정부가 대표하고 있는 계급과 러시아·영국·프랑스 등의 제국주의적 금융자본 간의 커넥션이며, 이 계급이 추구하고 있는 현실의, 실제의 정치기 때문이다.

이중권력의 특수한 성격과 그 계급적 의미

5. 우리 혁명의 가장 주요한 특징, 가장 절박하게 숙고하지 않으면 안 되는 특징은 혁명이 승리한 직후에 성립한 **이중권력**이다.

이 이중권력은 두 정부의 존재로 모습을 나타냈다. 하나는 본(本) 정부, 제1 정부, 현실의 정부로서 부르주아지의 정부다. 모든 권력기관을 그 손아귀에 쥐고 있는 르보프 일당의 '임시 정부'가 그것이다. 다른 하나는 국가권력 기관을 손에 쥐고 있지는 않지만 인민의 명백하고 절대적인 다수자들, 무장한 노동자와 병사에게 직접 기반을 두고 있는 페트로그라드 노동자·병사 대표 소비에트라는 보조적인 부(副) 정부, '감독하는' 정부다.

이 이중권력의 계급적 원천과 계급적 의의는 다음과 같다. 1917년 3월의 러시아 혁명은 차르 군주제 전체를 쓸어 없앴을 뿐 아니라, 모든 권력을 부르주아지에게 넘겼고, 프롤레타리아트와 농민의 혁명적 민주주의 독재 바로 곁에까지 나아갔다. 페트로그라드 소비에트와 그 밖의 지방 소비에트들은 바로 이런 독재(즉 법률에 기반한 권력이 아니라, 무장한 주민대중의 무력에 직접 기반을 둔 권력)이며, 바로 앞에서 언급한 계급들의 독재다.

6. 러시아 혁명의 제2의, 극히 중요한 특징은 다음과 같다. 페트로그라드 병사·노동자 대표 소비에트는, 모든 점으로 미

루어 볼 때 대다수의 지방 소비에트의 신뢰를 얻고 있으면서, 부르주아지와 **부르주아지의 임시정부에게 자발적으로** 국가권력을 인도하고, 임시정부를 지지하는 협정을 맺어 임시정부에게 자발적으로 우위를 **양도**하고, 자신은 참관자, 제헌의회(임시정부는 지금까지 그 소집 날짜조차 발표하지 않고 있다) 소집의 감독자 역할로 만족하고 있다는 사실이다.

이런 형태는 역사상 전혀 유례가 없는 것으로서, 이 극히 특수한 상황은 두 독재──부르주아지의 독재(르보프 일당의 정부는 독재, 즉 법률이나 사전에 표명된 인민의 의지를 근거로 하지 않고 무력에 의한 탈취를 근거로 하고 있는 권력이며, 게다가 이 탈취는 특정 계급, 즉 부르주아지에 의해 이루어진 것이기 때문에)와 프롤레타리아트와 농민의 독재(노동자·병사 대표 소비에트)──가 **함께 하나로 뒤얽혀** 버리는 상태를 만들어냈다.

그러한 '뒤얽힘'이 오래 지속될 수 없다는 것은 분명하다. 하나의 국가에 두 권력이 존재하는 상황이 계속될 수는 없다. 그 중 하나는 사라지지 않으면 안 된다. 그래서 러시아의 부르주아지 전체는 어디서나 온갖 방법으로 병사·노동자 대표 소비에트를 배제, 무력화시키고 소멸시키기 위해, 부르주아지의 단독 권력을 확립하기 위해 온 힘을 다하고 있다.

이중권력은 혁명의 발전 도상에서의 **과도적인 국면**, 즉 혁명이 통상적인 부르주아 민주주의 혁명을 넘어 나아갔지만, 아직 '순수' 프롤레타리아트와 농민의 독재에는 도달하지 않은 국면을 표현하는 것에 불과하다.

이 과도적이고 불안정한 상태의 계급적 의의(와 계급적 설명)는 다음과 같다. 모든 혁명이 그렇듯이, 우리의 혁명도 차리즘과의 투쟁을 위해 인민에게 최대의 영웅정신과 자기희생을 요구하면서, 전례 없이 많은 수의 일반 민중을 한꺼번에 운동으로 끌어들였다.

과학적·실천적·정치적 관점에서 볼 때, 모든 진정한 혁명의 주요 징표 중 하나는 정치생활과 국가 조직에 적극적·자주적·활동적으로 참여하기 시작한 '일반 민중'의 수가 눈에 띄게 급속하고 급격하고 거세게 증가한다는 것이다.

현재 러시아도 그러하다. 러시아는 지금 들끓고 있다. 10년간이나 정치적으로 잠들어 있었고, 차리즘의 끔찍한 압제와 지주, 자본가를 위한 고역으로 인해 정치적으로 짓눌려 있었던 수백만, 수천만의 사람들이 깨어 일어나 정치에 돌입하고 있다. 그런데 이 수백만, 수천만의 사람들은 누구인가? 대부분 소경영주, 소부르주아고, 자본가와 임금노동자의 중간에 위치한 사람들이다. 러시아는 모든 유럽 나라들 중 가장 소부르주아적인 나라다.

거대한 소부르주아적 파도가 모든 것을 쓸어버리고 있고, 계급적으로 각성한 프롤레타리아트를 숫자의 힘으로뿐 아니라 이데올로기적으로도 압도하고 있다. 노동자에게 소부르주아적인 정치적 견해를 아주 광범위하게 전염시키고 불어넣고 있는 것이다.

소부르주아지는 현실 생활에서 부르주아지에게 의존하고 있고, 스스로도 프롤레타리아가 아니라 경영주로서 생활하고 있으며(사회적 생산에서 점하는 지위라는 점에서), 세계관 또한 부르주아지를 따르고 있다.

평화와 사회주의의 최악의 적인 자본가를 불합리하게도 쉽게 믿어버리는 무자각적인 태도, 이것이 러시아 현 시기 대중 정치의 특징이다. 이것은 유럽의 모든 나라 중 가장 소부르주아적인 나라의 사회적·경제적 토양 위에서 혁명적 속도로 성장한 열매다. 이것은 임시정부와 노동자·병사 대표 소비에트와의 '협정'(내가 말하고 있는 것은 형식적 협정이라기보다 오히려 사실상의 지지, 암묵적 협정, 쉽게 믿어버리는 무자각적인 권력 양도임을 강조해둔다), 구치코프들에게는 두툼한 살코기——진짜 권력——를 주고, 소비에트에게는 단지 케렌스키들의 말뿐인 약속과 존경(잠시 동안의), 아첨, 미사여구, 맹세, 굽실거리기만을 준 그 협정의 계급적 기초다.

러시아에서는 프롤레타리아트가 수적으로 힘이 부족하다는 것, 프롤레타리아트의 계급적 자각과 조직화가 부족하다는 것이 동전의 이면이다.

사회주의혁명가당을 포함한 모든 나로드니키 당들은 언제나 소부르주아적이었고, 조직위원회파(치헤이제, 체레텔리 등) 역시 그러하다. 무당파 혁명가(스테클로프 등)도 마찬가지로 소부르주아적 파도에 굴복해버렸거나, 이 파도를 끝까지 견뎌낼 능력이 없었다.

이상으로부터 나오는 전술의 특수성

7. 이상에서 서술한 실제 정세의 특수성으로부터 마르크스주의자——개개의 인물들이 아니라 객관적 사실을, 대중 및 모든 계급을 계산에 넣어야 하는——에게 필요한 현 시기 전술의 특수성이 나온다.

이 특수성은 일차적으로 "혁명적 민주주의라는 미사여구의 설탕물에 식초와 담즙을 붓는 것"(우리 당 중앙위원회의 동료 위원인 테오도로비치(Teodorovich)가 페트로그라드에서 열린 전 러시아 철도노동자 대회의 어제 회의에서 쓴 아주 적절한 표현을 빌리자면)을 요구한다. 비판 작업, 사회주의혁명가당과 사회민주당 등 소부르주아적 당들의 오류를 설명하는 작업, 의식적으로 프롤레타리아적인 당, 공산주의 당의 분자들을 훈련시키고 결속시키는 작업, '전반적인' 소부르주아적 도취에서 프롤레타리아트를 해방시키는 작업이 바로 그 식초와 담즙을 붓는 과업이다.

이것은 선전 작업에 '지나지 않은' 듯이 보이지만 실제로는 가장 실천적이고 혁명적인 작업이다. 왜냐하면 혁명이 정지해버리고 공문구에 빠지고 '제자리걸음'을 하고 있는 것은 외부적인 장애 때문이 아니라, 부르주아지가 **폭력을 행사하고 있기 때문이 아니라**(구치코프는 지금으로서는 아직 병사 대중에 대해 폭력을 쓰겠다고 위협하고 있을 뿐이다) 대중의 쉽게 믿어버리는 무자각성 때문이며, 이를 극복하지 못한다면 혁명의 전진은 불가능하기 때문이다.

이 쉽게 믿어버리는 무자각성과 싸우는 것에 의해서만(그런데 이 싸움은 오로지 이데올로기적으로, 동지적 설득에 의해, **생활의 경험**을 보이는 것에 의해서만 수행될 수 있고, 또 그렇게 되지 않으면 안 된다) 우리는 횡행하고 있는 **혁명적 공문구의 광란**에서 빠져나올 수 있으며, 프롤레타리아적 의식도, 대중의 의식도, **현장에서의 대중의 과감하고 결연한 창의도**——자유와 민주주의와 모든 토지의 인민적 소유 원칙을 자신의 주도로 실현, 발전, 강화시키는 것도——진정으로 북돋을 수 있다.

8. 부르주아와 지주 정부의 국제적 경험은 인민을 복종시키는 두 개의 방법을 만들었다. 첫 번째는 폭력이다. 이러한 사형집행인적 방법에 관해서는, '큰 몽둥이 니콜라이'라는 별명의 니콜라이 로마노프 1세와 혈제 니콜라이 2세가 할 수 있는 것과 할 수 없는 것의 최대치를 러시아 인민에게 보여주었다. 그리고 또 다른 방법은 일련의 대혁명과 혁명적 대중운동에서 '배운' 영국과 프랑스의 부르주아지가 고도로 발전시킨 것이다. 그것은 기만, 아첨, 미사여구, 무수한 약속과 빵 부스러기 던져주기, 하찮은 것은 양보하여 중요한 것을 지키기 등의 방법이다.

러시아 현 시기의 특수성은 첫 번째 방법에서 두 번째 방법으로, 인민에 대한 폭력적 억압에서 인민에 대한 **아첨**으로, 약속에 의한 인민 기만으로 아찔한 속도로 넘어가고 있다는 점에 있다. 고양이 바스카는 잔소리를 들으면서 계속 먹는다.[3] 밀류코프와 구치코프는 권력을 쥐고서 자본가의 이익을 보호하고, 러시아 자본과 영국·프랑스 자본을 위해 제국주의 전쟁을 수행하고 있다. 그러면서 그들은 치헤이제, 체레텔리, 스테클로프 같은 '요리사'가 연설을 하며 으르다가 간하다가 촉구하다가 애원하다가 요구하다가 선언하다가 하는 것에 약속과 웅변과 거창한 성명으로 답하며 얼렁뚱땅 넘기고 있다. 고양이 바스카는 잔소리를 들으면서 계속 먹는다.

그러나 쉽게 믿어버리는 무자각적 태도는, 특히 프롤레타리아트와 빈농 사이에서 나날이 사라져갈 것이다. 자본가를 믿지 말라는 것을, 생활이(그들의 사회적·경제적 입지가) 그들에게 가르치기 때문이다.

소부르주아지 지도자들은 인민에게 부르주아지를 신뢰하

3 이반 크릴로프의 우화 「고양이와 요리사」에 나오는 구절. 어떤 요리사가 외출하면서 쥐가 음식을 훔쳐 먹지 못하도록 고양이 바스카를 남겨두었다. 그가 돌아왔을 때 바스카는 피로그(러시아의 축제나 명절 때 상에 오르는 빵)를 먹고 있었다. 이를 본 요리사는 고양이한테 장황하게 설교를 늘어놓는데, 바스카는 귀를 쫑긋 세우면서 그 사이에 닭꼬치까지 먹어치워버렸다. 여기서 레닌은 치헤이제 등을 '요리사'로 비유하고 그들의 잔소리를 한 귀로 흘리면서 밀류코프가 전쟁을 계속하고 있는 것을 풍자하고 있다.─옮긴이

라고 가르치지 '않으면 안 된다.' 프롤레타리아는 인민에게 부르주아지를 신뢰하지 말라고 가르치지 않으면 안 된다.

혁명적 조국방위주의와 그 계급적 의의

9. 혁명적 조국방위주의는 '거의 모든 것'을 쓸어버린 소부르주아적 파도의 가장 중요하고 가장 두드러진 표현으로 간주되어야 한다. 이것이야말로 러시아 혁명이 더 한층 전진하고 성공하는 데 최악의 적이다.

이 점에서 굴복하여 그로부터 빠져나갈 능력이 없는 자들은 혁명에서 떨어져나간다. 그러나 대중은 지도자들과는 다른 방식으로 굴복하며, 또한 다른 방식으로 다른 발전 경로를 취하여, 다른 방법으로 그로부터 빠져나간다.

혁명적 조국방위주의는, 한편으로는 부르주아지에 의한 대중 기만의 결과고, 농민과 일부 노동자가 쉽게 믿어버리는 무자각적 태도를 취한 결과다. 다른 한편으로는 병합과 은행의 이윤에 어느 정도 이해관계가 있는 소경영주, 타민족들에 대한 사형집행인을 하게 하여 대러시아인을 타락시켜온 차리즘의 전통을 '신성한 것으로' 수호하고 있는 소경영주의 이익과 관점의 표현이다.

부르주아지는 혁명에 대한 인민의 고귀한 긍지를 이용하는 것에 의해, 그리고 혁명의 이 단계의 결과로, 즉 차르 군주제가 구치코프, 밀류코프의 모조 공화제로 대체된 결과로 러시아에 관한 한 전쟁의 **사회적·정치적 성격**이 변화한 듯이 보이게 하는 것에 의해 인민을 기만하고 있다. 그리고 인민은 주로 대러시아 민족 외의 러시아 내 여러 민족을 대러시아인의 재산이나 세습영지 따위로 바라보는 오랜 편견 탓에——일시적으로——그것을 믿어버렸다. 타민족을 무언가 열등한 것으로, '권리상' 대러시아에 속하는 것으로 보도록 가르친 차리즘으로 인해 대러시아 민족이 입은 비열한 타락은 단숨에 사라질 수 없었다.

전쟁의 사회적·정치적 성격을 결정하는 것은 개개의 인물이나 집단, 심지어 민족의 '선의'가 아니다. 전쟁을 수행하고 있는 **계급**의 입장, 이 계급의 **정치**——전쟁은 정치의 계속이다——, 현대 사회의 지배적인 경제적 힘인 자본의 **속박**, 국제 자본의 **제국주의적 성격**, 재정·은행·외교에서의 러시아의 영국·프랑스에 대한 의존 등이 전쟁의 성격을 결정하는데, 우리는 이 점을 대중에게 설명하는 **능력**을 갖추지 않으면 안 된다. 이 점을 대중이 알아듣도록 능숙하게 설명하기란 쉽지 않다. 우리 가운데 오류를 범하지 않고 곧바로 그것을 할 수 있는 사람은 없다.

그러나 우리의 선전 방향, (보다 정확히 말하면) 선전 내용은 그러한 것, 오직 그러한 것이어야 한다. 혁명적 조국방위주의에 조금이라도 양보하는 것은, 그것이 그 어떤 근사한 문구나 그 어떤 '실천적' 고려라는 이름으로 정당화된다 하더라도 사회주의를 배반하는 것이며, 국제주의를 완전히 폐기하는 것이다.

'전쟁 중지!'라는 슬로건은 물론 옳다. 그러나 이 슬로건은 현 시기 임무의 특수성, 광범한 대중에게 다른 방식으로 접근할 필요를 고려하지 않고 있다. 이 슬로건은 '과거 좋았던 시절'의 서툰 선동가가 무작정 농촌에 가져가서 애쓴 보람도 없이 험한 꼴을 당한 저 '차르 타도!' 슬로건을 생각나게 한다. 혁명적 조국방위주의의 일반 신봉자들은 개인적 의미에서가 아니라 계급적 의미에서 선의를 갖고 있다. 즉 그들은 병합이나 타민족을 압살하는 것으로부터 실제로 어떤 이익도 얻지 않는 계급(노동자와 빈농)에 속해 있다. 부르주아와 '인텔리겐차'가 자본의 지배를 포기하지 않고서는 병합을 포기할 수 없다는 것을 잘 알고 있으면서도 근사한 문구와 무제한의 약속과 끝없는 보증으로 파렴치하게 대중을 속이고 있는 것과는 다른 것이다.

조국방위주의의 일반 신봉자들은 이 문제를 단순히, 보통 사람의 방식으로, 이렇게 바라보고 있다. "나는 병합을 원하지 않는다. 그런 나에게 독일인이 '덤벼들고 있는' 것이다. 따라서 나는 정당한 대의를 방어하고 있는 것이지, 무슨 제국주의적 이익을 방어하고 있는 것이 전혀 아니다." 이런 사람에게는 그의 개인적인 소망이 문제가 아니라, 대중적이고 계급적인 정치적 관계와 조건들, 전쟁과 자본의 이익, 국제적 은행망 간의 연관 등이 문제라는 것을 반복해서 설명하지 않으면 안 된다. 조국방위주의와의 이와 같은 투쟁만이 위선적이지 않은 진실된 투쟁일 것이고, 성공을——아마도 매우 신속한 성공은 아니겠지만 확실하고 영속적인 성공을——약속할 것이다.

전쟁을 어떻게 끝낼 수 있을까?

10. 전쟁을 '뜻대로' 끝내는 것은 가능하지 않다. 어느 한쪽의 결정으로 전쟁을 끝내는 것은 가능하지 않다. 어느 조국방위파 병사의 재치 있는 표현을 빌리면, "총검을 땅에 박는" 것으로 전쟁을 끝내는 것은 가능하지 않다.

각국의 사회주의자들 간의 '협정'이나, 만국의 프롤레타리아의 '궐기'나, 여러 국민의 '의지' 등에 의해 전쟁을 끝내는 것은 가능하지 않다. 조국방위주의적 신문이나, 반은 조국방위주의적이고 반은 국제주의적인 신문의 논설을 메우고 있는 이런 유의 모든 문구, 나아가 셀 수 없이 많은 결의, 호소, 선언 그리고 병사·노동자 대표 소비에트의 결의 등은 소부르주아의 한가하고 순진하고 경건한 소망 외에 아무것도 아니다. '제 국민의 평화 의지의 표명'이라든가, 프롤레타리아트의 혁명적 궐기의 '순번'('러시아 프롤레타리아트 다음에는 독일 프롤레타리아트 차례다'라는 식의) 따위의 문구들보다 더 유해한 것은 없다. 이 모든 것은 루이 블랑주의이자 달콤한 몽상이고, '정치적 캠페인' 놀음이며, 실제로는 고양이 바스카 우화의 반복일 뿐이다.

전쟁이 오로지 약탈적인 자본가들의 이익을 위해 치러지고 있는 것이 틀림없고, 그들만이 전쟁으로 부유해지고 있다 하더라도 전쟁은 그들의 악의의 산물이 아니다. 전쟁은 세계 자본주의의 반세기에 걸친 발전의 산물이자, 그 무수한 끈들과 연관들의 산물이다. 자본의 권력을 타도하지 않고서는, 국가권력을 또 다른 계급, 즉 프롤레타리아트에게 인도하지 않고서는 제국주의 전쟁에서 빠져나와 민주주의적인(강제적이지 않은) 강화를 이루어낸다는 것은 가능하지 않다.

1917년 2~3월의 러시아 혁명은 '제국주의 전쟁의 내란으로의 전화'의 출발점이었다. 이 혁명은 전쟁 종결로의 제1보를 내딛었다. 제2보, 즉 국가권력을 프롤레타리아트에게 인도하는 것만이 전쟁의 종결을 보장할 수 있다. 그것은 세계적 규모로의 '전선 돌파', 자본의 이익이라는 전선을 돌파하는 출발점이 될 것이다. 그리고 이 전선을 돌파함으로써만 프롤레타리아트는 전쟁의 참화에서 인류를 구원하고 인류에게 평화의 축복을 안겨줄 수 있다.

러시아 혁명은 노동자 대표 소비에트를 만들어냄으로써 이미 이러한 자본 '전선'의 '돌파' 직전까지 러시아 프롤레타리아트를 끌어당긴 것이다.

우리 혁명 속에서 성장해나가고 있는 새로운 유형의 국가

11. 노동자·병사·농민 등 대표 소비에트들은 그것의 계급적인 의의, 러시아 혁명에서의 역할이 대다수의 사람들에게 불분명하다는 의미만으로 이해되지 못한 것은 아니다. 이 소비에트들은 국가의 새로운 형태, 좀 더 정확히 말하면 새로운 유형이라는 점에서도 이해되지 못하고 있다.

부르주아 국가 중 가장 완성도가 높고 가장 진보된 유형은 **의회제 민주공화국**이다. 의회제 민주공화국에서 권력은 의회에 속하지만, 국가기구, 행정조직과 기관——즉 상비군, 경찰, 관료(사실상 소환과 교체가 불가능하며, 특권을 가지고 인민의 위에선)——이 상설화되어 있다.

그러나 19세기 말에 시작된 혁명 시대는 민주주의 국가의 한층 더 고도화된 유형을 내놓았다. 이것은 엥겔스의 표현을 빌리자면, 어떤 점에서 이미 국가가 아니게 된 국가, "이제는 본래의 의미로의 국가가 아닌"[4] 국가다. 그것은 파리 코뮌 형의 국가로서, 인민으로부터 분리된 군대와 경찰을 인민 자신의 직접 무장으로 대체하는 국가다. 이 점에, 부르주아 저술가들에 의해 그리도 중상모략을 당하고 있고, 특히 사회주의를 즉각 '도입'하려고 의도한 것이라고 곡해되고 있는 코뮌의 본질

---

4   마르크스·엥겔스, 『선집』, 2권, 모스크바, 1962년, 42쪽을 보라.—원서
    편집자

이 있다.

러시아 혁명이 1905년과 1917년에 만들기 시작한 것은 바로 이런 유형의 국가였다. 전 러시아 인민 대표 제헌의회나 소비에트 회의 등으로 통합된 노동자·병사·농민 등 대표 소비에트 공화국, 이것이야말로 카데츠 교수들이 의회제 부르주아 공화국을 위한 법률안을 기초하는 것을 기다리지 않고, 플레하노프나 카우츠키 같은 소부르주아적 '사회민주주의'파의 현학자들과 기성 관행 숭배자들이 국가 문제에 관한 마르크스주의 학설을 왜곡하는 것을 멈출 때를 기다리지 않고, 자신의 주도로 자기 식의 민주주의를 창조하고 있는 수백만 인민의 창의에 의해 지금, 현재 우리나라에서 이미 실현되어 나가고 있는 것이다.

마르크스주의는 일반적으로 혁명기에, 특히 자본주의에서 사회주의로 가는 과도기에 국가와 국가권력이 필요하다는 것을 인정한다는 점에서 아나키즘과 다르다.

마르크스주의는 이런 시기에는 통상적인 의회제 부르주아 공화국 같은 국가가 아니라 파리 코뮌 같은 국가가 필요하다는 것을 인정한다는 점에서 플레하노프, 카우츠키 일파의 소부르주아적인 기회주의적 '사회민주주의'와 다르다.

파리 코뮌 형 국가와 구(舊)형 국가 간의 주된 차이점은 다음과 같다.

의회 부르주아 공화제에서 군주제로 되돌아가는 것은 (역사가 증명하고 있듯이) 아주 쉬운 일이다. 의회 부르주아 공화제는 군대, 경찰, 관료 등 군주제의 억압기구 전체를 그대로 두기 때문이다. 그러나 코뮌과 노동자·병사·농민 등 대표 소비에트는 이런 기구들을 분쇄해서 없애버린다.

의회 부르주아 공화제는 대중의 자주적인 정치생활, 위에서 아래까지의 전 국가생활의 민주적 조직화에 대중이 직접 참가하는 것을 구속하고 압살한다. 노동자·병사 소비에트의 경우는 그 반대다.

노동자·병사 소비에트는 파리 코뮌이 만들어냈고 마르크스가 "노동의 경제적 해방을 이룩할, 마침내 발견된 정치적 형태"[5]라고 이름 붙인 국가 유형을 재현하고 있다.

이에 대해 흔히 듣는 반론은, 러시아 인민에게는 아직 코뮌을 '도입'할 만큼의 준비가 되어 있지 않다는 것이다. 이것은 농민에게는 자유를 차지할 만큼의 준비가 되어 있지 않다는 농노주의 논거다. 코뮌, 즉 노동자·농민 대표 소비에트는 경제적 현실 내에서도, 인민의 압도적 다수의 의식 내에서도 완전히 성숙하지 않은 개혁은 그 어떤 것도 '도입'하지 않고, '도입'할 의도도 없고, 또 도입해서도 안 된다. 경제적 붕괴와 전쟁이 낳은 위기가 깊으면 깊을수록, 전쟁이 인류에게 입힌 참혹한 상처의 치료를 용이하게 할 가장 완전한 정치 형태가 그만큼 더 긴박

---

5 마르크스·엥겔스, 『선집』, 1권, 모스크바, 1962년, 522~3쪽을 보라.—원
   서 편집자

하게 필요해진다. 러시아 인민에게 조직의 경험이 적으면 적을 수록, 부르주아 정치가들과 '수입이 많은 지위'를 점하고 있는 관리들만의 조직화가 아니라, 인민 자신에 의한 조직화에 그만큼 단호하게 착수하지 않으면 안 된다.

우리가 사이비 마르크스주의, 플레하노프·카우츠키 일당이 위조한 마르크스주의의 낡은 편견들을 버리는 것이 빠르면 빠를수록, 인민이 지금 바로 어디에서나 노동자·농민 대표 소비에트를 건설하고 모든 생활을 자신의 손에 쥐도록 원조하는 데 우리가 열심일수록, 르보프 일당이 제헌의회의 소집을 미루면 미룰수록, 인민이 노동자·농민 대표 소비에트 공화국을 선택하는(제헌의회를 매개로 해서든, 르보프가 좀처럼 제헌의회를 소집하지 않는 경우에는 제헌의회와는 별개로든) 것이 그만큼 수월해질 것이다. 인민 자신의 새로운 조직화 작업에 있어 처음에는 오류를 피할 수 없지만, 르보프 씨가 초청하는 법학 교수들이 제헌의회의 소집과 의회제 부르주아 공화국의 영구화와 노동자·농민 대표 소비에트의 압살을 위한 법률을 기초하는 것을 기다리는 것보다는 오류를 범하고라도 앞으로 나아가는 편이 낫다.

만약 우리가 우리 자신을 조직하고 능숙하게 선전 활동을 한다면, 프롤레타리아만이 아니라 농민의 10분의 9까지도 경찰의 부활에 반대할 것이며, 소환·교체 불가능이라는 특권을 지닌 관료와 인민으로부터 분리한 군대에게도 반대할 것이다. 새로운 국가 유형이란 바로 이 점에 있다.

12. 경찰을 민병으로 대체하는 것은 혁명의 모든 과정에서 비롯되는 개혁이다. 그리고 이런 개혁은 현재 러시아 대부분의 지점에서 실현되고 있다. 통상적인 유형의 부르주아 혁명 대다수에서는 이런 개혁이 언제나 극히 짧게만 이루어졌고, 부르주아지는——가장 민주주의적이고 공화주의적인 부르주아지조차——인민으로부터 분리되어 부르주아의 지휘를 받으며 온갖 방법으로 인민을 억압하는 데나 쓸모가 있는 낡은 차르식의 경찰을 복구시킨다는 것을, 우리는 대중에게 설명해야 한다.

경찰 복구를 막는 길은 오직 하나밖에 없는데, 그것은 민병을 창설하여 민병과 군대를 융합시키는 것(상비군을 전 인민의 무장으로 대체하는 것)이다. 이 민병에는 15세부터 65세까지의——지금 예로 든 이 연령의 미성년자와 노년층의 참가를 결정해도 된다면——모든 남녀 시민이 한 사람도 빠지지 않고 참가해야 한다. 임금노동자와 가사(家事)고용원 등이 공적인 민병 복무에 바친 날들에 대해서는 자본가가 임금을 지불해야 한다. 일반 정치생활뿐만 아니라 매일매일의 공무 전반에도 여성을 자주적으로 참가시키지 않는다면, 사회주의는 고사하고 완전하고 안정적인 민주주의조차 입에 담을 수 없다. 또한 병자나 노숙하는 아동을 보살피는 일, 식품 위생 관리 등과 같은 '경찰' 기능은 명목상으로만이 아니라 실제로도 여성이 남성과 같은 권리를 갖지 않으면, 결코 그 기능이 만족스럽게 수행될 수 없다.

경찰 부활을 막는 것, 민병 창설에 전 인민의 조직적 힘을 끌어모으는 것, 이것이 혁명을 수호하고 공고히 하고 발전시키기 위해 프롤레타리아트가 대중 속으로 가지고 들어가지 않으면 안 되는 임무다.

농업 강령과 민족 강령

13. 가까운 미래에 러시아의 농촌에서 강력한 토지 혁명이 일어날지 아닐지를 지금 우리는 확실히 알지 못한다. 농업노동자, 임금노동자, 빈농('반(半)프롤레타리아')을 한쪽으로 하고, 부농과 중농(자본가와 소자본가)이 다른 한쪽에 있는 농민의 계급 분화가 최근 확연히 심화되고 있지만, 그것이 어느 정도까지 깊어질지는 알 수 없다. 이런 문제를 해결하는 것, 해결할 수 있는 것은 오직 경험밖에 없다.

그러나 프롤레타리아트의 당으로서 우리는 농업(토지) 강령을 제출해야 할 뿐 아니라, 러시아 농민의 입장에서의 토지 혁명을 위해 즉각 실행 가능한 실천적 방책을 지금 바로 선전할 무조건적인 의무가 있다.

우리는 모든 토지의 국유화를, 즉 국가의 모든 토지를 중앙 국가권력의 소유로 넘길 것을 요구해야 한다. 이 권력은 이주

용지의 규모 등을 정하고 삼림 보호와 토지 개량 등의 법률을 제정하고, 토지의 소유자(국가)와 차지인(경작자) 사이에 끼어드는 일체의 중개 행위를 무조건적으로 금지(일체의 토지 전대 금지)시켜야 한다. 그러나 토지의 처분과 토지의 점유 및 용익을 관장하는 지방 규정의 결정은 어떠한 경우에도 관료나 관리의 손에 맡겨서는 안 되며, 전적으로 그리고 배타적으로 지방 및 지구의 농민 대표 소비에트의 손에 맡겨야 한다.

곡물 생산 기술의 향상과 곡물 증산을 이루기 위해, 나아가 합리적인 대경영과 그것에 대한 사회적 통제를 발전시키기 위해 우리는 모든 몰수된 지주 농장에 농업노동자 대표 소비에트의 통제하에 대규모 모범 농장을 만들도록 농민위원회의 내부에서 분투해야 한다.

사회주의혁명가당 당원들 사이에서 유행하고 있고, 특히 '소비' 기준이라든가 '노동' 기준이라든가 '토지의 사회화'라든가 등의 한가한 수다로 나타나고 있는 소부르주아적 공문구와 정책에 대항하여, 프롤레타리아트의 당은 상품생산하에서의 소경영제로는 빈곤과 억압으로부터 인류를 구할 수 없다는 것을 설명해야 한다.

프롤레타리아트의 당은 농민 대표 소비에트를 당장 분열시키지 않고도, 또 절대 그것을 분열시키지 않고도 독자적인 농업노동자 대표 소비에트와 독자적인 빈농(반프롤레타리아적 농민) 대표 소비에트를 만들 필요가 있다는 것, 또는 적어도 전체적인 농민 대표 소비에트 내부의 특별 분파나 당파로서 **그런 계급적 지위에 속하는** 대의원들의 특별 상설협의회를 둘 필요가 있다는 것을 설명해야 한다. 그렇게 하지 않으면, 농민 일반에 관한 나로드니키[6]의 온갖 달콤한 소부르주아적 공문구에 힘입어 **자본가의 변종에 불과한 부농**이 손쉽게 무산대중을 기만할 수 있게 될 것이다.

농민들에게 지주의 토지를 탈취하지 말라고, 제헌의회 소집 전에 토지 개혁을 시작하지 말라고 권고하고 있는 수많은 사회주의혁명가당 당원들과 노동자·병사 대표 소비에트의 부르주아 자유주의적이고 관료적인 설교에 대항하여, 프롤레타리아트의 당은 농민에게 즉각 자신의 주도로 토지 개혁을 실행하라고, 현지 농민 대표의 결의에 따라 즉각 지주 토지를 몰수하라고 촉구해야 한다.

이 경우에 특히 중요한 점은 전선의 병사와 후방의 도시를 위해 식료품 생산을 늘릴 필요가 있다는 것, 가축과 농구와 기계와 건물 등을 조금이라도 다치게 하거나 파손하는 것은 절대로 용납될 수 없음을 강조하는 것이다.

14. 민족 문제에서는, 프롤레타리아트의 당은 무엇보다도 먼저 차리즘에 의해 억압받고 있으며 폭력적으로 러시아에 편

6　나로드니키라는 말은 여기서는 나로드니키 경향의 세 개 소부르주아적 당들, 즉 트루도비키, 사회주의혁명가당, 인민사회주의자들을 모두 지칭하는 의미로 사용되고 있다.―원서 편집자

입되었거나 폭력적으로 국가의 경계 내에 붙들려 있는 크고 작은 모든 민족, 즉 피병합 민족이 러시아로부터 분리할 완전한 자유를 갖는다는 것을 선언하고, 그것을 즉각 실현하라고 주장해야 한다.

분리의 자유의 실제 실현을 수반하지 않는 병합 포기의 언명, 성명, 선언은 모두 결국 부르주아의 인민 기만이나 소부르주아의 헛된 소망이 되어버릴 뿐이다.

프롤레타리아트의 당은 가능한 큰 국가의 창설을 지향한다. 왜냐하면 그것이 노동자에게 유리하기 때문이다. 당은 제 민족을 서로에게 **접근시키고** 결국 **융합시키는** 것을 지향하지만, 강제에 의해서가 아니라 오로지 모든 민족 노동자와 근로인민의 자유로운 우애적 동맹에 의해 그 목표를 달성하고자 한다.

러시아 공화국이 더 민주주의적인 곳이 될수록, 그것이 노동자·농민 대표 소비에트 공화국으로 훌륭하게 조직될수록 모든 민족의 근로인민이 그런 공화국에 **자발적으로** 이끌리는 힘은 그만큼 강력해질 것이다.

분리의 완전한 자유, 가장 광범한 지방적(및 민족적) 자치, 세부적으로까지 성문화한 소수민족의 권리 보장, 이것이 혁명적 프롤레타리아트의 강령이다.

은행과 자본가 신디케이트의 국유화

15. 소농의 나라에서는, 주민의 압도적 다수가 사회주의 혁명의 필요를 인식하지 못하는 상황에서는 결코 프롤레타리아트 당이 사회주의의 '도입'을 목표로 할 수 없다.

그러나 이 진리를 근거로 하여, 닥쳐온 완전한 경제적 해체와 기근에 맞서 싸우기 위해 긴급히 필요한 즉각적인 혁명적 방책——실천적으로 완전히 시기가 무르익고, 전쟁 중에 많은 부르주아 국가들이 더 이상 기댈 데가 없자 빈번히 의지했던——을 뒤로 미루는 정책을 정당화하는 것은 '사이비 마르크스주의'의 구호 뒤에 숨은 부르주아 궤변가나 하는 짓이다.

토지의 국유화, 모든 은행과 자본가 신디케이트의 국유화, 아니면 적어도 그것들에 대한 노동자 대표 소비에트의 즉각적인 통제 실시 등과 같은 조치는 결코 사회주의의 '도입'은 아니지만, 무조건적으로 주장해야 하며, 가능한 한 혁명적 방법으로 실행되어야 한다. 이 조치들은 사회주의로 가는 몇 걸음에 지나지 않으며, 경제적으로 완전히 실행 가능한 것이지만, 이 조치들에 의지하지 않고서는 전쟁으로 입은 상처를 치유하고 닥쳐온 붕괴를 막아내는 것은 불가능할 것이다. 그리고 혁명적 프롤레타리아트의 당은 특히 다름 아닌 '전쟁 덕에' 괘씸한 방식으로 이익을 보고 있는 자본가와 은행가의 전대미문의 높은 이윤에 손대는 것을 결코 주저하지 않을 것이다.

사회주의 인터내셔널 내부 정세

16. 지금 러시아 노동자계급의 국제적 의무는 그 어느 때보다 힘차게 전면에 내세워지고 있다.

요즘 국제주의의 신봉자라고 맹세하지 않는 것은 게으름뱅이뿐이다. 조국방위파의 배외주의자도, 플레하노프와 포트레소프(Potressov)[7]도, 케렌스키도 국제주의자라 자칭한다. 그런 만큼 '입으로 하는 국제주의'에 '실제의 국제주의'를 명료하고 정확하고 명확하게 대치시키는 것이 더더욱 프롤레타리아 당의 절실한 의무가 되고 있다.

만국의 노동자 앞으로 보내는 단순한 격문, 국제주의에 헌신한다는 공허한 확언, 각 교전국의 혁명적 프롤레타리아트가 궐기하는 '순번'을 정하려는 직간접적 시도, 교전국 사회주의자 간에 혁명적 투쟁에 관한 '협정'을 맺으려는 헛된 노력, 강화(講和) 캠페인을 목적으로 사회주의자 대회를 연다는 헛소동 등은, 그러한 생각과 시도와 계획의 창안자들이 아무리 진지하다 하더라도, 그 객관적 의의에서는 모두 미사여구에 지나지 않으며, 잘해야 배외주의자의 대중 기만을 덮어 가리는 데나

---

7   저명한 멘셰비키 지도자이자 청산파의 이론가다. 잡지 《보즈로즈데니예 *Vozrozhdeniye*》('쇄신'이라는 뜻)와 《나샤 자리야*Nasha Zarya*》('우리의 새벽'이라는 뜻)를 비롯한 멘셰비키 청산파의 간행물에서 지도적인 역할을 맡았다. 1차 세계대전 당시 사회배외주의적 입장을 취했다.—편집자

쓸모 있는 순진하고 어수룩한 소망일 뿐이다. 그리고 누구보다도 노회하고, 의회제 야바위 술수에 누구보다도 숙련돼 있는 **프랑스**의 사회배외주의자는 사회주의와 인터내셔널에 대한 전대미문의 철면피한 배반, 제국주의 전쟁을 수행하고 있는 정부 내각 입각, 차관 또는 **전쟁공채에 대한 찬성** 투표(최근 러시아에서 치헤이제, 스코벨레프(Skobelev), 체레텔리, 스테클로프가 했듯이), **자국 내에서의 혁명적 투쟁에 대한 반대** 등에, 유례없이 과장되고 요란한 평화주의적·국제주의적 공문구를 갖다 붙이고 있는 점에서 일찌감치 기록을 깨고 있다.

이 호인(好人) 양반들은 제국주의적 세계 전쟁의 잔혹하고 흉포한 환경을 종종 망각하고 있다. 이 환경은 공문구를 용납하지 않는다. 이 환경은 순진하고 어수룩한 소망을 조롱한다.

실제의 국제주의는 하나밖에, 단 하나밖에 없다. **자국 내의 혁명운동과 혁명적 투쟁을 발전시키기 위해 온 마음과 힘을 다해 활동하는 것, 예외 없이 모든 나라에서 이와 같은 투쟁, 이와 같은 방침을 지지하는 것, 오직 그것만을 지지하는 것**(선전, 동조, 물질적 원조에 의해)이다.

이 밖의 것은 모두 기만이자 마닐로프주의(Manilovism)[8]다.

8   마닐로프는 니콜라이 고골(Nikolai Gogol)의 소설 『죽은 혼*Dead Souls*』에 나오는 지주의 이름이다. 무익한 감상과 공허한 몽상에 빠져 현실에 대해서는 극히 소극적인 태도밖에 취하지 않는 인물의 전형으로, 그의 이름 마닐로프는 게으르고 심약한 몽상가면서 수다만 떠는 사람을 가리키는 말이 되었다.―원서 편집자

2년여의 전쟁 동안 국제 사회주의 운동과 노동계급 운동은 모든 나라에서 세 개의 조류를 탄생시켰다. 이 세 조류의 존재를 인정하여 분석하고, 그 가운데 실제의 국제주의적 조류를 위해 일관되게 투쟁한다는 현실적인 기반에서 이탈하는 것은 자신을 무기력과 무능과 오류의 운명에 빠뜨리는 것이다.

세 조류란

1) 사회배외주의자. 즉 입으로는 사회주의자지만 실제로는 배외주의자인 사람이다. 제국주의 전쟁(무엇보다 지금의 제국주의 전쟁)에서의 '조국 옹호(조국 방위)'를 승인하는 자들.

이 패거리는 우리의 계급적 적이다. 그들은 부르주아지 편으로 넘어간 자들이다.

모든 나라의 공식 사회민주당의 공식 지도자 대부분이 이와 같은 패거리다. 러시아에서는 플레하노프 일당, 독일에서는 샤이데만(Scheidemann)들, 프랑스에서는 르노델(Renaudel), 게드(Guesde), 상바(Sembat), 이탈리아에서는 비솔라티(Bissolati) 일당, 영국에서는 하인드먼(Hyndman), 페비언 파9, 레이버라

9 1884년에 영국에서 일군의 부르주아 지식인들에 의해 창립된 개량주의 조직 페비언 협회의 일파. 그들은 프롤레타리아트의 계급투쟁과 사회주의 혁명의 필요를 부정하고, 자본주의에서 사회주의로의 이행이 사소한 점진적 개량을 통해 이뤄질 수 있다고 주장했다. 레닌은 페비언주의를 "극히 기회주의적인 조류"라고 규정했다. 1900년에 페비언 협회는 영국 노동당에 합류했다. 페비언 사회주의는 노동당 이데올로기의 원천 중 하나다. 1차 세계대전 시에 페비언 파는 사회배외주의적 입장을 취했다.─원서 편집자

이트('노동당'의 지도자들), 스웨덴에서는 브란팅(Branting) 일당, 네덜란드에서는 트롤스트라(Troelstra)와 그의 당, 덴마크에서는 스타우닝(Stauning)과 그의 당, 미국에서는 빅터 버거(Victor Berger)와 그 밖의 '조국방위파' 등.

2) 두 번째 조류는 이른바 '중앙파'다. 이들은 사회배외주의자와 실제의 국제주의자 사이에서 동요하고 있는 자들이다.

'중앙파'는 모두 맹세코 단언한다. 우리는 마르크스주의자이자 국제주의자요. 우리는 평화를 찬성하오. 정부에 온갖 '압력'을 가하는 것, '인민의 평화 의지를 표명'하도록 자국 정부에 온갖 '요구'를 제출하는 것을 찬성하오. 우리는 온갖 평화 캠페인과 무병합의 강화 등을 찬성하오. 그리고 사회배외주의자와의 평화 또한 찬성하오. 우리 '중앙파'는 '통일 단결'의 벗이자, 분열의 적이오.

'중앙파'는 무골호인(無骨好人)의 소부르주아적 공문구의 왕국이자, 입으로는 국제주의, 실제로는 소심한 기회주의의 왕국이자, 사회배외주의에 대한 아첨의 왕국이다.

문제의 핵심은 '중앙파'가 '자'국 정부에 대한 혁명의 필요를 확신하지 않으며, 그것을 선전하지 않으며, 충심으로 혁명적 투쟁을 수행하지 않으며, 그러한 투쟁을 회피하려고 극히 비속한——그것도 초(超)'마르크스주의적'으로 들리는——구실을 생각해내고 있다는 점에 있다.

사회배외주의자는 우리의 계급적 적이며, 노동운동 내의 부르주아다. 그들은 객관적으로 부르주아지에게 매수되어(더 나은 임금, 명예로운 지위를 위해), 자국 부르주아지가 약소민족을 약탈하고 억압하고 자본가의 노획물의 분배를 둘러싸고 싸우는 것을 거드는 노동자계급의 한 계층, 한 그룹, 한 부분을 대표한다.

'중앙파'는 합법성의 병폐에 젖어 부식되고 의회주의 환경 등에 의해 부패한, 기성 관행 숭배자이자 안락한 자리와 온건한 업무에 익숙해져 있는 관료다. 역사적·경제적으로 볼 때, 그들이 특별히 어떤 계층을 대표하고 있는 것은 아니다. 그들은 노동운동의 지나간 한 시기, 1871~1914년의 시기, 특히 프롤레타리아트에게 필요한, 광범한, 가장 광범한 규모로의 완만하고 지속적이고 체계적인 조직 활동의 기술면에서 많은 귀중한 것을 거둔 한 시기로부터, 사회 혁명의 시대를 연 최초의 제국주의적 세계 전쟁 이래 객관적으로 필연적이 된 새로운 한 시기로의 과도기적 조건을 표현하고 있을 뿐이다.

'중앙파'의 주요 지도자 겸 대변인은 제2인터내셔널(1889년~1914년)의 가장 저명한 권위자인 카를 카우츠키다. 1914년 8월 이래로 그는 마르크스주의자로서 완전히 파산한 인간의 모델이 되었고, 미증유의 무정견, 가장 참담한 동요와 배반의 화신이 되었다. 이 '중앙파' 조류에는 카우츠키, 하제(Haase), 레데부어(Ledebour) 그리고 독일 제국의회 내의 이른바 '사회민주당 노동동지단'[10]이 포함된다. 프랑스에서는 롱게, 프레스만(Pressmane) 그리고 이른바 소수파[11] 전체, 영국에서는 필립 스노우든(Philip Snowden), 램지 맥도널드, 그리고 독립노동당[12] 및 부분적으로 영국 사회당[13]의 많은 지도자들, 미국에서는 모리스 힐퀴트(Morris Hillquit) 등, 이탈리아에서는 투라티, 트레베스(Tréves), 모디글리아니(Modigliani) 등, 스위스에서는 로베르트 그림(Robert Grimm) 등, 오스트리아에서는 빅토르 아들러(Victor Adler) 일당, 러시아에서는 조직위원회 일파, 악셀로트

10 공식 사회민주당 국회의원단에서 탈퇴한 의원들이 1916년 3월에 결성한 중앙파 조직. 최종적으로 1917년에 중앙파의 당인 독립사회민주당의 중핵을 형성했다. 공공연한 사회배외주의자들을 정당화하려 했고, 그들과의 통일 단결을 유지하는 데 찬성했다.─원서 편집자

11 프랑스 사회당 내 소수파로 1915년에 형성되었다. 사회개량주의자 롱게의 지지자들로 이루어져 롱게 파라고도 불린다. 중앙파적 견해를 지녔고, 사회배외주의자에 대해 화해 정책을 취했다. 1차 세계대전 시에는 사회평화주의적 입장을 취했다. 러시아에서 10월 혁명이 승리한 후 자신들이 프롤레타리아트 독재의 편이라고 선언했지만, 실제로는 프롤레타리아트 독재의 적이었다. 사회배외주의자와 화해하는 정책을 계속 펼쳤고, 병합주의적인 베르사이유 강화조약을 지지했다. 1920년 12월에 투르에서 열린 프랑스 사회당 대회에서 당내 좌파가 승리했다. 롱게 파는 이 대회에서 여전히 소수파로 머물자 공공연한 개량주의자들과 함께 탈당하여 이른바 2.5 인터내셔널에 가담했다가, 2.5 인터내셔널 붕괴 후에는 제2인터내셔널로 되돌아갔다.─원서 편집자

12 1893년에 케어 하디와 램지 맥도널드 등 페비언주의 경향의 지식인들 및 소부르주아들과 '신노조운동' 지도자들이 주창자가 되어 창립했다. 자신들은 부르주아 정당으로부터 정치적으로 독립되어 있다고 주장했으나, 실제로는 "사회주의로부터 독립하여 자유주의에 종속되었다."(레닌) 레닌에 의하면, 독립노동당은 "사실상 부르주아지에게 항상 종속되어 있는 기회주의 당"(레닌, 『영국에 관하여』, 모스크바, 401쪽)이었다.─원서 편집자

(Axelrod), 마르토프, 치혜이제, 체레텔리 등이 포함된다.

지극히 당연하게도 개개의 인물은 때때로 스스로도 의식하지 못한 채 사회배외주의 입장에서 '중앙파' 입장으로 이동하며, 그 반대의 상황도 벌어진다. 개개의 인물은 하나의 계급에서 다른 계급으로 자유롭게 이동하고 있지만, 계급과 계급 사이에는 구별이 있다는 것은 마르크스주의자라면 누구나 알고 있다. 정치생활에서의 **조류**도 마찬가지다. 개개의 인물은 하나의 조류에서 다른 조류로 자유롭게 이동하고 있음에도 불구하고, 그리고

---

13 1911년에 맨체스터에서 창립됐다. 사회민주주의연맹(사회민주당으로 개칭)과 다른 사회주의 그룹들이 통합해 만들어졌다. 레닌에 따르면, 영국 사회당은 마르크스주의 사상을 선전하는 활동을 했고 "기회주의적이지 않았으며 실제로 자유당과의 관계는 독립적이었다." 그러나 당원의 수가 적고 당의 대중 접촉이 빈약해서 다소 종파주의적 성격을 띠었다.

　1차 세계대전 시기에는 이 당에 두 조류가 있었다. 하나는 하인드먼을 지도자로 하는 공공연한 사회배외주의적 조류였고, 다른 하나는 잉크핀, 로트스테인, 갤러처, 맥린 등이 이끄는 국제주의적 조류였다. 국제주의 경향 내부에는 많은 쟁점들에 대해 중앙파적 입장을 취하는 불철저한 분자들이 있었다. 1916년 2월에 당의 활동적인 당원들이 주도해서 발행한 《더 콜*The Call*》은 당내 국제주의자들을 단결시키는 중요한 역할을 했다. 1916년 4월에 분열하여 하인드먼 등의 소수파가 탈당했다.

　영국 사회당은 10월 혁명을 환호로 맞이하였고, 당원들은 외국의 간섭에 반대하여 소비에트 러시아를 방어하는 노동계급 운동에서 큰 역할을 했다.

　1919년에 당 조직의 대다수가(98 대 4로) 공산주의 인터내셔널 가입에 찬성했다. 공산주의 통합 그룹과 함께 영국 공산당 결성에 주도적 역할을 했다. 1920년에 열린 1차(통합) 대회에서 사회당 지부의 압도적 다수가 공산당에 합류했다.—원서 편집자

여러 조류를 **융합**시키려는 시도와 노력이 행해지고 있음에도 불구하고 정치생활의 조류와 조류 사이에는 구별이 존재한다.

3) 세 번째 조류는 실제의 국제주의자들로서, 이 조류의 가장 대표적인 것이 '치머발트 좌파'[14] 다(독자가 이 조류의 기원을 직접 알 수 있도록, 1915년 9월의 선언을 부록으로 붙여둔다).

주요한 특징은 사회배외주의 및 '중앙파'와의 완전한 절연, **자국** 제국주의 정부와 **자국** 제국주의 부르주아지에 반대하는 헌신적인 혁명적 투쟁이다. 원칙은 '주적은 국내에 있다'다. 달콤한 사회평화주의적(사회평화주의자는 입으로는 사회주의자지만, 실제로는 부르주아 평화주의자다. 부르주아 평화주의자는 자본의 굴레와 지배를 뒤엎는 것 없는 영구적 평화를 꿈꾼다) 공문구에 대해서도, 지금의 전쟁과 관련하여 프롤레타리아트의 혁명적 투쟁과 프롤레타리아적 사회주의 혁명이 가능하다거나 타당하다거나 시의 적절하다는 것을 부정하기 위한 용도로 동원되는 일체의 핑계에 대해서도 이 조류는 가차 없이 투쟁하고 있다.

이 조류의 가장 저명한 대표자는, 독일에서는 카를 리프크네히트가 속해 있는 스파르타쿠스단 또는 《인터나치오날레*Die Internationale*》 그룹[15]이다. 카를 리프크네히트는 이 조류와, 새로운 인터내셔널, 진정한 프롤레타리아적 인터내셔널의 가장 뛰어난 대표자다.

카를 리프크네히트는 독일 노동자와 병사에게 무기를 자국 정부에게로 겨누라고 호소했다. 이러한 호소를 리프크네히트

는 의회(독일 제국의회) 연단에서부터 공공연하게 했다. 그러고는

14 1915년 9월 초에 스위스의 치머발트에서 열린 제1차 국제사회주의자회의에서 레닌의 주도로 결성되었다. 레닌은 이 회의를 국제적 반전 운동의 발전에서 "제1보"라고 불렀다. 치머발트 좌파를 구성한 단위는 러시아 사회민주노동당 중앙위원회와 스웨덴·노르웨이·스위스·독일의 좌익 사회민주주의자, 폴란드 사회민주당 반대파, 라트비아 지역 사회민주주의자 등이었다. 치머발트 회의의 다수파를 이루었던 중앙파와 투쟁을 벌였다. 제국주의 전쟁을 규탄하고 사회배외주의자의 배반을 폭로하고 전쟁에 반대하는 적극적 투쟁의 필요를 촉구하는 결의안을 제출했다. 이 결의안은 다수 중앙파에 의해 거부되었다. 그러나 치머발트 좌파는 그 결의안의 많은 중요 사항을 같은 회의가 채택한 선언에 포함시키는 데 성공했다. 치머발트 좌파는 이 선언을 전쟁에 대한 투쟁의 첫걸음으로 간주하여 그것에 찬성 투표를 했고, 특별 성명을 통해 선언의 부적절함과 비일관성, 그럼에도 그것에 찬성 투표를 한 이유를 제시했다. 그들은 치머발트 조직 내에 남아 있는 동안 자신들의 견해를 널리 전파하고 국제적 차원에서 독자적으로 활동할 것을 선언했다. 치머발트 좌파가 선출한 집행기관인 사무국(Bureau)은 레닌, 지노비예프, 라데크로 구성되었다. 독일에서 《포어보테》를 발행했는데 이 매체에 레닌의 여러 글이 실렸다. 일관된 국제주의적 입장을 취한 유일한 그룹인 볼셰비키는 치머발트 좌파에서 지도적 세력이었다. 레닌은 라데크의 기회주의적 동요에 맞서 싸웠고, 여타 좌익들의 오류를 비판했다. 치머발트 좌파는 곧 세계 사회민주주의의 국제주의 분자들의 집결점이 되었다. 1916년 4월 스위스 키엔탈에서 열린 2차 국제사회주의자회의에서 치머발트 좌파는 43명의 대의원 가운데 12명에 불과했지만, 많은 사안들에서 총 투표수의 거의 절반을 얻었다. 치머발트 좌파 그룹에 속한 각국 사회민주주의자들은 적극적으로 혁명적 활동을 했고, 자국에서 공산당을 창건하는 데 중요한 역할을 했다. 치머발트 좌파에 대해서는 레닌의 「첫걸음The First Step」과 「1915년 9월 5~8일 국제사회주의자 회의에서의 혁명적 마르크스주의자들Revolutionary Marxists at the International Socialist Conference, September 5~8, 1915」(두 편 모두 본 전집 60권 『사회주의와 전쟁』에 수록—편집자)을 보라.—원서 편집자

비합법적으로 인쇄한 전단을 들고 베를린에서 가장 큰 광장인 포츠담 광장에 나가 "정부를 타도하라!"고 호소하면서 시위를 했다. 그는 체포되어 **징역형**을 받았다. 그는 지금 독일의 감옥에 갇혀 있으며, 다른 **수백** 명의——수천 명은 아니지만——진정한 독일 사회주의자들 또한 반전 투쟁을 했다는 이유로 감옥에 갇혀 있다.

리프크네히트는 자국의 플레하노프들과 포트레소프들(샤이데만들, 레기엔(Legien)들, 다비트(David)들 일당)**뿐만** 아니라 자국의

---

15 나중에 스파르타쿠스 동맹으로 불리게 된다. 독일의 좌익 사회민주주의자 카를 리프크네히트, 로자 룩셈부르크, 프란츠 메링, 클라라 체트킨 등에 의해 1차 세계대전 초에 결성되었다. 이 그룹은 독일 노동운동의 역사에서 중요한 역할을 했다. 1916년 1월에 열린 좌익 사회민주주의자 전국회의에서 이 그룹은 로자 룩셈부르크가 초안을 기초하여 제의한 국제 사회민주주의의 임무에 관한 테제를 채택했다. 또한 제국주의 전쟁에 반대하여 대중 속에서 혁명적 선전을 하면서 독일 제국주의의 침략 정책과 사회민주주의 지도자들의 배반을 폭로하였다. 그러나 이론과 정책의 가장 중요한 문제들에 있어 중대한 오류로부터 자유롭지 못했다. 마르크스주의적으로 해석한 바의 민족자결 원칙(즉 분리 및 독자 국가 형성의 권리를 포함하는)을 거부했고, 제국주의 시대에 민족해방 전쟁의 가능성을 부인했으며, 혁명 당의 역할을 경시했다. 레닌은 「유니우스 팸플릿에 대하여The Junius Pamphlet」와 「프롤레타리아 혁명의 군사 강령The Military Programme of the Proletarian」(두 글 모두 본 전집 64권 『맑시즘의 희화와 제국주의적 경제주의』에 수록—편집자) 등에서 독일 좌익의 오류를 비판했다. 1917년에 이 그룹은 조직적 독자성을 보존한 채 중앙파의 독립사회민주당 가맹 조직이 되었다. 1918년 11월 혁명 후에 '독립파'와 단절했으며, 같은 해 12월에 독일 공산당을 창설했다.—원서 편집자

중앙파, 즉 자국의 치혜이제들과 체레텔리들(카우츠키, 하제, 레데부어 일당)과도 연설과 편지를 통해 가차 없이 투쟁했다.

110명의 의원들 가운데 카를 리프크네히트와 그의 동료 오토 륄레(Otto Rühle), 이 두 사람만이 당의 규율을 어기고 '중앙파'및 배외주의자들과의 '통일 단결'을 파괴하며 모두에게 맞섰다. 홀로 리프크네히트만이 사회주의를, 프롤레타리아트의 대의를, 프롤레타리아 혁명을 대표하고 있다. 나머지 독일 사회민주당 전체는, 로자 룩셈부르크(역시 스파르타쿠스단의 일원이자 스파르타쿠스단 지도자들 가운데 한 사람이다)의 적절한 표현을 빌리자면 "악취 풍기는 시체"다.

독일에서 실제 국제주의자들의 또 하나의 그룹은 브레멘에서 《아르바이터 폴리틱*Arbeiterpolitik*(노동자 정치)》을 발행하고 있는 그룹이다.

실제의 국제주의자에 가장 가까운 각국의 인물들로는 프랑스의 로리오와 그의 동료들(부르데롱〔Bourderon〕과 메렘〔Merrheim〕은 사회평화주의로 전락해버렸다), 제네바에서 《드망*Demain*(내일)》을 발행하는 프랑스인 앙리 기보(Henri Guilbeaux) 등이 있다. 영국에는 《트레이드 유니오니스트*The Trade Unionist*》 발행자들, 영국 사회당 및 독립노동당의 일부 당원(예를 들어 사회주의를 배반한 지도자들과의 단절을 공공연하게 호소한 러셀 윌리엄즈〔Russel Williams〕), 혁명적인 반전 투쟁을 했다는 이유로 영국 부르주아 정부에 의해 징역에 처한 스코틀랜드의 사회주의자 교사 맥린(MacLean) 등이 있다. 그리고 같은 죄목으로 수백 명의 영국 사회주의자가 감옥에 갇혀 있다. 그들이, 그들만이 실제의 국제주의자다. 미국에는 사회주의노동당[16]과, 기회주의적인 사회당[17] 내부에서 1917년 1월부터 《인

16 1876년에 제1인터내셔널의 북미 지부와 그 밖의 사회주의 조직들이 합동으로 개최한 1876년의 필라델피아 통합 대회에서 창건되었다. 마르크스와 엥겔스의 동료인 조르게(F. A. Sorge)가 이 대회에서 주도적 역할을 했다. 당원의 압도적 다수가 미국 노동자계급과의 접촉이 많지 않은 이민자들이었다. 초기 몇 년 동안 이 당은 종파주의적이고 교조주의적인 성격의 오류를 범한 라살주의자들이 지배했다. 일부 당 지도자들은 의회 활동을 당의 주요 임무로 여겨 대중의 경제투쟁을 지도하는 것의 중요성을 과소평가했다. 다른 일부 지도자들은 노동조합주의와 아나키즘에 빠졌다. 지도자들의 이데올로기적·전술적 동요는 당을 약화시켰고, 많은 그룹들이 당에서 떨어져나가는 원인이 되었다. 마르크스와 엥겔스는 미국 사회주의자들의 종파주의를 호되게 비판했다.

    1890년대에 당의 지도부는 다니엘 드 레온(Daniel De Leon)이 이끄는 좌파가 맡았지만, 이 좌파 그룹도 아나코-생디칼리즘적 성격의 오류를 범했다. 사회주의노동당은 노동자계급의 부분적 요구를 위한 투쟁과 개량주의적 노동조합 속에서의 활동으로부터 철수하면서, 안 그래도 미약한 대중적 노동운동과의 접촉 끈을 잃었다. 1차 세계대전 시기에는 국제주의로 기울었다. 러시아 10월 혁명의 영향으로 사회주의노동당 내의 보다 혁명적인 부분이 미국 공산당을 결성하는 데 적극 참가했다.—원서 편집자

17 1901년에 사회주의노동당과 사회민주당 등이 통합하여 창립한 개량주의 정당. 1차 세계대전 시기에는 다수파인 우파가 제국주의 전쟁에 찬성하고 미국 제국주의를 지지했다. 혁명적인 소수파는 국제주의 입장을 취하며 전쟁에 반대했고, 이후 러시아 10월 혁명의 영향을 받아 당내 좌파를 형성했다. 이 좌파는 1921년에 미국 공산당 창립을 주도하며 공산당의 중핵이 되었다.—원서 편집자

터내셔널리스트*Internationalist*》를 발행하기 시작한 당원들이 있다. 네덜란드에는 《데 트리뷴*De Tribune*》을 발행하고 있는 '트리뷴 파'의 당[18](판네쿡(Pannekoek), 헤르만 호르터(Gorter), 바인코프(Wijnkoop), 과거에는 치머발트 중앙파였으나 지금은 우리 대열에 합류한 롤란트-홀스트(Roland-Holst))이 있다. 스웨덴에서는 린드하겐(Lindhagen), 튜레 네르만(Ture Nerman), 카를손(Carleson), 슈트룀(Strölm), 치머발트에서 몸소 '치머발트 좌파' 창설에 참가했고 지금 혁명적 반전 투쟁을 한 죄로 징역을 살고 있는 Z. 회글룬트(Hömlglund) 같은 지도자들의 지휘를 받는 청년파 또는 좌파의 당[19]이 있다. 덴마크에서는 장관 스타우닝(Stauning)을 선두로 하는, 지금은 완전히 **부르주아적인** 덴마크 '사회민주'당에서 탈퇴한 트리에와 그의 동료들이 있다. 불가리아에는 '테스냐키'[20]가 있다. 이탈리아에서는 당 서기 콘스탄티노 라차리

18 네덜란드 사회민주노동당의 좌익 그룹. 1907년부터 잡지 《트리뷴》을 발행했다. 1909년에 당에서 제명되어, 네덜란드 사회민주당을 결성했다. 네덜란드 노동운동의 좌익을 대표했고, 1차 세계대전 시기에는 대체로 국제주의적 입장을 취했지만, 일관된 혁명정당은 아니었다.

　　1918년에 트리뷴 파는 네덜란드 공산당 결성에 참가했다. 《트리뷴》이 계속해서 공산당의 기관지로 기능했다.—원서 편집자

19 레닌이 스웨덴 사회민주당 내 좌파에 붙인 이름. 1차 세계대전 시 국제주의적 입장을 취했고, 치머발트 좌파에 동조했다. 1917년 5월 스웨덴 좌익사회민주당을 결성했다. 1919년 당대회에서 공산주의 인터내셔널 가입에 찬성하는 결의를 채택했다. 1921년에 당의 혁명적 부분이 스웨덴 공산당을 결성하여 공산주의 인터내셔널에 가입했다.—원서 편집자

(Constantino Lazzari)와 중앙기관지 《아반티!*Avanti!*》[21]의 편집자 세라티(Serrati)가 이 조류에 가장 가깝다. 폴란드에는 라데크(Radek), 하네키(Hanecki) 등 '지방지도부'하에 통합된 사회민주당 지도자들과 로자 룩셈부르크, 티츠카(Tyszka) 등의 사회민주당 '중앙지도부'[22]하에 통합된 지도자들이 있다. 스위스에서는 자국의 사회배외주의자 및 '중앙파'와의 투쟁을 위해 '전당(全黨)투표'(1917년 1월) 발의안을 기초했고 1917년 2월 11일에 퇴스에서 열린 취리히 주(州) 사회주의자 대회에서 원칙적·혁명적인 반전 결의안을 제안한 좌파가 있다. 오스트리아에는 일부가 빈의 카를 마르크스 클럽──이 클럽은 극히 반동적인 오스트리아 정부에 의해 현재 폐쇄된 상태인데, 오스트리아 정부는 장관을 저격하는 신중하지는 못하지만 영웅적인 행동을 한 프리드리히 아들러(Friedrich Adler)의 목숨을 빼앗으려

20 불가리아 사회민주당이 분열한 후 1903년에 창건된 혁명적 사회민주노동당. 당의 창건자이자 지도자는 블라고예프다. 디미트로프와 콜라로프 등이 뒤를 이었다. 1차 세계대전 시기에 제국주의 전쟁에 반대했다. 1919년에 공산주의 인터내셔널에 가입하면서 불가리아 공산당을 결성했다.─원서 편집자

21 1896년 12월에 로마에서 창간된 이탈리아 사회당의 일간 중앙기관지. 1차 세계대전 시에 이 신문은 개량주의자들과 단절하지 못하고 불철저한 국제주의적 입장을 취했다. 1926년에 신문은 무솔리니의 파쇼 정부에 의해 폐간 당했으나 나라 밖에서 부정기적으로 계속 발간되었다. 1943년에 신문은 이탈리아에서 발행을 다시 시작했다.─원서 편집자

22 '중앙지도부'와 '지방지도부'는 폴란드·리투아니아 사회민주당의 집행기관이다.─원서 편집자

하고 있다──에서 활동해온 아들러의 젊은 좌익적 동료들이 있다. 그리고 등등.

문제는 색조에 있는 것이 아니다. 색조라면 좌파 사이에도 있다. 문제는 **조류**에 있다. 정말 중요한 점은 무시무시한 제국주의 전쟁의 시대에 실제의 국제주의자가 된다는 것이 쉽지 않다는 데 있다. 그런 사람들은 몇 안 되지만, 사회주의의 미래 전체가 오직 그들에게 달려 있다. 오직 그들만이 대중의 오도자(誤導者)가 아닌 **대중의 지도자**다.

사회민주주의자들 사이에서 일반적으로 개량주의자와 혁명가를 가르는 구별은, 제국주의 전쟁 상황에서 객관적인 불가피성을 띠고 변화하지 않을 수 없었다. 부르주아 정부에게 '강화를 체결하라'든가, '국민의 평화 애호 의지를 천명하라'든가 하는 등의 '요구'를 하는 데 머무는 것은 **사실상 개량주의로** 전락하는 것이다. 왜냐하면 객관적으로 **전쟁이라는 문제**는 오직 **혁명적 방법**으로만 해결될 수 있기 때문이다.

전쟁에서 **빠져나오는** 길, 강제적이 아닌 민주주의적인 강화를 달성하는 길, '전쟁' 덕에 돈을 번 자본가들에게 이자로 **수십억 금**을 바쳐야 하는 채무노예제로부터 인민을 해방하는 길은 프롤레타리아트의 혁명 외에는 없다.

부르주아 정부에게 다양한 개량을 요구할 수도 있고 또 요구하지 않으면 안 되지만, 제국주의 자본의 수천 갈래 끈에 얽힌 인민과 계급에게 이 끈을 **끊으라고** 요구하는 것은, 마닐로프주의나 개량주의에 빠지지 않고는 할 수 없는 일이다. 그런데 이 끈을 끊지 않는다면, '전쟁에 대한 전쟁' 운운하는 얘기들은 모두 게으르고 기만적인 공문구가 되어버린다.

'카우츠키 파', '중앙파'는 입으로는 혁명가지만 실제로는 개량주의자다. 그들은 입으로는 국제주의자, 실제로는 사회배외주의자의 종범(從犯)이다.

치머발트 인터내셔널의 붕괴──제3인터내셔널을 창립할 필요

17. 출발부터 치머발트 인터내셔널은 동요하는 '카우츠키 파', '중앙파'적 입장을 취하고 있었다. 그 때문에 치머발트 좌파는 나머지와 선을 긋고 별개의 세력이 되어 자신의 독자적 선언(스위스에서 러시아어와 독일어와 프랑스어로 인쇄되었다)을 발표하지 않으면 안 되었다.

치머발트 인터내셔널의 주요 결함, 그 붕괴의 원인(이미 정치적·이데올로기적으로 붕괴하였기에)은 사회배외주의 및 낡은 사회배외주의적 인터내셔널──헤이그(네덜란드)의 반데르벨데(Vandervelde)와 호이스만스(Huysmans) 등이 이끄는──과의 완전한 절연이라는, 결정적인 실천적 의의를 지니는 중대한 문제에서 동요하면서 우유부단함을 보여줬다는 데 있다.

치머발트 다수파가 다름 아닌 카우츠키 파라는 것은 러시아에는 아직 알려져 있지 않다. 그럼에도 이것이야말로 계산에 넣지 않으면 안 되는 기본적인 사실이며, 서유럽에서는 현재 그것을 모르는 사람은 아무도 없다. 저 배외주의자조차도, 초배외주의적인 《폴크스슈티메*Volksstimme*》[23]의 편집자이자 파르부스(Parvus)의 초배외주의적 잡지 《글로케*Glocke*》[24]의 기고가인 독일의 저 극단 배외주의자 하일만(Heilmann, 당연히 '사회민주주의자'이며, 사회민주당의 '통일 단결'에 대한 열혈 신봉자다)조차도 '중앙파', 즉 '카우츠키 파'와 **치머발트 다수파**는 같은 것이라는 사실을 출판물을 통해 인정하지 않을 수 없었다.

이 사실은 1916년 말과 1917년 초에 최종적으로 확인되었다. 키엔탈 선언[25]이 사회평화주의를 비난하고 있음에도 불구하고, 치머발트 우파 전체, 치머발트 다수파 전체가 사회평화주의로 전락해버렸다. 카우츠키 일당은 1917년 1월과 2월에 한 일련의 발언에서 사회평화주의적 입장을 분명히 했고, 프랑스의 부르데롱과 메렘은 사회당의 평화주의적 결의(1916년 12

---

23 '인민의 소리'라는 뜻. 1891년 1월부터 1933년 2월까지 쳄니츠에서 발행된 독일 사회민주당 기관지.—원서 편집자

24 '종'이라는 뜻. 독일 사회민주당 당원인 사회배외주의자 파르부스(본명은 A. L. Gelfand)가 1915~25년에 뮌헨에서(나중에는 베를린에서) 발행한 격주간 잡지.—원서 편집자

25 1916년 4월 24~30일에 스위스 키엔탈에서 개최된 '치머발트 파' 2차 국제회의에서 채택된 호소문 「파멸과 죽음으로 고통당하는 각국 인민들에게」를 뜻한다.—원서 편집자

월)와 노동총동맹(CGT, 프랑스의 노동조합 전국조직)의 평화주의
적 결의(동일하게 1916년 12월)에 사회배외주의자들과 마음을 합
쳐 찬성 투표를 했다. 그리고 이탈리아의 투라티 일당에 대해
서 말하자면, 여기에서는 당 전체가 사회평화주의적 입장을
취했지만, 투라티 자신은 1916년 12월 17일에 한 연설에서 '입
을 잘못 놀려'(물론 우연이 아니다) 제국주의 전쟁을 미화하는 민
족주의적 언사를 내뱉기까지 했다.

치머발트 회의[26]와 키엔탈 회의[27]의 의장이었던 로베르트
그림은 1917년 1월에 실제 국제주의자에 대항하여 자기 당의
사회배외주의자(그로일리히[Greulich], 플뤼거, 뮐러[Müller] 등)와
동맹을 맺었다.

---

26 스위스 치머발트에서 열린 국제사회주의자들의 최초 회의였다. 유럽 11
개국에서 파견된 39명의 대표자가 참석했다. 이 회의에서는 카우츠키주
의자 다수파와 레닌이 주도하는 혁명적 국제주의자가 서로 가열차게 투
쟁했다. 레닌은 국제주의자들을 치머발트 좌파 그룹으로 조직했다.

　　이 회의는 전쟁의 제국주의적 성격을 폭로하는 선언을 채택했다. 이
선언은 전쟁공채에 찬성표를 던지고 부르주아 정부에 참가한 '사회주의
자들'을 비난했다. 그리고 유럽 각국의 노동자들에게 전쟁에 반대하는 투
쟁을 전개하고 무병합·무배상의 강화 체결을 위해 싸울 것을 촉구했다.

　　또한 전쟁 희생자들에 대한 동정을 표하는 결의안을 채택했고, 국
제사회주의위원회(I.S.C.)를 선출했다. 이 회의에 대한 평가로는 레닌
의 글, 「첫걸음The First Step」과 「1915년 9월 5~8일 국제사회주의자
회의에서의 혁명적 마르크스주의자들Revolutionary Marxists at the
International Socialist Conference, September 5-8, 1915」(두 편 모두
본 전집 60권 『사회주의와 전쟁』에 수록―편집자)을 보라.―원서 편집자

치머발트 다수파의 이런 모호하고 양면적인 태도는 1917년 1월과 2월에 열린 각국 **치머발트** 파의 두 협의회에서, 몇몇 나라의 좌익 국제주의자들에 의해, 즉 국제 청년 조직의 서기이자 훌륭한 국제주의적 신문 《유겐트인터나치오날레*Die Jugentinternationale*(청년 인터내셔널)》[28]의 편집자인 뮌첸베르크(Münzenberg), 우리 당 중앙위원회의 대표 지노비예프, 폴란드 사회민주당('지방지도부'파)의 카를 라데크, 독일 사회민주주의자이자 스파르타쿠스단의 일원인 하르트슈타인(Hartstein)에 의해 정식으로 규탄받았다.

러시아 프롤레타리아트에게는 많은 것이 주어져 있다. 이제껏 세계 어느 곳의 노동자계급도 러시아 노동자계급만큼 커다

27 1916년 4월 24~30일에 베른 근방의 마을 키엔탈에서 열렸던 국제 사회주의 회의. 10개국 43명의 대표가 출석했다. 러시아 사회민주노동당 중앙위원회에서는 레닌과 다른 두 명의 대표가 출석했다.

　　키엔탈 회의에서는 치머발트 좌파를 레닌이 주도하여 앞서의 치머발트 회의 때보다 훨씬 더 강고한 입지를 점했다. 키엔탈에서는 12명의 대표가 좌파로 결속했고 좌파의 몇몇 제안은 20표까지, 또는 거의 과반수를 획득하기도 했다. 이것은 세계 노동운동에서의 역관계가 어떻게 국제주의에 대한 지지로 변화되어갔는가를 보여주는 지표였다. 이 회의는 '파멸과 죽음을 겪고 있는 모든 나라 인민들'에게 보내는 선언과, 평화주의와 국제사회주의사무국을 비판하는 결의를 채택했다. 레닌은 회의의 결정을 제국주의 전쟁에 대항하여 국제주의 세력들을 하나로 묶는 데서 한 걸음 전진한 것으로 평가했다.—원서 편집자

28 치머발트 좌파에 동조한 국제 청년사회주의조직연맹의 기관지. 1915년 9월부터 1918년 5월까지 취리히에서 발행되었다.—원서 편집자

란 혁명적 에너지를 발휘하지 못했다. 그러나 많은 것이 주어진 자에게는 그만큼 많은 것이 요구된다.

치머발트의 늪은 더 이상 용인될 수 없다. 우리는 치머발트 '카우츠키 파' 때문에 플레하노프들과 샤이데만들의 배외주의적 인터내셔널과의 더러운 인연을 계속 유지할 수는 없다. 이 인터내셔널과는 즉각 단절해야 한다. 치머발트에는 오직 정보 수집 목적으로만 남아야 한다.

바로 우리가, 바로 지금, 새롭고 혁명적인 프롤레타리아적 인터내셔널을 지체 없이 건설해야 한다. 더 정확히 말하면 그런 인터내셔널이 이미 수립되어 있고 활동하고 있음을 공개적으로 인정하기를 두려워해서는 안 된다.

그것은 내가 앞에서 정확히 이름을 댄 "실제의 국제주의자들"의 인터내셔널이다. 대중의 오도자가 아닌 대중의 대표자, 혁명적 국제주의적 대중의 대표자는 오직 그들뿐이다.

만약 그런 사회주의자는 소수일 뿐이라고 말한다면, 1917년 2~3월 혁명 직전에 러시아에 진정 계급적으로 각성한 혁명가가 다수 있었는지, 러시아 노동자 모두가 자문해봐야 한다.

문제는 쪽수가 아니라 진정으로 혁명적인 프롤레타리아트의 사상과 정책을 올바르게 표현하느냐다. 중요한 것은 국제주의를 '천명'하느냐가 아니라 가장 어려운 시련의 시기에도 실제의 국제주의자일 수 있느냐다.

협정이나 국제대회에 기대를 거는 것으로 자신을 속이지

말자. 제국주의 전쟁이 계속되는 한 국제적 연락은 제국주의
부르주아지의 군사독재의 강철 고정장치로 옥죄어 있다. 노동
자 대표 소비에트라는 부(副) 정부를 받아들일 수밖에 없었
던 '공화주의자' 밀류코프조차 1917년 4월에 스위스 사회주의
자이자 당의 서기이며 국제주의자고 치머발트·키엔탈 양 회
의 참가자였던 프리츠 플라텐에게 러시아 입국을 불허했다면(그
리고 플라텐이 러시아인 아내의 친척을 방문하는 길이었는데, 또한 그가
1905년 혁명에 리가에서 참가했고 그 때문에 러시아의 감옥에 투옥되어
차르 정부에 보석금을 낸 바 있으므로 그 보석금을 이번 러시아 입국을 통
해 되찾으리라고 생각했는데, '공화주의자' 밀류코프가 1917년 4월의 러시
아에서 그런 짓을 할 수 있었다면) 무병합 강화 등에 관한 부르주아
지의 약속과 보증, 성명과 선언 들에 얼마만큼의 가치가 있는
지는 미루어 알 수 있을 것이다.

영국 정부가 트로츠키(Trotsky)를 체포한 것은 또 어떤가?
또 마르토프의 스위스 출국을 불허하고, 그가 트로츠키와 같
은 운명을 맞을 것이 뻔한 영국으로 그를 유인하려 하고 있는
것은 어떤가?

환상을 품지 말자. 자기기만에 빠져서는 안 된다.

국제주의에 충실한 사회주의자들이 여기로 오는 것이, 그
러니까 스톡홀름으로부터 오는 것조차 불허되고, 맹렬한 군
사 검열이 실시되고 있지만 왕래되는 것이 당연한 **그들로부터
의 편지마저도**〔군사상 무관한 우편물은 무사히 도착하게 돼 있

다) 불허되고 있다는 사실이 증명된 이상, 국제 대회나 회의를 '기다린다'는 것은 국제주의에 대한 배반자가 됨을 의미한다.

우리 당은 '기다리지' 말고 지금 바로 제3인터내셔널 건설에 나서야 한다. 그럼 독일과 영국의 감옥에 있는 수백 명의 사회주의자는 안도의 한숨을 내쉴 것이다. 또 지금 저 망나니, 날강도 빌헬름(Wilhelm)의 간담을 서늘하게 하고 있는 파업과 시위를 전개하고 있는 수천, 수만의 독일 노동자는 비합법 전단에서 우리의 결의를 읽고, 우리가 오직 카를 리프크네히트에게만 우애적 신뢰를 보내고 있다는 것, 우리가 지금도 '혁명적 조국방위주의'와 싸울 결의에 차 있음을 알게 될 것이다. 그들은 그것을 읽고서 자신들의 혁명적 국제주의를 강화할 것이다.

많은 것이 주어져 있는 자에게는 많은 것이 요구된다. 지금 러시아만큼 자유를 갖고 있는 나라는 세계에 한 나라도 없다. 그 자유를 이용하자. 부르주아지와 부르주아적인 '혁명적 조국방위주의'를 지지하라고 설득하기 위해서가 아니라 제3인터내셔널을, 사회배외주의 배반자들에 대해서도 '중앙파' 동요자들에 대해서도 비타협적으로 적대하는 인터내셔널을, 대담하게, 충심으로, 프롤레타리아적으로, 리프크네히트 식으로 창건하기 위해 이 자유를 이용해야 하지 않겠는가.

18. 이상 여러 가지로 말했으니, 러시아에서 사회민주주의자의 통합이라는 문제는 성립조차 되지 않는다는 것에 대해서는 많은 말을 허비할 필요가 없을 것이다.

조직위원회파의 당과의 통합이라는 생각을 잠깐이라도 품느니보다는, 《라보차야 가제타》에서는 포트레소프와 만족스럽게 블록을 결성하고 노동자 대표 소비에트 집행위원회에서는 전쟁 공채에 찬성하고 있는[29], '조국방위주의'로 전락한 치헤이제, 체레텔리와의 통합이라는 생각을 잠깐이라도 품느니보다는, 리프크네히트처럼 둘만이 되는 것이——그리고 이것은 혁명적 프롤레타리아트와 함께 있는 것을 의미한다——낫다.

죽은 자로 하여금 죽은 자를 묻게 하자.

동요하는 자를 돕고자 한다면, 먼저 자신이 동요를 멈추는 것부터 시작해야 한다.

당명——과학적으로 올바르며 정치적으로는 프롤레타리아트의 의식을 명료히 하는 것을 도울 우리 당의 명칭은 무엇일까?

19. 마지막 문제, 우리 당의 명칭 문제로 넘어가자. 우리는

29 1917년 4월 7일(20일)에 페트로그라드 소비에트 집행위원회는 임시정부가 계속 제국주의 전쟁을 하기 위한 재정 조달을 목적으로 발행한 이른바 '자유공채'를 지지하는 데 찬성하는 결의를 21 대 14로 채택했다. 집행위원회의 볼셰비키 위원들은 이 공채에 반대하면서, 그것을 지지하는 것은 "최악의 형태의 계급휴전"이라고 선언했다. 그러고 나서 자신들의 입장을 상세하게 밝힌 결의안을 제출했다. 볼셰비키 그룹에 속하지 않는 집행위원회의 몇몇 위원들이 볼셰비키와 함께 투표했다.—원서 편집자

마르크스와 엥겔스가 그랬듯이 우리 이름을 공산당이라고 말해야 한다.

우리는 우리 자신이 마르크스주의자로서 『공산당 선언 *Communist Manifesto*』을 기초로 삼고 있다고 반복해서 말해야한다. 『공산당 선언』은 사회민주당에 의해 다음의 두 가지 주요한 점에서 왜곡되고 배반당했다. (1)노동자에게는 조국이 없다. 제국주의 전쟁에서 '조국 옹호(조국방위)'는 사회주의에 대한 배반이다. (2)국가에 관한 마르크스주의 학설이 제2인터내셔널에 의해 왜곡되었다.

마르크스가 몇 번이나 지적했고 특히 1875년의 『고타 강령 비판』에서 지적했듯이, 또 엥겔스가 1894년에 좀 더 알기 쉽게 설명했듯이[30], "사회민주주의"라는 명칭은 과학적으로 부정확하다. 자본주의로부터 인류가 직접적으로 넘어갈 수 있는 곳은 사회주의밖에 없다. 즉 생산수단의 공동소유와 각 사람의 노동에 따른 생산물의 분배, 그 지점이지 그 이상이 아니다. 우리 당은 더 나아간 곳을 보고 있다. 즉 사회주의는 반드시 "각자는 능력에 따라, 각자에게는 필요에 따라"라고 깃발에 새겨 넣은 공산주의로 점점 성장하고 전화해가지 않을 수 없다.

이것이 나의 첫 번째 논거다.

그리고 여기 두 번째 논거가 있다. 우리 당 명칭(사회민주주의

---

30 엥겔스의 *Internationales aus dem Volkstaat*(1871~5년) 서문을 보라.—원서 편집자

자)의 뒷부분도 과학적으로 옳지 않다. 민주주의는 국가의 한 형태다. 그런데 우리 마르크스주의자는 모든 **종류**의 국가를 반대[31]한다.

제2인터내셔널(1889~1914년)의 지도자인 플레하노프와 카우츠키와 그들의 동료들은 마르크스주의를 비속화하고 왜곡시켜버렸다.

마르크스주의가 아나키즘과 다른 것은 사회주의로 이행함에 있어 **국가가 필요하다**는 것을 인정한다는 점이다. 그러나(이 점에서 카우츠키 일파와의 차이가 있는데) 통상적인 의회제 부르주아 민주주의 공화국 유형의 **국가가 아니라**, 1871년의 파리 코뮌이나 1905년과 1917년의 노동자 대표 소비에트 같은 국가가 필요하다.

나의 세 번째 논거. 실제 상황과 혁명은 **이미 실제로** 우리나라에 허약하고 맹아적인 형태로나마 바로 이 새로운 유형의 국가, 본래 의미에서의 국가가 아닌 '국가'를 만들어냈다.

이것은 지도자의 이론에 그치지 않고 이미 대중의 실천의 문제가 되어 있다.

본래의 의미에서의 국가란 인민으로부터 분리한 무장한 인간 부대가 대중을 지배하는 것이다.

태어나려 하고 있는 우리의 새로운 국가 역시 하나의 국가

31 궁극적으로 국가 사멸론의 입장에서 '반대'.—옮긴이

인데, 왜냐하면 우리에게도 무장한 인간 부대가 필요하며, 가장 엄격한 질서가 필요하며, 차리즘 반혁명이든 구치코프-부르주아 반혁명이든 모든 반혁명 기도를 무력으로 무자비하게 진압하는 것이 필요하기 때문이다.

그러나 태어나려 하고 있는 우리의 새로운 국가는 더 이상 본래 의미에서의 국가가 아닌데, 왜냐하면 러시아의 많은 지점에서 이 무장한 인간 부대를 이루고 있는 것은 대중 자신, 인민 전체지, 인민으로부터 분리되어 인민 위에 군림하면서 사실상 소환도 되지 않는 특권을 지닌 인사들이 아니기 때문이다.

앞을 내다봐야지, 뒤를 돌아봐서는 안 된다. 즉 낡은 군주제적 통치기관——경찰, 군대, 관료——에 의해 부르주아지의 지배를 강화시킨 통상적인 부르주아 형(型)의 민주주의 쪽이 아니라, 앞을, 전방을 보아야 한다.

태어나려 하고 있는, 이미 민주주의이기를 중단하는 중인——민주주의란 인민의 지배인데, 무장한 인민 자신이 자신을 지배하는 것은 가능하지 않기 때문에——새로운 민주주의 쪽을 보아야 한다.

민주주의라는 말은, 공산주의 당에 적용될 때 과학적으로 옳지 않은 것만으로 그치지 않는다. 1917년 3월을 거친 오늘에는, 이 말은 혁명적 인민의 눈을 가려, 그들이 새로운 것——즉 '국가' 내의 유일 권력이자, 국가 일체의 '사멸'을 예고하는 전령으로서의 노동자·농민 등 대표 소비에트——을 자유롭게, 대담하게, 자신의 주도로 건설하는 것을 방해하는 눈가리개가 되고 있다.

나의 네 번째 논거. 사회주의가 국제적으로 처해 있는 객관 정세를 고려해야 한다.

이 정세는, 마르크스와 엥겔스가 다 알고도, 부정확한 기회주의적 용어——'사회민주주의'——를 참아주었던 1871~1914년 시기의 정세와는 다르다. 왜냐하면 1871~1914년은 파리 코뮌이 패배한 후의 시기로서, 당시의 역사적 임무는 조직과 교육이라는 느린 속도의 활동이었기 때문이다. 그 밖의 어떤 것도 가능하지 않았다. 아나키스트는 당시에(지금도 그렇듯이) 이론적으로뿐만 아니라 경제적으로나 정치적으로나 근본적으로 틀렸다. 아나키스트는 세계 정세——제국주의적 이윤에 의해 매수되고 타락한 영국의 노동자, 파리의 격파된 코뮌, 막 승리한(1871년에) 독일의 부르주아 민족운동, 긴 동면에 들어간 반(半)농노제적 러시아——를 이해하지 못한 나머지, 시대의 성격을 오판했다.

마르크스와 엥겔스는 시대를 정확하게 살폈고, 국제 정세를 이해했고, 사회혁명의 개시를 향해 느린 속도로 접근해가야 할 임무를 이해했다.

우리로 말할 것 같으면, 우리 또한 새로운 시대의 특수성과 임무를 이해해야 한다. 마르크스에게 "나는 용(龍)의 이빨을 뿌려서 벼룩을 수확했다"[32]는 말을 들은 돌팔이 마르크스주의자들의 뒤를 따르지는 말자.

제국주의로 성장 전화한 자본주의의 객관적 필연성이 제국주의 전쟁을 불러일으켰다.

전쟁은 인류를 벼랑 끝으로, 문명의 파멸 직전으로, 수백만이 넘는 무수히 많은 사람들의 야만화와 파멸 직전으로 몰고 갔다.

프롤레타리아트의 혁명 말고 다른 활로는 없다.

그런데, 이 혁명이 시작하려 하고 있는 순간, 머뭇거리고 더듬거리며 불안한 1보를, 부르주아지를 너무 믿는, 그러한 제1보를 내딛으려 하고 있는 그때에, 대다수의(이것은 진실이며, 사실이다) '사회민주주의' 지도자, '사회민주주의' 국회의원, '사회민주주의' 신문——그런데 이들이야말로 대중에게 영향력을 행사하는 기관(機關)들이다——이 사회주의를 배반했고, 사회주의를 팔아넘겼으며, '자'국 부르주아지 편으로 넘어가버린 것이다.

대중은 이 지도자들 때문에 혼란에 빠지고 헷갈리고 기만당했다.

---

32 마르크스는 『독일 이데올로기*Die Deutsche Ideologie*』에서 "진정한 사회주의자" 카를 그륀(Karl Grün)이 생시몽주의를 왜곡하여 서술한 것을 상세히 폭로하고, 마지막에 하이네의 이 말을 인용하며 글을 맺고 있다. 그리스 신화에서 카드모스가 땅에 용의 이빨을 뿌렸는데, 거기에서 무장한 전사들이 솟아오른다.—원서 편집자

만약 우리가 제2인터내셔널이 썩은 것과 마찬가지로 썩어서 낡고 시대에 뒤떨어진 당 명칭에 집착한다면, 우리는 이 기만을 부추기고 용이하게 하는 꼴이 될 것이다!

사회민주주의라는 말을 진지하게 이해하고 있는 노동자도 '다수'라고 한다면, 그렇다고 해두자. 그렇다 하더라도 지금은 주관적인 것과 객관적인 것을 구별하는 것을 배워야 할 때다.

주관적으로는 이 사회민주주의적 노동자들은 프롤레타리아 대중의 가장 충실한 지도자다.

그러나 객관적인 세계 정세로 인해 우리 당의 낡은 명칭은 대중에 대한 기만을 수월하게 하고, 전진을 가로막는 것이 되어버렸다. 왜냐하면 도처에서, 어느 신문 지상에서도, 어느 의원단에서도 대중의 눈에 비치는 것은 **지도자**——즉 그 말하는 것은 다른 누구보다도 더 크게 들리고, 그 행동은 다른 누구보다도 더 멀리서도 보이는 사람들——의 모습인데, 이 지도자들은 모두 '자칭 사회민주주의자'고, 모두 사회주의의 배반자나 사회배외주의자와의 '통일 단결에 찬성'하고 있으며, 모두 '사회민주주의'가 발행한 낡은 약속어음을 제시하고 있기 때문이다…….

그러면 나에 대한 반대 논거는……? "아나키스트 공산주의자들과 혼동될 것"이라는 것이다…….

왜, 사회민족주의자들과 혼동될까 봐 두렵지는 않나? 또 사회자유주의자들과는? 또는 대중에 대한 부르주아적 기만에서는 누구보다도 앞서 있고 누구보다도 노회한 프랑스공화국의 부르주아 당, 급진사회당과 혼동되는 것은 두렵지 않은가……? "대중은 이 명칭에 익숙하고, 노동자는 **자신들의** 사회민주당에 '애착을 갖고 있다'"고 한다.

이것이 유일한 논거다. 그러나 이것은 마르크스주의의 과학도, 혁명의 내일의 임무도, 세계 사회주의의 객관적 정세도, 제2인터내셔널의 수치스런 붕괴도, 프롤레타리아를 둘러싸고 있는 '자칭 사회민주주의자' 무리가 실천적 대의에 끼친 해악도, 모두 무시하는 논거가 아닌가.

이것은 기성 관행을 고수하는 논거, 타성에 젖은 논거, 침체에 빠진 논거다.

우리는 세계를 개조하고자 나서고 있는 것이다. 우리는 수억 명의 사람을 끌어들였으며 수천억, 수조 규모의 자본의 이익이 얽혀 있는 제국주의적 세계 전쟁을 끝장내고자 하고 있다. 인류 역사상 최대의 프롤레타리아 혁명으로써가 아니면 진정한 민주주의적 강화로 끝나는 것이 가능하지 않은 이 전쟁에 우리는 마침표를 찍고자 한다.

그럼에도 우리 스스로는 두려워하고 있다. 우리는 '익숙하고 정든' 더러워진 셔츠에 집착하고 있다…….

더러워진 셔츠는 이제 벗어던지고, 깨끗한 속옷을 입어야 할 때다.

페트로그라드, 1917년 4월 10일

후기

　전반적인 경제 붕괴와 페테르부르크 인쇄소들의 비능률성 때문에 나의 소책자는 헌 책자가 되어버렸다. 소책자를 쓴 것이 1917년 4월 10일이고 오늘은 5월 28일인데, 아직 발행되지 못했다!

　이 소책자는 우리 당, 러시아 사회민주노동당 볼셰비키 파의 전국협의회를 앞두고 나의 견해를 선전하기 위한 정강 초안으로 쓴 것이다. 타자기로 몇 부의 사본을 만들어서 협의회 전과 협의회 자리에서 당원들에게 배부했으므로, 어쨌든 제 역할을 얼마간은 한 셈이다. 이미 1917년 4월 24~9일에 협의회가 열렸고 그 결의들이 벌써 한참 전에 출판되었지만(《솔다츠카야 프라우다Soldatskaya Pravda》33 13호의 부록을 보라), 주의 깊은 독자라면 나의 소책자가 종종 그 결의들의 최초 초안 구실을 했음을 쉽게 알아차릴 것이다.

　지금은 이 소책자가 결의들과 관련하여 그 해설로서 조금이라도 쓸모 있기를 희망하는 것 외에, 두 가지 점만 말해두면 될 것이다.

나는 27쪽[34]에서 단지 정보 수집 목적으로만 치머발트에 남을 것을 제안하고 있다. 협의회는 이 점에 대해서는 나에게 동의하지 않았으므로, 나는 인터내셔널에 관한 결의에는 반대 투표를 하지 않을 수 없었다. 이제 협의회가 오류를 범했다는 점, 또 사건의 경과가 급속히 이 오류를 바로잡을 것임이 명백해지고 있다. 우리가 치머발트에 남아 있는 것은 (의도치 않는다 하더라도) 제3인터내셔널 창설을 지연시키는 것에 협력하는 것이 된다. 이데올로기적으로나 정치적으로나 이미 죽어버린 치머발트의 하중에 구속되어 제3인터내셔널 창설을 간접적으로 저지하는 것이 된다.

현재 전세계 노동자 당들의 눈에 비치는 우리 당의 지위는 바로 우리에게 제3인터내셔널을 지체 없이 **창립할 의무**를 지게 하고 있다. 우리 말고는 **지금** 그것을 할 사람은 아무도 없으며, 그 일을 미루는 것은 오직 해악을 끼칠 수 있을 뿐이다. 단지 정보 수집 목적으로만 치머발트에 남아 있는 것으로 한다면,

33 '병사 프라우다'라는 뜻. 볼셰비키의 일간신문. 러시아 사회민주노동당(볼셰비키) 페트로그라드 위원회 군사조직의 기관지로서 1917년 4월 15일(28일)에 발행이 시작되었다. 1917년 5월 19일(6월 1일)부터는 당 중앙위원회 군사조직의 기관지가 되었다. 7월 사건이 일어나자 임시정부에 의해 폐간당했으나, 1917년 7월부터 10월까지 《라보치 이 솔다트(노동자와 병사)》, 《솔다트(병사)》라는 이름으로 속간되었다. 10월 혁명 후에 옛 이름으로 복간하여 1918년 3월까지 발행됐다.―원서 편집자

34 이 책 131쪽 참조.―편집자

우리는 제3인터내셔널을 창립하기 위한 행동의 자유를 단숨에 획득하는 셈이다(그와 동시에 치머발트의 이용을 가능케 하는 조건이 생겨나면 그것을 이용할 수 있을 것이다).

하지만 지금으로서는 협의회가 오류를 범한 탓에 우리는 적어도 1917년 7월 5일까지는 수동적으로 기다리는 수밖에는 없다(이것은 치머발트 회의가 소집된 날짜다. **또다시** 연기되는 일이 없다면 다행인데! 이미 한 번 연기된 적이 있기에……).

그러나 협의회 후에 우리 당 중앙위원회가 전원일치로 채택하여 5월 22일자 《프라우다》 55호에 발표한 결정이 이 오류를 정정하는 쪽으로 반쯤 나아갔다. 만약 치머발트가 장관들과의 협의에 응한다면, 우리는 치머발트에서 탈퇴한다는 것이 그 결정사항이다.[35] 우리가 '좌파'("제3의 조류", "실제의 국제주의자", 앞의 23~25쪽을 보라[36])의 최초의 국제 협의회를 소집하자마자 이 오류의 나머지 반을 신속하게 정정할 것이라는 희망을 표해본다.

여기서 말해두지 않으면 안 되는 두 번째 점은 1917년 5월 6일의 '연립내각'의 성립이다.[37] 소책자는, 이 점에서는 특히 시기적으로 낡은 것이 된 것처럼 보일 수 있다.

하지만 실제로는, 바로 이 점에서는 조금도 낡지 않았다. 열

35 이 책 127쪽 참조.―편집자
36 이 책 119~121쪽 참조.―편집자

명의 자본가 장관에게 여섯 명의 장관을 볼모로 내준 멘셰비키

37 1917년 4월 18일(5월 1일)에 외무장관 밀류코프가 연합국 정부들에 보
    낸 각서로 인해 유발된 위기의 결과로 연립 임시정부가 구성되었다. 그
    각서는 차르 정부가 제국주의 열강——영국과 프랑스——과 체결한 모
    든 조약을 존중하겠다는 임시정부의 의사를 확인해주는 것이었다. 4월
    20일과 21일(5월 3일과 4일)에 노동자와 병사의 강력한 운동으로 절정
    에 이른 자연발생적인 항의 시위로 인해 임시정부는 정책 변화 기색을
    꾸미기 위해 외무장관 밀류코프와 전쟁장관 구치코프의 사퇴를 수락하
    며, 페트로그라드 소비에트에 연립정부를 구성하자고 제의했다.
    소비에트 성원이 임시정부에 들어가는 것을 금지하는 3월 1일의 결정에
    도 불구하고, 집행위원회는 5월 1일 밤에 열린 특별회담에서 임시정부
    의 제의를 받아들였다. 볼셰비키는 정파들의 예비회담에서 그것에 반대
    입장을 밝힌 유일한 정파였다. 소비에트의 대표자들을 정부에 들어가게
    하자는 결정이 44 대 19표(기권 2표)로 통과되었다. 연립정부 구성 조건
    에 관한 협상 권한이 부여된 위원회가 선출되었다. 위원회는 치헤이제,
    체레텔리, 단, 보그다노프(멘셰비키), 스탄케비치, 브람손(트루도비키),
    고츠, 체르노프(사회주의혁명가당), 카메네프(볼셰비키), 유레네프(지구
    간 그룹인 메즈라욘치의 성원), 수하노프(무당파 사회민주주의자) 등으
    로 구성되었다. 5월 2일 저녁에 페트로그라드 소비에트 긴급 회의가 소
    집되어 집행위원회의 조치를 다수표로 승인했다. 협상 후인 5월 5일에
    새 정부의 각료직 분배에 관한 협정을 했는데, 그 결과 6명의 사회주의
    자가 내각에 들어가게 되었다. 케렌스키는 육해군 장관, 스코벨레프는 노
    동장관, 체르노프는 농업장관, 페셰호노프는 식량공급장관, 체레텔리는
    체신장관, 페레베르체프는 법무장관. 5월 5일 저녁 페트로그라드 소비에
    트는 임시정부와의 협상 결과에 대해 스코벨레프의 보고를 들은 후, 새
    장관들이 소비에트에 대한 책임을 진다는 조건하에 소비에트의 대표자
    들을 정부에 들여보내기로 결정하고, 새 정부에 전면적 신임을 표했다.
    나중에 레닌은 사회주의혁명가당과 멘셰비키가 부르주아 정부에 들어
    감으로써 "그것을 붕괴에서 구하고, 자청하여 그 하인이자 수비수가 되
    었다"(「혁명의 교훈들Lessons of the Revolution」〔본 전집 71권에 수
    록—편집자〕)고 썼다.—원서 편집자

와 나로드니키가 극도로 두려워하고 있는 것, 바로 **계급적 분석**을 이 소책자는 **모든** 일의 기초로 삼고 있다. 그리고 계급적 분석을 모든 일의 기초로 삼고 있다는 바로 그 이유 때문에 그것은 낡은 것이 될 수가 없는 것이다. 단 하나 달라진 것이 있다면 체레텔리, 체르노프 일당이 입각하여 페트로그라드 소비에트와 자본가 정부 간 협정의 형식만 최소 한도로 바꾼 하찮은 변화가 다다. 그래서 나는 소책자의 8쪽에서 "내가 말하고 있는 것은 형식적 협정이라기보다 오히려 **사실상의 지지**"라고 구태여 강조해둔 것이다.[38]

체레텔리, 체르노프 일당이 자본가에게 붙잡힌 볼모에 불과하다는 것, 이 '혁신된' 정부는 대외 정책에서도, 국내 정책에서도 자신의 어마어마한 약속을 이행할 의사와 능력이 조금도 없다는 것이 나날이 분명해져가고 있다. 체르노프, 체레텔리 일당은 자본가의 조수가 되어 실제로 혁명을 압살하는 데 착수함으로써 정치적으로 자살해버렸고, 케렌스키는 대중에게 폭력을 행사하는 지경으로까지 전락해버렸다. (소책자 9쪽의 다음 구절을 참조하라. "구치코프는 지금으로서는 아직 병사 대중에 대해 폭력을 쓰겠다고 위협하고 있을 뿐이다."[39] 그러나 케렌스키는 이 위협을 실행하지 않으면 안 되게 되었다.[40]) 또한 체르노프, 체레텔리 일당은 자신들뿐 아니라 자신들의 당──멘셰비키 당과 사회주의혁명

38 이 책 93쪽 참조.─편집자
39 이 책 95쪽 참조.─편집자

가당——까지도 정치적으로 죽여버렸다. 인민은 이 사실을 나날이 더욱더 명확하게 알아차릴 것이다.

연립내각은, 나의 소책자에서 간략히 분석해둔, 우리 혁명의 기본적인 계급모순이 발전하는 과정에서 지나가는 하나의 시기에 불과하다. 이런 상황은 오래 계속될 수 없다. 후퇴하여 모든 전선에 걸친 반혁명에 도살당하든가, 전진하여 권력을 다른 계급들의 수중으로 옮겨놓든가, 둘 중 하나다. 제국주의적 세계 전쟁이 진행 중인 혁명의 시기에, 같은 곳에서 제자리걸음을 하고 있을 수는 없다.

N. 레닌

페테르부르크, 1917년 5월 28일

| 1917년 9월에 프리보이 출판소에서 단행본 소책자로 최초 발표

40 레닌은 여기서 케렌스키 육해군장관이 5월 11일(24일)에 발표한 "병사의 권리 선언"을 담은 훈령에 대해 말하고 있다. 이 훈령에는 전장에서 명령불복종이 일어날 경우에 상관이 병력을 사용할 권한을 허용하는 항목이 있었다. 이 항목은 공격 명령을 거부하는 장병들을 겨냥한 것이었다. 이 훈령의 포고와 동시에 케렌스키는 연대들을 해산하고, 장병들을 '명령불복종 선동'죄로 걸기 시작했다.— 원서 편집자

러시아의 정당들과
프롤레타리아트의 임무

이 소책자는 원래는 전단으로 낼 계획이었다. 카데츠와 사회주의혁명가당과 멘셰비키가 전단을 선전에 널리 이용하여 도시 전역에 내붙였기 때문에 이에 대응하려 했던 것이다. 레닌은 각 당이 어떠한 당이고 무엇을 지지하는지 설명하는 볼셰비키의 전단이 반볼셰비키적인 선언문들과 나란히 나붙어야 한다고 생각했던 것이다. 그러나 이 글이 전단으로 발행되기까지는 너무도 오랜 시간이 걸렸다. 이 글은 헬싱포르스의 볼셰비키 신문 《볼나 *Volna*》에 발표되었고, 지즌 이 즈나니예 출판사에 의해 소책자 형태로 5만 부가 발행되었다. 카데츠에 동조하는 인쇄소 소유주들이 출판을 방해했지만, 노동자위원회의 도움으로 7월 4일(17일)에 소책자가 발행되었다. 그러나 7월 사건으로 인해 소책자는 출판사의 창고에 숨겨졌다. 그리고 며칠 후에 노동계급 지구들에서 유통되기 시작했다. 초판은 급속하게 팔렸고, V. D. 본치―브루예비치(Bonch-Bruyevich)의 증언에 따르면 재쇄본이 나왔다고 한다.

소책자는 다음과 같은 소개문이 덧붙은 채 발행되었다. "볼셰비키의 회의에서 심의하기 위해 N. 레닌이 작성한 정강 초안의 해설. 초안 자체의 인쇄가 지체된 이유는 전적으로 페트로그라드에 인쇄소가 부족했기 때문."

이 글은 미국 잡지 《계급투쟁*The Class Struggle*》(뉴욕, 1917년 11·12월호)과 《뉴욕 이브닝 포스트*The New York Evening Post*》(1918년 1월 15일자)에 영어로 번역되어 게재됐다.

1918년에는 레닌의 서문을 단 2판이 모스크바에서 발행되었다.―원서 편집자

2판 서문

이 소책자는 1917년 4월 초, 아직 연립내각이 성립되기 전에 쓴 것이다. 그후 많은 일들이 일어났지만, 주요 정당들의 기본적인 특성은 이후의 모든 혁명 단계를 통해 표출되고 확증되었다. 1917년 5월 6일에 성립한 연립내각 시기에도, 1917년 6월(및 7월)에 멘셰비키와 사회주의혁명가당이 볼셰비키에 반대하여 결속한 때에도, 코르닐로프 사건 때도, 1917년의 10월 혁명과 그후에도.

주요 정당들과 그 당들의 계급적 기초에 대해 이 글에서 부여한 성격 규정이 옳았음은 러시아 혁명의 전 과정에 의해 확증되었다. 지금 서유럽에서의 혁명의 성장은, 서유럽에서도 주요 당들의 기본적인 상호관계가 러시아에서와 동일하다는 것을 보여주고 있다. 러시아에서 멘셰비키와 사회주의혁명가당이 하고 있는 역할은 다른 모든 나라의 사회배외주의자(입으로는 사회주의자, 실제로는 배외주의자)와 나아가 독일의 카우츠키 파, 프랑스의 롱게 파 등이 맡아 하고 있다.

N. 레닌

1918년 10월 22일, 모스크바

| 1918년에 레닌의 소책자인 『러시아의 정당들과 프롤레타리아트의
임무』(코뮤니스트 출판사, 모스크바)에 발표

다음에 제시된 것은 러시아의 현 정치 정세와 이 정세에 대한 각 당의 평가를 특징짓는 몇 가지 질문과 답변을——먼저 가장 중요한 것들을, 그 다음에는 그보다 덜 중요한 것들을——하나로 정리하려 한 시도다.

질문과 답변

1. 러시아 주요 정당들의 특성과 상호관계는 어떠한가?

A(카데츠보다 오른쪽) : 카데츠보다도 우익적인 정당들과 그룹들.

B(카데츠) : 입헌민주당(인민자유당)과 유사 그룹들.

C(사회민주당과 사회주의혁명가당[1]) : 사회민주주의자, 사회주의혁명가당 및 유사 그룹들.

D('볼셰비키') : 본래는 공산당으로 불러야 마땅하지만, 현재

---

[1] 레닌은 이 글 전체에서 사회주의혁명가당(Socialist-Revolutionaries)을 "S. R."라는 약칭으로 썼다. 번역문에서는 독자들의 이해를 돕기 위해 약칭 대신 사회주의혁명가당으로 표기한다.—편집자

로선 중앙위원회 아래 통합되어 있는 사회민주노동당으로 불리거나 '볼셰비키'로 통칭되고 있는 당.

2. 이 당들은 어떤 계급을 대표하고 있는가? 어떤 계급의 입장을 표현하고 있는가?

A(카데츠보다 오른쪽) : 농노주로서의 지주와 부르주아지(자본가)의 가장 뒤떨어진 층들.

B(카데츠) : 부르주아지 전체. 즉 자본가계급과 부르주아화한(자본가가 된) 지주들.

C(사회민주당과 사회주의혁명가당) : 소경영주, 소농과 중농, 소부르주아지, 나아가 부르주아지의 영향을 받고 있는 일부 노동자들.

D('볼셰비키') : 계급적으로 각성한 프롤레타리아와 임금노동자 그리고 그들에게 동조하고 있는 빈농층(반(半)프롤레타리아).

3. 사회주의에 대해 어떤 태도를 취하고 있는가?

A(카데츠보다 오른쪽)와 B(카데츠) : 단호한 적의(敵意). 사회주의는 자본가와 지주의 이윤을 위협하므로.

C(사회민주당과 사회주의혁명가당) : 사회주의에는 찬성이지만 지금 사회주의를 생각하거나 그것의 실현을 목표로 하여 바로 실천적 방책을 취하는 것은 때가 이르다고 판단.

D('볼셰비키') : 사회주의 찬성. 노동자·병사 대표 소비에트

등은 사회주의의 실현을 목표로 삼아 지금 바로 실행할 수 있
는 방안들을 실천하지 않으면 안 된다.[2]

4. 현재 어떤 국가조직을 원하고 있는가?

A(카데츠보다 오른쪽) : 입헌군주제. 관료와 경찰이 무제한의
권력을 갖는 조직.

B(카데츠) : 부르주아 의회 공화제. 즉 옛 관료와 경찰을 유
지하면서 자본가의 지배를 강화하는 것.

C(사회민주당과 사회주의혁명가당) : 노동자·농민을 위한 개량
을 동반하는 부르주아 의회 공화제.

D('볼셰비키') : 노동자·병사·농민 등 대표 소비에트 공화국.
상비군과 경찰을 폐지하고, 그 대신 한 사람도 남김 없이 전 인
민이 무장하는 것. 관리는 선거제로 선출할 뿐만 아니라 소환,
교체 가능하도록 한다. 관리의 봉급은 숙련 노동자의 임금을
넘지 않는다.

5. 로마노프 가(家) 군주제의 부활에 대해서는 어떤 태도를
취하고 있는가?

A(카데츠보다 오른쪽) : 찬성하고 있지만 인민이 두려워서 은
밀히 조심스럽게 행동하고 있다.

2   레닌주 이 방안이 어떤 것인지에 대해서는 질문 20과 22를 보라.

B(카데츠) : 구치코프들에게 세력이 있어 보였을 때에는 카데츠는 니콜라이의 동생 또는 아들이 제위에 오르는 데 찬성했지만, 인민에게 세력이 있는 것으로 보이기 시작하자 군주제에 반대하고 있다.

C(사회민주당과 사회주의혁명가당)와 D('볼셰비키') : 어떤 형태로든 군주제 부활에 무조건 반대.

6. 권력 탈취에 대해 어떤 태도를 취하고 있는가? 무엇을 질서라고 부르고, 무엇을 아나키[3]라고 부르는가?

A(카데츠보다 오른쪽) : 차르나 용맹스러운 장군이 권력을 탈취하면, 그것은 신이 내려주신 것이며 질서다. 그 밖의 것은 아나키다.

B(카데츠) : 자본가가 권력을 탈취하면, 설사 폭력에 의한 것이라 하더라도 그것은 질서다. 자본가에 대항하여 권력을 탈취하는 것은 아나키다.

C(사회민주당과 사회주의혁명가당) : 노동자·병사 등 대표 소비에트가 단독으로 모든 권력을 탈취하면, 그것은 아나키를 초래할 우려가 있다. 당분간은 자본가가 권력을 쥐고, 노동자·병사 대표 소비에트는 '연락위원회'[4]를 유지하고 있으면 된다.

D('볼셰비키') : 모든 권력은 오직 노동자·병사·농민·농업노

---

3 레닌 주 아나키란 일체의 국가권력을 부정하는 것이지만, 노동자·병사 대표 소비에트는 그 자신이 국가권력이다.

동자 등 대표 소비에트의 수중에 있어야 한다. 수백만, 수천만 사람들의 선전, 선동, 조직을 남김 없이 직접 이 목표로 향하게 해야 한다.

7. 임시정부를 지지해야 하는가?

A(카데츠보다 오른쪽)와 B(카데츠) : 무조건 지지해야 한다. 현재로선 임시정부가 자본가의 이익을 수호할 수 있는 유일한 정부이므로.

C(사회민주당과 사회주의혁명가당) : 지지해야 한다. 단, 임시정부가 노동자·병사 대표 소비에트와의 협정을 실행하고, '연락위원회'의 회합에 출석하는 조건에서.

D('볼셰비키') : 지지해서는 안 된다. 자본가나 임시정부를 지지하라고 하라. 우리의 임무는 노동자·병사 등 대표 소비에트가 완결된 단독 권력을 갖는 것을 목표로 삼아 인민을 준비

---

4   멘셰비키-사회주의혁명가당이 통제하는 페트로그라드 소비에트 집행위원회가 1917년 3월 8일(21일)에 임시정부와의 연락망을 구축하고 그것에 '영향을 미치고', 그 행동을 '통제하는' 것을 목적으로 만든 것인데, 실제로 이 연락위원회가 한 일은 임시정부가 부르주아적 정책을 수행하는 것을 돕는 것이었고, 모든 권력을 소비에트의 수중으로 이전하기 위한 적극적인 혁명적 투쟁으로부터 노동자 대중을 유리시키는 역할을 했다. 치헤이제, 스테클로프, 수하노프, 필립포브스키, 스코벨레프 등 5명으로 구성되었다(나중에 체르노프와 체레텔리가 가담했다). 연락위원회는 멘셰비키와 사회주의혁명가당이 직접 임시정부에 입각한 1917년 5월까지 유지됐다.─원서 편집자

시키는 것이다.

8. 단독 권력과 이중권력 중 무엇을 찬성하는가?

A(카데츠보다 오른쪽)와 B(카데츠) : 자본가와 지주의 단독 권력을 찬성.

C(사회민주당과 사회주의혁명가당) : 이중권력을 찬성. 노동자·병사 대표 소비에트가 임시정부를 '감독'해야 한다. 권력 없는 감독이 과연 유효한지 어떤지 고민하는 것은 해로운 일이다.

D('볼셰비키') : 위로부터 아래까지 전국에 걸쳐 노동자·병사·농민 등 대표 소비에트들이 단독 권력을 갖는 것을 찬성.

9. 제헌의회를 소집해야 하는가?

A(카데츠보다 오른쪽) : 소집해선 안 된다. 그것은 지주에게 손해를 초래할 우려가 있기 때문에. 까딱하면 제헌의회가 농민이 지주로부터 일체의 토지를 빼앗는 것을 결정할 수도 있다.

B(카데츠) : 소집해야 하지만 날짜는 정해선 안 된다. 가능한 한 긴 기간 동안 법률 교수들과 협의해야 한다. 왜냐하면 첫째, 이미 베벨(Bebel)도 말했듯이 법률가는 세상에서 가장 반동적인 자들이기 때문이고, 둘째는 인민의 자유라는 대의는 그것이 교수들에게 맡겨질 때에는 사라져버린다는 것을 모든 혁명의 경험이 가르치기 때문이다.

C(사회민주당과 사회주의혁명가당) : 소집해야 하며, 최대한 빨

리 소집해야 한다. 날짜를 정해야 한다. 우리는 연락위원회 회의에서 이미 이백 번이나 이 문제를 말해왔으나, 마지막으로 내일 이백한 번째로 다시 말할 것이다.

D('볼셰비키') : 소집해야 하며, 최대한 빨리 소집해야 한다. 그러나 그 소집과 성공을 보장하는 것은 단 하나, 노동자·병사·농민 등 대표 소비에트의 수와 힘을 증대시키는 것뿐이다. 노동자 대중을 조직하고 **무장시키는** 것이 유일한 보장책이다.

10. 국가에는 통상적 유형의 경찰이나 상비군이 필요한가?

A(카데츠보다 오른쪽)와 B(카데츠) : 없어서는 안 되며, 무조건 필요하다. 그것들만이 유일하게 자본가의 지배를 견고하게 보장해줄 수 있기 때문이며, 모든 나라의 경험이 가르치고 있듯이 필요할 경우에 그것들은 공화제로부터 군주제로의 복귀를 대단히 용이하게 하기 때문이다.

C(사회민주당과 사회주의혁명가당) : 한편으로는 아마도 필요하지 않을 것이다. 다른 한편으로는 근본적인 변경은 시기상조 아닐까? 어쨌든 그 문제는 연락위원회에서 얘기해볼 것이다.

D('볼셰비키') : 무조건 불필요하다. 지금 바로, 무조건, 어디서나 전 인민의 무장을 실행하고, 이 무장 인민을 민병 및 군대와 융합시켜야 한다. 노동자가 민병으로 근무한 날에 대해서는 자본가가 임금을 지불해야 한다.

11. 국가에는 통상적인 유형의 관료가 필요한가?

A(카데츠의 오른쪽)와 B(카데츠) : 무조건 필요하다. 관료들 가운데 90퍼센트 정도는 지주와 자본가의 자식이나 형제다. 그들은 사실상 소환이나 교체가 불가능하고 특권이 있는 집단으로 계속 남아 있어야 한다.

C(사회민주당과 사회주의혁명가당) : 파리 코뮌이 실천적으로 제기한 이 문제를 곧장 들고 나오는 것은 아마 적절치 않을 것이다.

D('볼셰비키') : 무조건 불필요하다. 모든 관료와 모든 의원이 선거로 선출되어야 할 뿐만 아니라 언제든지 파면될 수 있어야 한다. 그들의 봉급은 숙련 노동자의 임금을 넘어서는 안 된다. 그들을 전 인민적 민병 및 그 분견대들로 대체해야 한다.

12. 장교는 병사가 선거로 뽑아야 하는가?

A(카데츠보다 오른쪽)와 B(카데츠) : 아니다. 그것은 지주와 자본가에게 유해하다. 만약 병사들을 진정시킬 방법이 따로 없다면 일시적으로 그런 개혁을 그들에게 약속해야 하겠지만, 가능한 한 조속히 그것을 철회해야 한다.

C(사회민주당과 사회주의혁명가당) : 맞다. 그렇게 해야 한다.

D('볼셰비키') : 선출되어야 할 뿐만 아니라, 병사들의 특별 선출대표가 모든 장교의 일체의 행동을 점검해야 한다.

13. 병사가 자신의 재량으로 상관을 교체하는 것은 바람직한가?

A(카데츠보다 오른쪽)와 B(카데츠) : 무조건 유해하다. 구치코프가 이미 그것을 금지시킨 바 있다. 구치코프는 그런 행위에는 무력을 행사하겠다고 경고했다. 구치코프를 지지해야 한다.

C(사회민주당과 사회주의혁명가당) : 바람직하다. 하지만 우선 상관을 교체하고 그 뒤에 연락위원회에서 그 문제를 취급할지, 아니면 그 반대 순서로 할지는 아직 분명하지 않다.

D('볼셰비키') : 모든 면에서 바람직하고 필요하다. 병사는 선거로 뽑힌 상관에게만 복종하고, 선거로 뽑힌 상관만을 존경한다.

14. 현재 진행 중인 전쟁을 찬성하는가, 반대하는가?

A(카데츠보다 오른쪽)와 B(카데츠) : 무조건 찬성이다. 왜냐하면 이 전쟁은 자본가에게 전대미문의 돈벌이를 가져다주고 있고, 또한 노동자를 분열시켜 서로 싸우게 하여 자본가의 지배를 공고히 해줄 것이기 때문이다. 이 전쟁은 방어적인 것이며, 본래 빌헬름〔독일 황제〕을 타도하는 것을 목적으로 하고 있는 전쟁이라고 하여 노동자를 속이자.

C(사회민주당과 사회주의혁명가당) : 일반적으로 우리는 제국주의 전쟁에 반대지만, 기꺼이 남에게 속아줄 것이며, 그리하여 구치코프, 밀류코프 일당의 제국주의 정부가 벌이고 있는

제국주의 전쟁을 지지하는 것을 '혁명적 조국방위주의'라고 부르고자 한다.

D('볼셰비키') : 모든 제국주의 전쟁을 단호히 반대한다. 제국주의 전쟁을 벌이고 있는 모든 부르주아 정부에 반대하며, 그 중에서도 우리나라의 임시정부에 반대한다. 러시아의 '혁명적 조국방위주의'를 단호히 반대한다.

15. 차르가 영국, 프랑스 등과 맺은 약탈적인 국제 조약(페르시아를 압살하고, 중국·터키·오스트리아 등을 분할하는 것에 대한 조약)에 찬성하는가, 반대하는가?

A(카데츠보다 오른쪽)와 B(카데츠) : 전폭적으로 무조건 찬성한다. 게다가 이들 조약을 공표해서는 안 된다. 왜냐하면 영국·프랑스 제국주의적 자본과 그 정부는 그렇게 하는 것을 허락하지 않을 것이고, 러시아 자본도 자신의 비열한 계획을 대중 앞에 다 드러낼 수는 없기 때문이다

C(사회민주당과 사회주의혁명가당) : 반대하지만, 연락위원회와 대중 속에서의 일련의 '캠페인'에 의해 자본가 정부를 '움직일 수 있을' 것이라고 우리는 아직 기대하고 있다.

D('볼셰비키') : 반대. 이와 관련해 자본가 정부에 무언가 기대를 거는 것은 완전히 헛된 일이고, 권력을 프롤레타리아트와 빈농에게로 옮겨 오는 것만이 지금 필요한 일임을 대중에게 설명하는 것이 우리의 주된 임무다.

16. 병합에 찬성하는가, 반대하는가?

A(카데츠보다 오른쪽)와 B(카데츠) : 병합이 독일 자본가와 그들의 강도 두목 빌헬름에 의한 것이라면 우리는 반대한다. 그러나 병합이 영국 자본가에 의한 것이라면 반대하지 않는다. 왜냐하면 그들은 '우리'의 동맹자기 때문이다. 병합이 차르에 의해 예속화된 여러 민족을 폭력적으로 러시아의 경계 내에 붙잡아두고 있는 우리나라 자본가에 의한 것이라면 우리는 그것을 찬성한다. 우리는 그것을 병합이라고는 부르지 않는다.

C(사회민주당과 사회주의혁명가당) : 병합에는 반대하지만, 자본가 정부로부터 영토 병합을 포기한다는 '약속'을 받는 것이 가능하다고 우리는 아직 기대하고 있다.

D('볼셰비키') : 병합 반대. 자본가 정부가 영토 병합을 포기한다고 아무리 약속한다 한들, 그것은 기만일 뿐이다. 이 기만을 폭로하는 방법은 단 하나밖에 없다. 억압받고 있는 민족들의 해방을 자국 자본가에게 요구하는 것이다.

17. '자유공채'를 찬성하는가, 반대하는가?

A(카데츠보다 오른쪽)와 B(카데츠) : 무조건 찬성. 그것은 제국주의 전쟁——즉 어느 자본가 그룹이 세계를 지배할지를 둘러싸고 벌이는 전쟁——의 수행을 용이하게 해주니까.

C(사회민주당과 사회주의혁명가당) : 찬성. '혁명적 조국방위주의'라는 잘못된 입장을 취하고 있어서 국제주의에 대한 이와

같은 명백한 위반을 무릅쓰지 않을 수가 없는 것이다.

D('볼셰비키') : 반대. 왜냐하면 전쟁은 지금도 여전히 제국주의 전쟁이며, 자본가가 자본가와 손을 잡고 자본가의 이익을 위해 벌이는 전쟁이기 때문이다.

18. 자본가 정부들이 국민의 평화 의지를 표명하는 것에 찬성하는가, 반대하는가?

A(카데츠보다 오른쪽)와 B(카데츠) : 찬성. 왜냐하면 이런 방법으로 인민을 기만할 수 있다는 것을 프랑스의 공화주의적 사회배외주의자들의 경험이 무엇보다 잘 보여주고 있기 때문에. 우리는 입으로는 무엇이든 말해도 되지만, 실제로는 우리가 독일로부터 빼앗은 노획물(그들의 식민지)을 포기하지 않는 한편, 독일이 빼앗은 노획물을 이 강도로부터 되찾을 것이다.

C(사회민주당과 사회주의혁명가당) : 찬성. 왜냐하면 소부르주아지가 자본가에게 거는 근거 없는 희망 가운데 많은 것들을 아직 버리지 않았기 때문에.

D('볼셰비키') : 반대. 왜냐하면 계급적으로 각성한 노동자는 자본가에게 어떠한 희망도 걸고 있지 않으며, 또 그런 희망이 근거 없다는 것을 대중에게 설명하는 것이 우리의 임무기 때문에.

19. 군주제는 모두 폐지되어야 하나?

A(카데츠보다 오른쪽)와 B(카데츠) : 아니다. 영국이나 이탈리아 등 전체 동맹국의 군주제는 폐지되어서는 안 되고, 독일, 오스트리아, 터키, 불가리아의 군주제만 폐지되어야 한다. 왜냐하면 그들에게 승리하는 것은 우리의 이윤을 열 배로 늘리는 일이 될 것이기 때문이다.

C(사회민주당과 사회주의혁명가당) : '순번'을 정하되, 무슨 일이 있더라도 반드시 빌헬름 타도로부터 시작해야 한다. 연합국의 군주제에 대해서는, 잠시 미루어두는 편이 나을 것이다.

D('볼셰비키') : 혁명의 순번을 정하는 것은 가능하지 않다. 우리는 실제의 혁명가만을 원조하고, 예외 없이 모든 나라에서 모든 군주제를 타도해야 한다.

20. 농민은 지주가 소유한 땅 일체를 즉각 탈취해야 하는가?

A(카데츠보다 오른쪽)와 B(카데츠) : 절대 그러면 안 된다. 제헌의회를 기다려야 한다. 자본가가 차르에게서 권력을 탈취하는 것은 위대한 명예혁명이지만, 농민이 지주의 토지를 접수하는 것은 무단 행동이라고 신가료프(Shingaryov)가 이미 설명했다.[5] 필요한 것은 같은 수의 지주와 농민으로 구성되며, 관리, 말하자면 자본가와 지주 가운데서 배출된 사람을 의장으로

5 「지주와 농민 사이의 '자발적 협정'?A "Voluntary Agreement" Between Landowners and Peasants?」(이 책에 수록―편집자)을 보라.―원서 편집자

하는 중재위원회다.

C(사회민주당과 사회주의혁명가당) : 제헌의회를 기다리는 편이 낫다.

D('볼셰비키') : 일체의 토지를 지금 바로 접수해야 한다. 농민 대표 소비에트를 통해 최대한 엄격하게 질서를 세워야 한다. 곡물과 육류 생산을 늘리고, 병사의 급식을 개선해야 한다. 가축에게 해를 입히거나 농기구를 파손하는 것은 절대 용납될 수 없다.

21. 토지 처분을 비롯한 농촌의 모든 사무 처리를 농민 대표 소비에트에게만 일임할 수 있는가?

A(카데츠보다 오른쪽)와 B(카데츠) : 지주와 자본가는 농촌에서 농민 대표 소비에트가 온전히 단독 권력을 갖는 것을 대체로 반대한다. 그러나 이미 그런 소비에트를 피하는 것이 불가능하다면, 당연히 농민 대표 소비에트로만 국한하는 편이 낫겠지. 왜냐하면 부농 역시 자본가기 때문에.

C(사회민주당과 사회주의혁명가당) : 지금 당장은 아마도 농민 대표 소비에트로만 국한해도 괜찮을 것이다. 다만, 사회민주당은 농업 임금노동자를 독자적으로 조직할 필요를 '원칙적으로'는 부정하지 않는다.

D('볼셰비키') : 농민 대표 소비에트로만 국한할 수 없다. 왜냐하면 부농 또한 자본가고, 언제라도 농업노동자와 빈농을

학대하거나 기만할 수 있기 때문이다. 그러므로 농촌 주민들 가운데 농업노동자와 빈농의 독자적인 조직을 농민 대표 소비에트 내부에 건설해야 하며, 독자적인 농업노동자 대표 소비에트 형태도 즉각 만들어야 한다.

22. 가장 크고 가장 강력한 독점적 자본가 조직인 은행과 공장주 신디케이트 등을 인민이 장악해야 하나?

A(카데츠보다 오른쪽)와 B(카데츠) : 절대 안 된다. 지주와 자본가에게 손해를 끼칠 우려가 있는 일이기 때문이다.

C(사회민주당과 사회주의혁명가당) : 일반적으로 말해서 우리는 그런 조직을 전체 인민에게로 이전하는 것에 찬성하지만, 지금 당장 그 문제를 생각하고 준비하기에는 너무 이르다.

D('볼셰비키') : 우선 모든 은행을 단일한 전국적 은행으로 통합하고, 이어서 은행과 신디케이트를 노동자 대표 소비에트가 통제하고, 그러고 나서 그것들을 국유화하는, 즉 전 인민의 소유로 하는 것을 목표로, 실천적으로 실행 가능한, 완전히 실현할 수 있는 방책들에 손을 대도록 노동자 대표 소비에트, 은행 고용원 대표 소비에트 등에 즉각 준비를 시켜야 한다.

23. 현재 만국 노동자의 우애적 동맹을 실현하기 위해 어떤 사회주의 인터내셔널이 필요한가?

A(카데츠보다 오른쪽)와 B(카데츠) : 일반적으로 말해서 자본

가와 지주에게 사회주의 인터내셔널은 유해하고 위험하지만, 만약 독일의 플레하노프인 샤이데만과 러시아의 샤이데만인 플레하노프가 합심하여 협정을 이루어낸다면, 그리고 그들이 서로에게서 사회주의적 양심의 흔적을 발견한다면, 아마 우리 자본가는 자국 정부 편을 드는 이런 사회주의자의 이런 인터내셔널을 환영해야 할 것이다.

C(사회민주당과 사회주의혁명가당) : 샤이데만들도, 플레하노프들도, '중앙파', 즉 사회배외주의와 국제주의 사이에서 동요하는 자들도, 너나 할 것 없이 모두를 통합할 사회주의 인터내셔널이 필요하다. 잡탕이 크면 클수록 '통일 단결'도 크다. 위대한 사회주의적 통일 단결 만세!

D('볼셰비키') : 이 무시무시하고 범죄적인 도살을 끝장내고 인류를 자본의 굴레로부터 해방시킬 능력이 있는 인터내셔널만이 필요하다. 그것은 진실로 혁명적인 노동자들을 하나로 모을 것이다. 지금 옥중에 있는 독일 사회주의자 카를 리프크네히트 같은 사람들(그룹, 당 등)만이, 자국 정부와도, 자국 부르주아지와도, 자국 사회배외주의자와도, 자국 '중앙파'와도 단호하게 싸울 수 있는 사람들만이 그런 인터내셔널을 지금 당장 만들 수 있을 것이며, 그렇게 하지 않으면 안 된다.

24. 전선에서 교전국 병사들 사이의 우애적 친교를 북돋는 것이 필요한가?

A(카데츠보다 오른쪽)와 B(카데츠) : 필요하지 않다. 그것은 지주와 자본가의 이익에 해를 끼친다. 압제로부터 인류의 해방을 재촉할 우려가 있기 때문이다.

C(사회민주당과 사회주의혁명가당) : 필요하고 유익한 일이다. 그러나 모든 교전국에서 이런 우애적 친교를 고무하는 것에 즉각 착수해야 한다고 우리 모두가 전적으로 확신하고 있는 것은 아니다.

D('볼셰비키') : 필요하다. 그것은 유익하며 반드시 해야 할 일이다. 즉각 모든 교전국에서 양군 병사 간의 우애적 친교 시도들을 북돋는 것이 무조건 필요하다.

25. 각 당의 성격을 고려하면 이 당들에는 어떤 색의 깃발이 어울릴까?

A(카데츠보다 오른쪽) : 검은색. 그들이야말로 진짜 흑백인조기 때문에.

B(카데츠) : 노란색. 이것은 본심으로부터 열과 성을 다해 자본에 봉사하고 있는 사람들의 국제적 깃발이기 때문에.

C(사회민주당과 사회주의혁명가당) : 분홍색. 그들의 정책 전반은 장미 향수 같은 것이기에.

D('볼셰비키') : 붉은색. 볼셰비키의 깃발은 세계 프롤레타리아 혁명의 깃발이기 때문에.

이 소책자는 1917년 4월 초에 쓴 것이다. 1917년 5월 6일 후에는, 즉 '신' 연립정부의 성립을 본 후에는, 그것은 이미 시기상 낡은 것이 되어버리지 않았느냐는 질문에 대해 나는 이렇게 대답하겠다.

그렇지 않다. 왜냐하면 연락위원회는 소멸한 것이 아니라 또 다른 사무실로, 장관 나리들과 공동으로 쓰는 사무실로 이사한 것일 뿐이기 때문이다. 체르노프들과 체레텔리들이 다른 사무실로 이사했다고 해서 그들의 정책이나 그들의 당 정책이 바뀐 것은 아니다.

| 1917년 5월 6일, 9일, 10일에 《볼나*Volna*》 20호, 22호, 23호에 발표
1917년 6월에 소책자로 지즌 이 즈나니예 출판사에서 발행

1917년 4월 10일,
이즈마일롭스키 연대
집회에서
병사들에게 한 연설

병사 동지들! 국가체제의 문제가 지금 일정에 올라 있다. 현재 국가권력을 쥐고 있는 자본가는 의회 부르주아 공화제를 소망하고 있다. 차르는 없지만 낡은 기관, 즉 경찰, 관리, 상비군에 의해 나라를 통치하는 자본가가 지배권을 갖는 국가제도를 바라고 있는 것이다.

우리는 그와 달리, 보다 인민의 이익에 부합하며 보다 민주주의적인 공화국을 소망하고 있다. 페트로그라드의 혁명적 노동자와 병사는 차리즘을 타도했고, 수도에서 경찰을 모조리 몰아냈다. 전세계의 노동자는 감격과 기대를 가지고서 러시아의 혁명적 노동자와 병사를, 노동자계급의 전세계적 해방군의 전위부대를 바라보고 있다. 혁명을 시작한 이상에는, 그것을 굳히고, 중단 없이 계속해야 한다. 우리는 경찰의 부활을 허용하지 않을 것이다! 아래로부터 위까지, 변방의 한촌(寒村)으로부터 페트로그라드 시가들에 이르기까지 국가의 모든 권력은 노동자·병사·농업노동자·농민 등 대표 소비에트들에 속해야 한다. 이들 지방 소비에트를 통합하는 제헌의회, 또는 국민의회, 또는 소비에트 협의회──명칭이 무엇이든──가 중앙 국가권력이어야 한다. 경찰이 아니라, 인민에게 책임지지 않고 인민 위에 서 있는 관리가 아니라, 인민으로부터 동떨어져 있는 상비군이 아니라 한 사람도 남김없이 무장한, 그리고 소비에트로 단결한 인민 자신이 곧 국가를 통치해야 한다. 필요한 질서는, 바로 그들이 세울 것이다. 이와 같은 권력이야말로 노동자·농민이 단지 복종할 뿐만 아니라, 존중하기도 하는 권력이 될 것이다.

이러한 권력만이, 노동자·병사 대표 소비에트 자신만이 토지 문제라는 이 큰 문제를, 지주의 이익을 위한 관료적인 방식이 아닌 올바른 방식으로 해결할 수 있다. 토지는 지주의 것이어서는 안 된다. 농민위원회는 즉시 지주에게서 토지를 빼앗아야 한다. 동시에, 전선의 병사에 대한 식량 보급이 개선되도록 모든 비품을 손상으로부터 엄중히 보호하고, 곡물 생산을 늘리도록 배려해야 한다. 모든 토지는 모든 인민의 것이 되어야 하며, 그 처분은 지방의 농민 대표 소비에트가 맡아야 한다. 부농──그들 또한 자본가다──이 농업노동자와 빈농에게 부당한 행동을 하거나 그들을 속이지 못하게 하기 위해서는, 농업노동자와 빈농이 농민 대표 소비에트와는 별개로 자신들끼리 협의하고 단결하고 통합하거나, 나아가 독자적인 농업노동자 대표 소비에트를 만들 필요가 있다.

경찰의 부활을 허용해선 안 된다. 선출되지 않고, 소환되거나 교체될 수 없고, 부르주아 수준의 급료를 지불받고 있는 관리들에게로 국가권력과 국가행정이 넘어가게 내버려두어서는 안 된다. 누구도 믿지 말고, 오직 자기 자신의 지혜와 경험에만 의지하고, 통합 단결하여 스스로를 조직하라. 그러면 러시아는 전쟁의 위협과 자본의 멍에로부터 벗어나, 우리나라뿐 아니라 모든 인류를 해방하는 목표를 향해 탄탄하고 정연하며 확실한 걸음으로 나아갈 수 있을 것이다.

우리나라 정부, 자본가의 정부는 자본가의 이익을 위해 전쟁을 계속하고 있다. 왕관을 쓴 강도 빌헬름을 우두머리로 하는 독일 자본가도, 그 밖의 모든 나라 자본가도 자본주의 이윤의 분배를 위해, 세계 지배를 위해 전쟁을 벌이고 있다. 수억 명의 사람들과 전세계 거의 모든 나라들이 이 범죄적인 전쟁에 끌려 들어가고 있다. 모든 나라 인민들에게는 죽음, 기아, 파멸, 야만을 가져다주지만 자본가에게는 파렴치할 정도로 어마어마하게 높은 이윤을 선사하는 '수익성 있는' 사업에 수천억 금의 자본이 투자되고 있다. 이 끔찍한 전쟁에서 빠져나와 강압적이지 않고 진정으로 민주주의적인 강화를 맺는 방법은 오직 하나뿐인데, 그것은 노동자·병사 대표 소비에트가 모든 국가권력을 쥐는 것이다. 자본가의 이윤을 보호하거나 약소민족을 약탈하는 데에는 전혀 관심이 없는 노동자와 빈농은 자본가가 단지 약속하기만 하는 것을, 즉 예외 없이 모든 나라 인민에게 자유를 보장할 영속적인 평화에 의해 전쟁을 끝내는 것을 진실로 가능케 할 것이다.

| 1917년 4월 12일, 《프라우다》 30호

자본가들의 뻔뻔한 거짓말

자본가 신문들은 거짓말을 하며 《프라우다》에 대한 집단 테러를 선동하고 있고, 레치 파 또한 자신이 경멸하는 《루스카야 볼랴》와 이 일을 놓고 경쟁하고 있다. 그런데 그게 다가 아니다. 이제 자본가 정부의 장관들도 《루스카야 볼랴》의 언어로 말하기 시작한 것이다. 오늘자 《레치》는 네크라소프(Nekrasov) 장관이 4월 9일에 카데츠 모스크바 회의에서 한 말을 다음과 같이 인용하고 있다.

"오늘 카멘노오스트롭스키 대로에서 울려퍼지고 있는 폭력 선동은 끔찍한 일이다."

이 존경스러운 장관은 《루스카야 볼랴》를 흉내내며 뻔뻔스럽게 거짓말을 하고 인민을 기만하며 테러 선동자들의 뒤에 숨어 그들을 돕고 있다. 그는 한 사람의 이름, 한 개 신문의 이름, 연사 한 명의 이름, 당 하나의 이름조차 직접 거명할 용기를 내지 못했다.

존경스러운 장관은 넌지시 암시하는 편을 좋아한다. 어쩌면 그것을 알아차리지 못할지도 모르니!

그러나 정치적 소양이 있는 사람이라면 누구라도 이 존경스러운 장관이 러시아 사회민주당 중앙위원회의 기관지《프라우다》와 그 지지자들을 가리키고 있다는 것을 알 것이다.

'인민의 자유'당의 당원인 존경스러운 장관님이여, 당신은 거짓말을 하고 있다. 폭력을 선전하고 있는 것은 구치코프 씨고, 그는 상관의 경질을 꾀하는 병사는 처벌하겠다고 위협하고 있다. 폭력을 선동하고 있는 것은 당신과 친한, 테러 '공화주의자'의 테러 신문인《루스카야 볼랴》다.

《프라우다》와《프라우다》의 지지자들은 폭력을 선동하지 않는다. 그 반대다. 오늘 우리의 활동의 모든 중심은 배외주의적 도취에 갇혀 있는 소부르주아지와 구별되는 프롤레타리아 대중에게 그들의 프롤레타리아적 임무를 설명하는 것임을 분명하고 정확하고 명확하게 선언한다.

당신들, 자본가와 구치코프 일당 당신들이 폭력의 위협에만 머물러 있는 한, 당신들이 폭력에 호소하지 않는 한, 노동자·병사 대표 소비에트가 존재하고 있는 한, 당신들이 소비에트에 대한 당신들의 위협(이 위협을, 예를 들어 밀류코프 씨의 협력자이자《타임스*Times*》[1]의 특파원인 윌슨 씨는 그 신문에 솔직하게 발표했다)을 실행하지 않는 한, 당신들이 대중에게 폭력을 행사하지 않는 한, 우리 프라우다 파는 노동자·병사 대표 소비에트를 유일

I   1785년 런던에서 창간한 일간지. 영국 부르주아지의 거대 보수언론 중 하나.─원서 편집자

의 가능한 정부 형태로 간주한다고 선언하며 또 되풀이하여 말한다.

프롤레타리아트 대중들 사이에서 영향력을 갖기 위해 싸우고, 노동자·병사 대표 소비에트 내부에서 영향력을 갖기 위해 싸우고, 소비에트의 전술의 오류를 **설명**하고, 배외주의적 (='혁명적 조국방위주의'적) 열광이 완전히 기만으로 가득 찬 것임을 설명하는 것이야말로 현재 우리의 전술, 즉 프라우다 파 전체, 우리 당 전체의 전술이다. 자본가 **당신들**이, 군대의 지휘권을 쥐고 있는 당신들이 **폭력 사용을 시작하지 않는 한** 말이다.

존경스러운 장관 네크라소프 씨는 《레치》자신이 인용하지 않을 수 없었던 글을 통해서라도 이 문제를 완벽하게 알고 있다. 존경스러운 장관은 《루스카야 볼랴》를 흉내내며, 진실을 냉정하게 설명하는 것을, 거짓과 중상과 사주와 테러 위협으로 **방해**하려 하고 있다.

그러나 잘될 리는 없을 거다. 네크라소프 씨들!

노동자와 병사는 진실을 알고 싶어하며 전쟁, 평화, 국가체제의 문제를 이해하고 싶어한다. 그리고 그들은 그것을 이해하고야 말 것이다.

| 1917년 4월 11일(24일)에 집필
1917년 4월 12일에 《프라우다》 30호에 발표

전쟁과 임시정부

어쨌든 우리는 임시정부에게 병합 정책을 단념할 것을 강요했다.

　　―4월 4일 타우리다 궁에서 스테클로프가 연설한 내용 중

'무병합 강화(講和)'라는 슬로건에 대해 어떤 입장을 갖고 있든, 모든 동맹국이 인정하고 있는 원칙을 무시할 수는 없다.

　　―4월 11일자《레치》에 실린 P. 밀류코프의 성명 중

한 걸음, 한 걸음씩 임시정부의 지도자들은 전쟁에 대한 자기 정책의 진면목을 속속들이 드러내고 있다. 이미 임시정부의 악명 높은 성명[1]에는 병합 정책을 (말로는) '포기'한다는 언급과 나란히, 영국·프랑스 정부와의 '우리의' 조약은 여전히 유효하

[1]　전쟁에 대한 임시정부의 성명. 이 성명은 1917년 3월 28일(4월 10일)과 29일에 중앙 일간지들에 게재되었다. 임시정부는 이 성명에서 러시아는 영토 병합을 원하지 않지만, 연합국에 대한 의무는 철저히 지킬 것이라고 선언했다.―원서 편집자

다는 언명이 포함되어 있었다. 그로부터 2주가 지났다. 그리고 외무장관 밀류코프의 기관지 《레치》에는 다음과 같은 성명이 실렸다.

밀류코프의 성명

모스크바에 체류하고 있던 외무장관 P. N. 밀류코프는 인민의자유당 회의 자리에서 다음과 같은 성명을 발표했다.

"전쟁의 목적에 관한 임시정부의 성명은 강화 조건을 포함하고 있지 않다. 단지 우리 동맹국의 정치가들이 이제까지 이미 몇 번씩이나 언명해온 일반 원칙을 담고 있을 뿐이다. 강화 조건은 런던 협약을 따를 것이며 우리 동맹국이 동의할 때에만 비로소 작성될 수 있다. '무병합 강화'라는 슬로건에 대해 어떤 입장을 갖고 있든, 폴란드와 아르메니아의 재통합이라는 모든 동맹국이 인정한 원칙을 무시할 수 없고, 오스트리아 내 슬라브인의 민족적 지향을 만족시키는 것 또한 무시할 수 없다."

—《레치》83호, 1917년 4월 11일(24일)

외무장관 밀류코프의 이 성명은 분명히 모든 외국 언론에 실릴 것이고, 독일의 호전적 기운을 강화시킬 것이다. 밀류코프는 독일의 제국주의자가 독일에서 배외주의를 부추기는 데 도움을 주고 있다. 밀류코프는 빌헬름 2세가 이 약탈 전쟁을 '최후까지' 수행하는 것을 돕고 있다.

밀류코프의 성명을 살펴보자. 전쟁의 목적에 대한 임시정부의 성명(Y. 스테클로프가 통탄스런 오해로 인해 병합 정책의 포기라고 부르고 있는 것)은 강화 조건을 담고 있지 않고, "단지 우리 동맹국의 정치가들이 이제까지 이미 몇 번씩이나 언명해온 일반 원칙"을 담고 있을 "뿐"이라고 밀류코프는 말하고 있다. 단순한 말로 번역하면, 그것은 병합 정책의 포기가 근사한 문구, "일반 원칙", 첫째도, 둘째도, 셋째도 말일 뿐이라는 것을 뜻한다. 이런 말들은 "우리" 동맹국도 몇 번씩이나 되풀이하여 말한 바 있다. 그러나 진짜 "강화" 조건과는 전혀 다른 것이다.

어떤 정치가——내가 착각한 것이 아니라면 비스마르크(Bismark)——는 외교의 언어에서 어떤 것을 '원칙적으로는' 수락함은 실제로는 그것을 거부함을 뜻한다고 말했다. 밀류코프의 경우에도 그렇다. '원칙적으로는' 그는 병합 정책에 반대하지만, 실제로는 찬성한다. 이것이 바로 그가 전쟁을 '최후까지' 완수하는 것에 찬성하고 있는 이유다.

근사한 문구는 아직 강화 조건은 아니라고 밀류코프는 우리에게 말한다.

그렇다면 그의 강화 조건은 어떤 것인가?

이 조건은 런던 협약에 규정되어 있다. 밀류코프가 우리에게 참조하라고 권하고 있는 것도 이 협약이다.

그러나 이 협약(조약)은 누가 체결한 것인가? 차르 니콜라이 2세와 영국·프랑스 자본가들이다! 차르 도당에 의해 체결된 조약이 여전히 효력을 지니고 있는 것이다. 그러므로 우리는 차르 도당과 '동맹국'의 은행가들에 의해 체결된 약탈적 조약들을 위해 싸우고 있는 것이다.

밀류코프의 강화 강령은 바로 폴란드·아르메니아의 탈취, 오스트리아에서의 약탈(콘스탄티노플에 대해서는, 밀류코프는 이번에는 입을 다물고 있다)로 이어진다.

노동자 대표 소비에트의 대다수 지도자들은 외무장관 밀류코프의 이 최근 성명에 대하여 뭐라고 말할 것인가? '연락'위원회의 이름으로, 밀류코프의 이와 같은 말에 '책망을 하는' 것이 전부일 것이다……. Y. 스테클로프와 N. 치헤이제가 "어쨌든" 임시정부에게 그렇게 하게 한, "임시정부에 의한 병합 정책"의 포기는 어떻게 되었는가?

러시아에는 어떤 이중권력도 존재하지 않는다. 노동자 대표 소비에트는 임시정부를 호의적으로 감독하고 있을 뿐이다. 신문 보도를 믿는다면, N. 치헤이제가 민스크에서 열린 군인대회[2]에서 말한 것이 바로 이것이다.

이것이야말로 이 호의적인 감독의 도달점인 것이다! 전쟁을 마구 부추기고 있는 자들이 여전히 러시아의 이름으로 말하고 있다. 노동자와 병사는 무병합 강화라는 상투적인 문구로 낚이고 있고, 다른 한편으로는 전쟁으로 막대한 이익을 거두고 있는 한 줌의 억만장자에게만 유리한 정책이 은밀히 실행되고 있다.

노동자와 병사 동지들! 여기에서 인용된 밀류코프의 성명을 모든 집회에서 읽어주고, 설명하십시오! 차르 니콜라이 2세가 체결했고, 밀류코프가 여전히 신성시하고 있는 비밀협약을 위해 목숨을 버리고 싶지 않다는 입장을 분명히 밝히십시오!

| 《프라우다》 31호, 1917년 4월 13일

2 1917년 4월 7일(20일)부터 4월 16일(29일)까지 민스크에서 열린 서부전선 및 후방의 군인 대표·노동자 대표 대회로, 1,200명 가까운 대의원이 출석했다.

볼셰비키는 병사 대중을 혁명의 편으로 끌어들이기 위해 이 대회의 활동에 참가했다. 그러나 이 대회 대의원의 다수는 멘셰비키와 사회주의혁명가당이었고, 대회의 결정도 그들의 주도로 이루어졌다. 가장 중요한 의제(전쟁과 관련하여 임시정부에 대한 태도 문제)에서는 3월 말부터 4월 초까지 열린 소비에트 전 러시아 협의회의 협조주의적 결의를 채택했다. 이 대회는 '혁명적 조국방위주의' 입장에 합류하여 임시정부를 지지하는 데 찬성한 것이다.— 원서 편집자

《루스카야 볼랴》 따라 하기

카데츠마저 경멸하며 등을 돌리고 있는《루스카야 볼랴》의 방식을 모방하는 사람들이 점점 늘어나고 있다. 플레하노프 씨의《예딘스트보》를 보라.《프라우다》를 '폭로'하고자 플레하노프 씨는 레닌의 제1테제를 꺼내들고, 그 테제에 있는 말("전쟁은, 러시아 입장에서 여전히 약탈적인 제국주의 전쟁이다.")을 인용하며 의기양양하게 이렇게 질문하고 있다.

"그렇다면 독일의 입장에서는 어떤가? 레닌은 그에 대해서는 한마디도 하지 않는다."

그는 글자 그대로 이렇게 말하고 있다. 이 글을 보고서 눈을 의심하지 않을 수 없다. 이제 정녕 플레하노프 씨가《노보예 브레먀》와《루스카야 볼랴》의 수준에 이른 것일까? 믿기 힘든 일이지만, 사실이다.

플레하노프 씨의 뻔뻔스러움은 끝이 없다. 그는 볼셰비키가 국외에서 발행한 문헌들의 내용을 잘 알고 있다. 전쟁은 독일 측에서도, 그 밖의 모든 교전 중인 '대'국들 측에서도 마찬가지로 약탈적이고 제국주의적인 것이라고, 예외 없이 모든 볼셰비키가 연설에서도, 글에서도, 결의에서도 수도 없이 언명해 왔다는 것을 그는 절대로 모르지 않는다. 독일의 자본가, 왕관을 머리에 얹은 강도이자 독일 자본가들의 우두머리인 빌헬름 또한 다른 나라 자본가와 같은 제국주의적 강탈자다.

다시 말하지만, 볼셰비키에 대해 조금이라도 알고 있는 사고력 있는 사람이라면 누구라도 우리의 의견이 어떤 것인지 모를 수가 없다. 당연히 플레하노프 씨도 우리의 견해를 잘 알고 있다. 그는 지노비예프와 레닌이 써서 외국에서 출판한 소책자 『사회주의와 전쟁Socialism and War』[1]이 스위스에서 독일어로도 출판되어 독일에 밀반입된 것을 알고 있다. 이 소책자는, 독일은 '경쟁국을 약탈'할 목적으로 약탈 전쟁을 벌이고 있다는 점, 독일은 '젊고 힘센 강도'며, '독일 제국주의자는 파렴치하게도 벨기에의 중립을 침범했지만, 이것은 교전국가가 언제 어디서나 필요하면 모든 조약과 의무를 짓밟으면서 그래왔던 것과 다를 바 없는 것'이라는 점, '카우츠키는 사회배외주의의 기본 사상——즉 이 전쟁에서 조국 옹호를 인정하는 것——과 좌파에 대한 겉치레식 양보를 무원칙하게 화해시키려 하고 있다'는 점, '기회주의적 배외주의자가 독일에서만큼 심한 타락과 변절로 빠져든 곳도 없다'는 점 등, 독일에 대해 그지없이 적나라한 주장을 펼치고 있다.

I 「사회주의와 전쟁」(본 전집 60권 『사회주의와 전쟁』에 수록.—편집자) 참조.—원서 편집자

194

플레하노프 씨는 이 모든 것을 완벽하게 알고 있다. 그런데도 《노보예 브레먀》와 《루스카야 볼랴》의 방식을 따라 할 정도로 타락해서, 프라우다 파를 친독파로 몰려 애쓰고 있다.

마르크스주의를 우롱하던 플레하노프 씨는 이제 한 걸음 더 나아가 누가 누구에게 먼저 선전포고를 했냐는 문제를 붙들고 늘어진다.

마르크스주의자에게 전쟁이란 특정 계급을 대표하는 특정 정부가 수행해온 정치의 계속이라는 것을 플레하노프 씨는 잊어버리고 말았다.

니콜라이 2세와 빌헬름 2세 두 사람 모두 자기 나라의 반동적 자본가계급을 대표해온 것, 두 사람 모두 지난 수십 년간 중국을 약탈하고 페르시아를 압살하고 터키를 분할하는 등 타국을 침탈하는 정책을 취해온 것은 잘 알려진 사실이다. 만약 플레하노프 씨가 이 수십 년간의 외교와 대외 정책의 역사를 접했다면——아무리 살짝만 접했을 뿐이라 하더라도—— 그가 이런 점을 보지 못했을 리 없으며, 감히 그것을 부정하려 하지 않았을 것이다.

니콜라이 2세와 빌헬름 2세는 양국 은행자본과의 긴밀한 관계 속에서 바로 이런 약탈적인 제국주의 정치를, 이 전쟁을 통해 계속해온 것이다.

그런데 만약 전쟁이 강도의 노획물 분할을 둘러싸고 수행되고 있다면, 어느 측이 더 많은 민족들을 압살할지, 어느 측이 더 많이 노획할지를 둘러싸고 두 약탈·억압자 집단 간에 수행되고 있는 전쟁이라면, 이런 전쟁은 누가 먼저 전쟁을 시작했는가, 누가 선전포고를 했는가 따위의 문제는 아무 의의도——경제적 의의도, 정치적 의의도——없다.

플레하노프 씨는——독일의 플레하노프 파인 샤이데만 일당과 똑같이——전쟁이 정치의 계속이고, 전쟁과 정치는 특정 계급의 이익과 관련되어 있다는 것, 어느 계급이 무엇을 둘러싸고 싸우고 있는가를 검토해야 한다는 것을 알고 싶어하지 않는(또는 아예 모르는) 극히 비속하고 흔해 빠진 부르주아 배외주의자의 수준으로 타락해버렸다.

악랄하고 파렴치한 거짓말을 하면서 니콜라이 2세의 약탈 정책——르보프 일당이 버리지 않고 있는 정책(그들은 심지어 차르가 맺은 조약들을 확인해주었다!)——을 엄호하는 것, 이것이 바로 플레하노프 씨의 위대한 지혜가 귀결하는 바다.

계급적으로 각성한 노동자도, 계급적으로 각성한 병사도 이 같은 거짓말에는 미혹되지 않을 것이다.

| 《프라우다》 31호, 1917년 4월 13일

거짓말쟁이 동맹

동서고금을 막론하고 모든 부르주아 언론이 잘 써먹는 방법이 하나 있는데, 이 방법은 '어김없이' 실현된다. 거짓말하고, 떠들어대고, 악을 쓰고, 일단 찔러보고, 아님 말고, 계속 그러다 보면 '뭔가 걸린다'는 것이다.

"레닌은 크세신스카야 관(館)에서 떠들어대고 있다. 힘껏 떠들어대고 있다"고 《레치》가 보도했다. 다른 여러 신문은 "모데른의 집회에 참석한 레닌이 옥상에서 연설을 하고 있다"고 보도했다.

죄다 거짓말이다. 레닌은 모데른 집회에 참석하지 않았다. 레닌이 떠들어댔다는 등의 이야기들도 다 허튼소리다. 레닌은 볼셰비키와 멘셰비키를 앞에 두고 한 차례 보고'를 했고, 작은 신문 《프라우다》에 짧은 글 몇 편을 썼을 뿐이다.

I 1917년 4월 4일(17일)에 레닌이 소비에트 전 러시아 협의회의 대의원 중 볼셰비키와 멘셰비키의 합동집회에서 보고한 것을 가리킨다(「4월 테제」와 「전술에 관한 편지」(두 편 모두 이 책에 수록─편집자)를 보라).─원서 편집자

떠들어대고 있는 것은 자본가와 자본가 언론이며, 그들이야말로 **고함을** 질러 진실을 듣지 못하게 하고, 진실을 욕설과 고함의 홍수 속에 빠뜨리고, 진실의 성실한 **설명을** 막으려고 애쓰면서 "힘껏 떠들어대고 있"는 것이다.

이 점에, 지금 자본가들이 하고 있고 또 플레하노프 씨처럼 자본가 편으로 완전히 도망쳐버린 자칭 사회주의자가 하고 있는 시도의 핵심이 있다.

오늘자 《레치》는 특별히 "국가적으로 중요한" 사설에서 또다시 "아나키를 선전"하는 것을 맹렬히 비난하는 한편, 그러면서 특히 눈에 드러나게——자신이 읽은 것과 들은 것에 대해 숙고하는 사람이라면 누구에게도 분명할 정도로——자기 자신을 냅다 갈기고 있다.

"대혁명은 모든 낡은 권력 조직을 쓸어냈다." 이 말은 거짓말이다. 전혀 그렇지 않다. 모든 권력 조직을 일소한 것은 아니다. "낡은 권력을 부활시킬 수 있는 것은 인민의 (넓은 의미에서의) 심리의 전환뿐이다. 좀 더 정확히 말하면, 권력의 필요와 복종의 의무를 인정하는 새로운 심리뿐이다."

이것이야말로 명백한 거짓말이며, 아나키에 대해 고함지르는 플레하노프들, 체레바닌들 일당과 자본가가 거짓말쟁이 동맹을 맺고 있음을 분명히 보여주는 것이다.

자본주의에서 사회주의로 가는 과도기에 **국가의 필요를 부**정하는 것이 아나키즘을 의미한다는 것은 학문상에서나 실제

대화의 관례상에서나 논란의 여지 없이 확정되어 있다.

그 사회주의가 국가의 '사멸'을 야기한다는 것은 마르크스주의의 가르침이고, 거짓말쟁이 동맹을 맺은 밀류코프들, 플레하노프들, 체레바닌들이 그것을 모를 리가 없다.

지금 프라우다 파 또는 레닌이 국가의 필요성을 부정하는가? "권력 조직"의 필요, "권력 조직에 대한 복종의 의무"를 부정하고 있는 것인가?

거짓말쟁이 동맹에 속해 있는 사람이 아니라면, 분별력 있는 사람이라면 누구나 그렇지 않음을 알고 있다.

지금뿐만 아니라, 자본주의에서 사회주의로 이행하는 한참 후의 역사적 시기에도 국가와 권력 조직이 필요하다는 것을 우리들 누구나 무조건 인정하고 있다는 것은, 《프라우다》와 레닌이 그 이상 더 분명할 수 없을 만큼 되풀이해서 말해왔다.

오직 거짓말쟁이 동맹만이 이 사실을 부정하거나 보지 못하는 것뿐이다.

문제는 우리가 어떠한 "권력 조직"을 인민에게 제안하는가에 있다.

우리가 제안하는 것은 낡은 권력 조직이 아니고, 경찰도 아니고, 관료도 아니고, 상비군도 아니고, 새로운 권력 조직——노동자·병사·농민 대표 소비에트——이다.

그러한 소비에트는 이미 존재하고 있고, 혁명에 의해 이미 만들어져 있으며, 만인에 의해, 아니 심지어 자본가 정부에 의해서도 준(準)정부로 이미 인정받고 있다.

그리고 우리는 이러한 소비에트야말로 혁명정부의 단 하나 가능한 형태라고 그 이상 더 분명할 수 없을 만큼 명백히 언명했다.

이 이상 더 명백한 것이 있을 수 있는가?

"단 하나 가능한" 형태인 한, 누군가 대중에게 폭력을 가하기 전에는 우리의 활동은 오직 선전을 통한 것일 수밖에 없다.

'권력의 필요와 복종의 의무'는 프라우다 파 모두가 인정해왔고, 또 지금 인민에게 그것을 이야기하고 있다.

밀류코프들, 플레하노프들, 체레바닌들 일당은 인민에게 진실을 숨기기 위해 거짓말을 한다. 이런저런 권력 조직의 계급적 성격 문제라는 가장 중요한 점을 묵살하기 위해 거짓말을 하고 있는 것이다.

여기에 핵심이 있다.

자본가는 소비에트를 '아나키'라고 부르고 있다. 소비에트 같은 그런 권력 조직은, 자본가의 굴레로 인민을 사전에 무조건적으로 구속하는 것이 아니라 사회주의로의 평화적·점진적 이행의 가능성과 함께 자유와 질서를 가져다주는데, 자본가들은 이것이 아나키라는 것이다.

자본가들은 오직 이것이 불만이며, 이것에 분개하고 있고, 이것에 원한을 품고 있다. 거짓말쟁이 동맹은 여기서 나온 것이다. 쏟아내는 중상과 증오의 울부짖음은 여기서부터 나오고 있는 것이다.

저 《레치》가 앞의 사설에서 "저항"을 호소하고 "무관심", "소극성" 등을 버리라고 호소하면서 수행하고 있는 암시적이며 내밀한 테러 선동은 여기서 비롯되고 있다.

만약 인민의 대다수가 당신들을 따르고 있다면, 만약 당신들과 소비에트의 동맹(현 시점에서 소비에트에서 다수를 차지하고 있는 것은 우리 일파가 아니다. 우리는 이 점을 솔직히 시인한다)이 강고하다면, 신사분들, 당신들은 무엇을 두려워하며, 왜 거짓말을 하는가?

우리는 오직 노동자와 빈농에게 그들의 전술의 오류를 설명하는 것을 원하고 있을 뿐이다. 우리는 소비에트를 단 하나의 가능한 권력으로 보고 있다. 우리는 권력의 필요성과 권력에 대한 복종의 의무를 주창하고 있다.

당신들은 무엇을 두려워하고 있는가? 왜 거짓말을 하고 있는가?

당신들이 두려워하고 있는 것은 바로 진실이다. 당신들은 진실이 **훤히 드러날** 가능성을 테러 선동, 중상, 폭력, 추행에 의해 **덮어 누르려고** 거짓을 말하고 있는 것이다.

이 점은 우리의 반대자들 일부도 이미 알고 있다. 케렌스키 장관이 참가하고 있는 사회주의혁명가당의 기관지 《디엘로 나로다*Dyelo Naroda*》[2] 오늘자를 읽어보라.

이 신문은 《루스카야 볼랴》와 《레치》의 가장 충실한 동맹자인 플레하노프에 대해 이렇게 쓰고 있다.

"이런 말, 이런 투쟁 방법은 우리가 《루스카야 볼랴》에서 익히 봐온 것이다. 그러나 그런 것들을 사회주의자의 글에서 본다는 것은 솔직히 말해서 민망하고 애처롭다."

우리의 반대자는 이렇게 쓰고 있다.

민주주의자로서의 양심에 눈뜬 민주주의자는 이렇게 쓰고 있다.

밀류코프와 플레하노프, 체레바닌들에게 부끄러움을 일깨우려고 해봐야 소용없다. 그러나 케렌스키 장관이 참가하고 있는 신문조차도 플레하노프가 벌이고 있는 극단적으로 배외주의적이고 악명 높은 중상모략으로 가득 차 있는 테러 선동에 역겨워 등을 돌리고 있다면, 우리는 다음과 같이 말해도 될 것이다.

이런 수법의 달인은 이미 죽은 사람이다.

| 1917년 4월 13일(26일)에 집필
1917년 4월 14일에 《프라우다》32호에 발표

2   '인민의 대의'라는 이름의 일간지. 1917년 3월부터 1918년 6월까지 페트로그라드에서 발행됐으며 그 사이 여러 차례 명칭을 바꿨다. 1918년 10월에 사마라에서 복간되었고, 다시 1919년 3월에 모스크바에서 또 한번 복간되었으나, 반혁명 활동으로 발행이 금지되었다.―원서 편집자

은행과 장관

전 외무장관이며 현재 중앙전시산업위원회 부의장인 N. N. 포크롭스키(Pokrovsky)는 러시아 외국무역은행 이사회의 일원이 되었다. 국무총리 V. N. 코콥초프(Kokovtsov) 백작 역시 그 은행의 이사가 되었다.

어제자 석간신문은 이 보도로 우리를 기쁘게 했다.

오늘은 장관, 내일은 은행가. 오늘은 은행가, 내일은 장관. '최후까지 전쟁을!'에는 오늘도, 내일도 찬성.

러시아에서만 이런 일이 일어나는 것은 아니고, 자본이 군림하고 있는 곳에서는 어디든 그러하다. 전쟁 덕에 큰돈을 벌고 있는 이들은 전세계를 손에 쥐고 있는 한 줌의 은행가들이다.

누군가는 아마 이렇게 말할 것이다. "하지만 포크롭스키와 코콥초프는 구체제의 장관이었지 않은가. 오늘 우리는 새로워진 러시아에서 생활하고 있다."

그에 대해 우리는 다음과 같은 질문으로 답하겠다.

현직 장관인 구치코프, 테레시첸코(Tereshchenko), 코노발로프(Konovalov)는 얼마나 많은 은행에 참여(중역. 주주. 사실상의 소유주로서)하고 있을까? 우리 동지들 중 은행에서 일하는 분들(덧붙이자면, 이 동지들은 가능한 한 빨리 자신들의 조합을 조직할 필요가 있다)이 이 문제에 대한 자료를 수집하여 노동자 신문에 공표한다면, 더할 나위 없이 좋을 것이다.

| 《프라우다》32호, 1917년 4월 14일

중요한 폭로

케렌스키 장관이 가장 친밀하게 참가하고 있는 신문《디엘로 나로다》의 오늘 사설을 읽어보면, 다음과 같은 솔직한 설명을 볼 수 있다. "우리《디엘로 나로다》가 이 문제에서 충분히 권위 있는 인물로 여기고 있는 사람들로부터 받은 정보에 의하면, 앞에서 언급한 통첩〔병합 및 배상 정책을 포기하는 것에 대한 통첩〕은 아직까지 발송되지 않았다."

그러므로 "우리는 정부의 병합 정책을 포기시켰다"고 말하고 생각하고 있는 노동자·병사 대표 소비에트의 대의원과 지지자는 착오를 범하고 있는 것이다.

동지들, 그리고 시민들! 우리가 인용한《디엘로 나로다》의 이 성명을 읽고 또 읽고, 그 의미를 생각해보라!

사설은 계속해서 말한다.

그런데 구치코프 씨는 콘스탄티노플과 다다넬스 해협을 탐내고 갈망하고 있는 궁정의 호전적인 동료에게 맞장구치면서, 루마니아 전선의 군대에 보낸 호소문에서 독일과 오스트리아를 완전히 파괴할 것을 호소하는 슬로건을 내걸고 있다.

밀류코프가 병합을 갈망하고 있는 것을《디엘로 나로다》가 알고 있다면, 왜 그것을 보다 상세히 말하지 않는가? 인민의 대의는《디엘로 나로다》가 보다 분명하고 보다 솔직하게 말할 것을 요구하지 않을까?[1]

사설은 "우리 임시정부의 호전적인 **일부**"를 지적하는 것으로 끝을 맺고 있다.

한 번 더: 인민의 대의는《디엘로 나로다》가 이름과 사실, 사실과 이름을 공표하는 것을 원하지 않을까?

| 1917년 4월 13일(26일)에 집필
1917년 4월 14일《프라우다》32호에 발표

I '디엘로 나로다'는 '인민의 대의'라는 뜻이다.―원서 편집자

병사와 수병에게

병사 동지들! 수병 동지들!

《레치》부터 《루스카야 볼랴》까지의 자본가 신문들은, 나를 비롯한 30명의 망명자가 독일을 통과해서 온 것에 대하여 파렴치하기 짝이 없는 거짓과 중상 캠페인을 펼치고 있다.

우리는 지금의 전쟁을 수행하고 있는 모든 자본가 정부와 마찬가지로 독일 정부 또한 강도적이고 범죄적인 정부라고 여기고 있는데, 자본가 신문은 우리가 그런 독일 정부에게 무언가 용납될 수 없는 특혜 또는 남다른 시혜를 받은 것처럼 주장하거나 그렇게 생각하게끔 넌지시 유도하고 있다. 그러나 그것은 파렴치한 거짓말이다.

차르 군주제의 고관들과 '커넥션'이 있던 부자들, 예를 들어 밀류코프 일당의 편인 자유주의적 교수 코발렙스키(Kovalevsky)는 독일군의 포로가 된 러시아인과, 러시아군의 포로가 된 독일인을 교환하기 위해 끊임없이 러시아의 차르 정부를 대리하여 독일 정부와 교섭했다.

차르에 반대하여 싸우기 위해 국외에서 고생해온 망명자에게는 도대체 왜 정부를 제치고 러시아인과 독일인을 교환하는 것에 관해 협의할 권리가 없는가?

독일 정부와 교환 협정에 대한 협상을 했고 우리와 동행했던 스위스의 사회주의자 프리츠 플라텐의 러시아 입국을, 밀류코프 일당의 정부는 왜 허가하지 않았는가?

정부는 플라텐이 독일인들의 친구라는 소문을 퍼뜨리며 거짓말을 하고 있다. 이것은 완전히 중상모략이다. 플라텐은 모든 나라 노동자의 친구며 자본가의 적이다.

자본가는 우리가 독일인과의 개별(단독) 강화에 찬성한다는 둥, 우리가 자국 정부 편에 선 독일 사회주의자들과 스톡홀름에서 협의했다는, 또는 협의하길 원했다는 둥의 소문을 유포하면서 거짓말을 하고 있다.

그것은 거짓말이고, 중상이다. 우리는 그러한 사회주의자와의 어떠한 협의에도 참가하지 않았고, 또 장래에도 참가하지 않을 것이다. 우리는 자국 자본가가 이 범죄적인 전쟁을 수행하는 것을 돕는 모든 나라 사회주의자를 사회주의의 배반자로 간주하고 있다. 독일 강도 정부에 의해 징역에 처한 카를 리프크네히트처럼 자국 자본가에 반역하는 사회주의자만이 우리 편이다.

우리가 원하는 것은 독일과의 개별 강화, 단독 강화가 아니다. 우리가 원하는 것은 모든 국민의 강화며, 모든 나라 자본가에 대한 모든 나라 노동자의 승리다.

러시아 자본가는 거짓말을 하고 있으며, 독일 자본가가 리프크네히트를 비방하고 있는 것과 마찬가지로 우리를 비방하고 있다. 노동자와 병사가 서로 반목하고 적의를 품길 우리가 원한다며 자본가는 거짓말을 하고 있다.

그것은 거짓말이다! 우리는 노동자와 병사의 단결을 원한다. 우리는 **모든** 국가권력을 노동자·병사 대표 소비에트가 쥐지 않으면 안 된다는 것을 이 소비에트들의 대의원들에게 **설명**하길 원한다.

자본가는 우리를 중상모략하고 있다. 그들이 얼마나 후안무치한가 하면, 단 하나의 부르주아 신문도 《이즈베스티야》에 실렸던 우리의 귀국에 관한 우리의 보고나 노동자·병사 대표 소비에트 집행위원회의 결정을 보도하지 않았다.

어느 노동자도, 어느 병사도 자신의 노동자·병사 대표 소비에트를 알고 있다. 우리는 도착한 다음 날, 이 소비에트의 집행위원회에 보고했다. 이 보고는 동(同) 집행위원회의 기관지 《이즈베스티야》에 실렸다.[1] 왜 단 하나의 자본가 신문도 이 보고를 전재하지 않은 것인가?

그 이유는 이들 신문이 거짓말과 중상을 확산시키고 있는 중이며, 집행위원회에게 한 우리의 보고로 거짓말쟁이들의 정체가 폭로될까 봐 두렵기 때문이다.

---

[1] 「우리는 어떻게 도착했는가How We Arrived」(이 책에 수록―편집자)를 보라.―원서 편집자

왜 단 하나의 신문도 우리의 보고에 관한 집행위원회의 결정, 같은 호 《이즈베스티야》에 발표된 결정을 싣지 않은 것인가?

그 이유는 이 결정이 자본가와 자본가 신문의 기만을 폭로하고 있고, 망명자들이 귀국할 수 있도록 조치를 취하라고 정부에 요구하고 있기 때문이다.

《이즈베스티야》에는 영국 측이 트로츠키를 체포한 데 대한 항의 성명이 실렸다. 또한 밀류코프의 거짓말을 폭로하고 있는 주라보프의 편지가 실렸고, 동일한 문제에 대해 진술하고 있는 마르토프의 전보도 실렸다.

병사와 수병 여러분! 자본가의 거짓말과 중상모략을 믿지 말라! 《이즈베스티야》에 발표된 진실을 묵살하려 하는 거짓말쟁이들을 폭로하라!

| 1917년 4월 11일(24일)과 14일(27일) 사이에 집필

테러 선동자에 맞서

페트로그라드의
노동자와 병사를 비롯한
모든 주민들께

이 호소문은 바로 앞에 실린 「병사와 수병에게」를 개작한 것으로, 1917년 4월 14일(27일) 러시아 사회민주노동당(볼세비키) 페트로그라드 시 협의회에서 제6의제 《프라우다》에 대한 박해에 관하여'의 특별 심의 중에 채택되었다.—원서 편집자

시민 여러분! 차르의 장관 프로토포포프(Protopopov)가 창간했고, 지금은 카데츠에게까지 경멸받고 있는 《루스카야 볼랴》는 우리 당과 《프라우다》에 대하여, 우리의 동지 레닌과 지노비예프에 대하여, 크세신스카야 관(館)에 있는 우리 당의 페트로그라드 위원회에 대하여 테러 선동을 벌이고 있다. 우리는 폭력, 폭탄 등의 위험에 처해 있다는 다수의 정보를 말로 듣는 것만이 아니라 문서로도 받고 있다.

'공화주의자'의 탈을 쓰고 있는 자본가는 혁명 바로 첫날부터 노동자와 병사 사이에 반목과 적의의 씨를 뿌리려고 시도해 왔다. 처음에 자본가는 노동자들이 군대에서 빵을 주지 않아 군대를 이탈하길 원한다고 거짓말을 했다. 그리고 이제는 《프라우다》를 괴롭히기 위해 열을 올리고 있다.

우리는 페트로그라드의 혁명적 노동자와 병사의 명예심에 호소하며 다음과 같이 밝힌다.

우리가 개개인에게 폭력을 가하며 협박한 일은 직접적으로든 간접적으로든 한 번도 없었다. 반대로 우리는 모든 인민에게 우리의 견해를 설명하는 것이 우리의 임무임을 항상 밝혀왔으며, 모든 노동자와 병사가 선출한 노동자·병사 대표 소비에트를 단 하나 가능한 혁명적 정부로 여기고 있다는 것도 항상밝혀왔다.

독일을 거쳐 고국으로 돌아온, 서로 다른 당에 소속되어 있는 동지들은 도착 후 다음 날에 모든 노동자와 병사의 수탁자, 즉 노동자·병사 대표 소비에트 집행위원회에 보고를 했다. 이 집행위원회에는 치헤이체, 체레텔리, 스코벨레프, 스테클로프 등이 있었다.

동지들! 노동자·병사 대표 소비에트의 이 지도자들은 국가기구 문제에 대해 많은 점에서 우리와 견해를 달리하고 있다. 그들이 편파적으로 우리에게 호의를 베풀 리는 없다.

그러면 집행위원회는 무엇을 했는가?

집행위원회는 1917년 4월 5일자 《이즈베스티야》 32호에 독일 통과에 관한 보고 전문을 게재했다.

이 보고에는 모든 사실이 제시되어 있고, 우리의 의정서를 점검한, 두 중립국 스위스와 스웨덴 사회주의자들의 이름이 씌어 있다.

그러면 집행위원회는 무엇을 결정했는가? 집행위원회는 레닌과 그 밖의 사람들이 독일을 통해 온 것을 비난했는가, 또는 적어도 그것에 불만을 표명했는가?

아니다. 다음은 《이즈베스티야》 편집국이 같은 호에서 집행위원회 결정을 보도한 내용이다.

집행위원회는 주라보프 동지와 지노비예프 동지의 보고를 듣고 즉각 임시정부에 그 문제를 제기할 것, 각자 지닌 정치적 견해와 전쟁에 대한 태도와 상관 없이 모든 망명자들의 러시아 즉시 귀국을 가능케 할 조치를 취할 것을 결정했다. 정부와의 교섭 결과에 대해서는 빠른 시일 내에 보도할 것이다.—편집국

여기에 레닌과 그 밖의 동지들을 반대하는 말이 하나도 없다는 것은 누구라도 알 수 있다. 여기에서 경고의 대상이 된 것은 임시정부다. 여기에서는 임시정부가 러시아 입국 허가를 곤란하게 하지 않도록 조치를 취할 것을 결정하고 있다.

그런데, 그 뒤에 마르토프의 전보와 영국에서 트로츠키 체포는 밀류코프가 자국의 국제파 사회주의자를 투옥하고 있는 영국과 프랑스에 대하여 무력하다는 것, 또는 밀류코프가 진지한 조치를 취하기를 원치 않는다는 것을 증명했다.

러시아인과 독일인의 교환은 전쟁 중에 수십 차례 행해졌다. 참의원 의원 코발렙스키는 오스트리아인과 교환되었다. 부자들을 위해서는, 각국 정부는 몇 번이나 그 같은 교환을 추진했다. 그런데 왜 현 정부는 망명자를 위해서는 그러한 교환을 추진하길 원치 않는가? 그 이유는 이 정부가 일련의 투사들을 혁명투쟁에 참가하지 못하도록 막고 싶어하기 때문이다.

《루스카야 볼랴》와,《루스카야 볼랴》의 입장을 좇고 있는 《레치》나《예딘스트보》등은 무엇을 하고 있는가?

그들은 중상모략 캠페인을 계속하며, 무지한 사람들이 개인들에게 폭력을 행사하도록 그 중상모략을 통해 사주하고 있다. 보고나 집행위원회의 결정을 게재하기를 거부하면서 말이다.

본국 귀환과 관련하여 망명자들이 취한 행보와 조치를 하나하나 점검하고 승인한 일련의 사회주의자 이름은 노동자·병사 대표 소비에트 집행위원회에 통보되었다. 그들은 프랑스의 사회주의자 로리오와 길보, 스위스의 사회주의자 플라텐, 스웨덴의 사회주의자 린드하겐(스톡홀름 시장), 카를손, 슈트룀, 네르만, 독일의 카를 리프크네히트 그룹의 사회주의자 하르트슈타인, 폴란드의 사회주의자 브론스키다.

《루스카야 볼랴》,《레치》,《예딘스트보》의 이 같은 작태는 폭력, 테러, 폭탄으로 위협하는 극 반동세력을 위한 방조행위다.

병사·노동자 동지들!

우리는《루스카야 볼랴》,《레치》,《예딘스트보》의 이들 신사분들에 대해 주의할 것을 동지들께 경고하며, 거듭 다음과 같이 천명한다. 우리는 모든 당의 견해를 전 인민에게 설명하는 것에 찬성하며, 병사·노동자 대표 소비에트를 존중하는 것에 찬성한다.

만약 임시정부나 《레치》, 플레하노프 씨가 노동자·병사 대표 소비에트 집행위원회의 조치에 대해 불만을 갖고 있다면, 왜 그들은 그에 관해 있는 그대로 밝히지 않은 것인가? 왜 재검토를 요구하지 않는가? 왜 《이즈베스티야》 32호에 실린 노동자·병사 대표 소비에트의 발표를 보도하길 두려워하는가? 왜? 그 이유는 그들이 불화와 혼란의 씨를 뿌리려고 애쓰고 있기 때문이다!

만약 어떤 형태로든 폭력 사태가 벌어진다면, 감히 보고와 집행위원회 결정을 발표하지 않고 음험한 중상모략 공격을 하고 있는 《루스카야 볼랴》, 《레치》, 《예딘스트보》 등의 편집자들과 기고자들이 그에 대한 책임을 져야 할 것이다.

A. F. 케렌스키 장관이 친밀히 참가하고 있는 《디엘로 나로다》는 이 신문들의 수법이 테러 선동자를 돕고 있음을 지적한 바 있다(《디엘로 나로다》 23호).

밀류코프들, 암피테아트로프들, 플레하노프들 일당은, 만약 그들의 중상 공격으로부터 폭력 행사가 시작된다면, 그것이 그 누구보다도 바로 그들 자신에게로 향할 것이라는 것을 알아야 할 것이다.

테러 선동을 중단하라! 집행위원회 결정을 감추고 있는, 중상 공격과 기만의 달인들을 타도하라!

병사 동지들과 노동자 동지들! 여러분은 인민의 자유가 테러로 훼손되는 것을 허용해서는 안 된다! 여러분은 **여러분의**

노동자·병사 대표 소비에트의 결정이 반드시 존중되도록 주의
해야 한다.

러시아 사회민주노동당 중앙위원회

러시아 사회민주노동당 페트로그라드 위원회

| 1917년 4월 14일(27일) 전에 집필

1917년 4월 15일에 《프라우다》 33호에 발표

시민들이여!
모든 나라 자본가들이
어떤 수법을 쓰고 있는지
보라!

오늘자 《레치》의 사설은 다음과 같은 말로 끝맺고 있다.

독일 정부는 독일의 국내 통일을 유지하는 한편 우리 동맹국들이 서로 불화하게 하는 데 열을 올리고 있다. 그런데 우리나라의 '프라우다 파'는 혁명 러시아의 통일을 파괴하고, 동맹국들인 영국·프랑스 정부를 공격하라고 우리 러시아 정부를 부추기려 열렬히 애쓰고 있다. 레닌 파가 폰 베트만-홀베크와 빌헬름 2세를 위해 일하고 있다고 말할 권리가 우리에게 없을까?

없다. 자본가 신사분들이여, 여러분에게는 그런 말을 할 권리가 없다. 다름 아닌 우리 프라우다 파가, 아니 우리만이 독일 내의 통일을 유지시키기는커녕 반대로 그것을 파괴하고 있다.

이것은 러시아의 자본가 여러분이 어떤 거짓말로도 지워버릴 수 없는 사실이다.

실제로 우리 프라우다 파가, 아니 우리만이 독일의 사회주의자들에게 독일의 플레하노프들, 즉 샤이데만들과 즉시 무조건적으로 결별해야 한다고, 또 독일의 '중앙파'와도, 즉 샤이데만들과 원칙적·최종적으로 결별할 결심을 하지 못하는 동요 분자와도 즉시 무조건적으로 결별해야 한다고 요구하고 있다.

실제로 우리 프라우다 파가, 아니 우리만이, 카를 리프크네히트의 정책, 즉 독일의 국내 통일을 파괴하는 정책에 동의하고 있는 독일의 두 사회주의자 그룹(스파르타쿠스와 아르바이터폴리틱)과만의 통일에 찬성하고 있다. 카를 리프크네히트의 정책은 입으로가 아니라 실제로, 독일에서의 자본가와 노동자의 "국내 통일"을 파괴하고 있다. 독일의 자본가와 그들의 빌헬름이 제국주의자, 즉 강도라는 것을 명확하게 인식한 카를 리프크네히트는 이미 일찍이 1915년 9월 치머발트 회의 앞으로 편지를 써 보냈는데, 그 편지는 당시 리프크네히트가 아직 합법적 위치에 있어서 인쇄되지 않았다. 그러나 치머발트 회의에 출석한 사람은 모두 그 편지를 알고 있다.

그 편지는 '국내 평화가 아니라 내란을!'이라는 호소를 담고 있었다.

바로 이것이 우리의 동지 카를 리프크네히트가 독일에서의 "국내 통일"을 선전한 방식이었다. 바로 이것이 우리 자신이 우리의 프라우다 파 소책자 『사회주의와 전쟁』(지노비예프·레닌 공저)의 독일어 번역본에서 선전한 방식이다.[1]

I 「사회주의와 전쟁」을 보라.—원서 편집자

더욱이 카를 리프크네히트는 그런 방식으로 말했을 뿐 아니라, 그런 방식으로 행동했다. 그는 독일 국회의 연단에서 독일 병사들을 향해 무기를 자국 독일 정부에게로 돌리라고 호소했다. 그러고 나서 "정부를 타도하라"는 혁명적 선언을 들고 가두시위에 나섰다.

바로 이것이 우리 프라우다 파 정책의 지지자인 카를 리프크네히트가 "독일의 국내 통일을 유지하는 데 열을 올려"온 방식이다. 바로 이것이 그가 투옥된 이유다.

그런데 독일 자본가의 모든 언론·출판물들이 정면으로 리프크네히트를 매국노, 반역자라고 비난하고 있을 뿐 아니라, 독일의 플레하노프 파 신문도 모두 정도의 차는 있지만 정면으로 그에게 반역 또는 아나키즘 죄를 걸고 있다.

모든 나라에서 자본가는 독일의 카를 리프크네히트처럼, 또 러시아의 프라우다 파처럼 행동하고 있는 사회주의자──즉 모든 나라마다 노동자와 자본가 간의(또 노동자와 플레하노프 파 간의, 노동자와 '중앙파' 간의) "국내 통일"을 파괴하고, 강도적·약탈적·제국주의적 전쟁의 종식을 위해, 자본의 굴레에서 전 인류의 해방을 위해 만국 노동자의 통일을 창출해나가고 있는 사회주의자──에게 반역죄를 걸어 거짓말과 중상모략, 비방, 욕설을 퍼부어대고 있다.

독일에서 자본가는 카를 리프크네히트와 그의 동지들을 매국노라고 박해하고 있다. 독일에서 우리의 동지 리프크네히트도 몇 번이고 폭도에게 린치를 당할 뻔했다. 이에 대해서는 저 독일의 플레하노프인 사회배외주의자 다비트조차 언급하고 있다. 러시아에서는 자본가가 프라우다 파를 매국노라고 박해하고 있다. 영국에서는 자본가가 스코틀랜드의 학교 교사 맥린을 매국노라고 박해하고 있다. 그 역시 리프크네히트나 우리 프라우다 파와 정확히 같은 죄목인 '매국 행위' 혐의로 투옥되었다.

프랑스에서는 공화파의 자본가 정부가 「힘으로 평화를 쟁취하자」라는 전단을 낸 죄로 프랑스인 콩탕(Content)과 러시아인 라예프(Rayev)를 감옥에 가둬놓고 있다.

《레치》의 신사분들, 장관 양반들, 혁명정부의 성원 여러분! 우리 프라우다 파를 감옥에 보내주시오. 아니면, 우리를 감옥에 가두어놓으라고 러시아 인민에게 제안해주시오! 그렇게 한다면 여러분은 자국의 프라우다 파를 감옥에 가두고 있는 자본주의 영국——우리의 '동맹국'(차르 니콜라이 2세의 동맹국. 왜냐하면 동맹조약을 맺은 것이 그이기 때문에!)——의 정책을 사실상 흉내내는 셈이 될 것이다.

모든 나라에서 노동자와 자본가의 '국내 통일'을 타도하라. 왜냐하면 이 '통일'은 자본가의 이익을 둘러싼 강도적 제국주의 전쟁의 참화에 시달리는 운명을 인류에게 지워왔고, 또 지금도 지우고 있기 때문이다!

입으로 카를 리프크네히트에 공명할 뿐 아니라, 실제로 자국 자본가에 반대하여 리프크네히트의 정책을 취하고 있는, 모든 나라의 이러한 사회주의자와 노동자의 통일 만세!

| 1917년 4월 14일(27일)에 집필

1917년 4월 15일에 《프라우다》 33호에 발표

지주와 농민 사이의
'자발적 협정'?

어제 본지의 사설에서 언급했던 신가료프 장관의 전보 원문이 오늘자 《디엔*Dyen*》[1]에 실렸다. 그 내용은 다음과 같다.

곡물 파종에 관한 라덴부르크 위원회의 결정을 알고서 나는, 총괄적 국법이 부재한 상태에서 토지 문제를 독자적으로 해결하는 것은 용납되지 않는다고 천명할 의무를 느낀다. 자의적 행동은 국가적 재앙을 가져올 것이며, 반목과 불화를 불러옴으로써 자유의 대의를 위태롭게 할 것이다. 법률에 의한 토지 문제의 해결은 제헌의회의 일이다. 현재 각지에서는 지방 식량위원회하에 경작자와 토지 소유자 간의 자발적인 협정을 위해 농업조정실이 개설될 것이다. 황무지의 차지 문제도 역시 검토를

[1] '메일'이라는 뜻. 부르주아 자유주의 경향의 일간신문. 1912년부터 멘셰비키의 청산파가 참여하여 은행 자금으로 페테르부르크에서 발행했는데, 1917년 2월 후에는 멘셰비키 청산파가 완전히 장악했다. 1917년 10월 26일(11월 8일)에 페트로그라드 소비에트 군사혁명위원회에 의해 발행이 금지되었지만, 그후에도 다른 명칭으로 1918년 3월까지 나왔다.─원서 편집자

서두르고 있다. 공안을 위해 나는 임시정부의 결정을 지침으로 할 것, 그리고 멋대로 법률 같은 것을 만들지 않도록 할 것을 요청한다.

명백히 주민의 압도적인 다수를 점하는 농민에게 그들 자신의 결정을 채택하고 실행에 옮길 권리가 없음에도 토지 소유자와 경작자 간의 '자발적 협정'을 기다려야 한다고 할 때 여러분은 이것을 '민주주의', '인민의 자유'라고 부를 수 있는가?

한 명의 토지 소유자가 2천 데샤티나의 토지를 갖고 있다. 그런데 300호의 농가가 2천 데샤티나의 토지밖에 갖고 있지 않다. 이것이 대략 러시아의 현 상황이다. 300명의 농민이 지주 한 명의 '자발적인' 동의를 기다리지 않으면 안 된다!

이것이 옳은가? 병사 동지들!

| 1917년 4월 14일(27일)에 집필
1917년 4월 15일에 《프라우다》 33호에 발표

중상모략가들의 합창 속, 하나의 정직한 목소리

《말렌카야 가제타*Malenkaya Gazeta*》[1]는 오늘, 제4전선 자동차 위생대의 병사 그룹이 군대의 전체 동지에게 보내는 호소를 발표해, 레닌을 비롯한 망명자들이 독일을 경유하여 귀국한 사정을 조사하라고 요구했다.

이것이야말로 쏟아지는 더러운 거짓말, 추잡한 중상모략, 테러 선동 한가운데서 나온 성실한 목소리다. 실제로 시민이라면 누구나, 사회적 의의가 있는 어떤 사실에 대해 조사할 것을 요구할 권리와 의무가 있다.

이것이 테러 선동자가 아닌, 성실한 사람들의 성실한 길이다.

그리고 레닌 및 그와 함께 귀국한 여러 당파의 일원 모두는 도착 다음 날 바로 이 길을 택했다. 그들은 독일 경유에 대해 노동자·병사 대표 소비에트 집행위원회에 보고를 했다. 그

---

[1] '작은 신문'이라는 뜻. 흑백인조의 기관지라 할 수 있는 선정적인 황색신문으로, 1914년 9월부터 1917년 7월까지 페트로그라드에서 발행됐다. 1917년 2월 혁명 후 레닌을 겨냥하여 악랄한 중상모략 캠페인을 벌였다.—원서 편집자

들은 보고에 두 중립국 스위스와 스웨덴의 사회주의자——즉 귀국에 관한 의정서에 서명하고 **모든 문서를** 조사 검증한 사람들——의 이름을 제시했다. 집행위원회에는 치헤이제, 체레텔리, 스코벨레프, 스테클로프 등이 있었다. 그들은 이 보고와 집행위원회의 결정을《이즈베스티야》에 발표하기로 정했다.

보고에 이어 다음과 같이 결정되었다. "집행위원회는 주라보프와 지노비예프의 보고를 듣고 즉각 임시정부에 그 문제를 제기할 것, 각자 지닌 정치적 견해와 전쟁에 대한 태도와 상관없이 모든 망명자들의 러시아 즉시 귀국을 가능케 할 조치를 취할 것을 결정했다."

두 글은 1917년 4월 5일《이즈베스티야》 32호에 발표됐다.

이 보고와 결정을 싣지 않고 테러 선동을 하는 것이 과연 정당한가? 도리에 맞는가?

제4전선 자동차 위생대 동지들이《이즈베스티야》에 발표된 것을 **검토도 하지 않고서** 서둘러 독일 경유자를 '매국노'라고 '낙인찍어' 비난하고, 그들을 매도하고 그들에게 '험담과 욕설'을 퍼붓는 것은 과연 옳게 행동한 것인가?

이것이야말로 아나키즘이 아닌가? 노동자와 병사가 선출한 집행위원들을 존중하지 말라는 호소가 아니고 무엇인가?

| 1917년 4월 14일(27일)에 집필

1917년 4월 15일에《프라우다》33호에 발표

병사와 토지

대부분의 병사는 농민 출신이다. 농민은 누구나 지주가 인민을 어떻게 억압해왔는지, 또 지금도 어떻게 억압하고 있는지 알고 있다. 그런데 지주의 힘은 어디에 있는가?

토지에 있다.

지주는 수천만 데샤티나의 토지를 소유하고 있다. 이것이 바로 수백만 농민 가족이 지주의 채무노예가 될 수밖에 없는 이유다.

지주가 수천만 데샤티나의 토지를 영유하고 있는 한 어떠한 '자유'도 농민에게는 무의미하다.

지주 토지를 전부 농민의 수중으로 옮기는 것이 필요하다. 나라의 토지 전부를 전 인민의 소유로 넘기는 것이 필요하다. 그리고 토지의 처분은 각 지방의 농민·농업노동자 대표 소비에트가 담당해야 한다.

어떻게 이것을 달성할까? 즉각적으로 러시아 전 지역의 모든 농촌에, 도시의 노동자·병사 대표 소비에트를 모범으로 하는 농민·농업노동자 대표 소비에트를 조직해야 한다. 농민과 농업노동자 자신이 하나로 단결하지 않고서는, 그들이 스스로 자신의 운명을 자신의 손에 쥐지 않고서는 세상의 누구도 그들을 도울 수 없을 것이며, 누구도 그들을 지주에게 매인 속박에서 자유롭게 할 수 없다.

그런데 농민 자신이 각 지방에서 즉각 지주로부터 모든 토지를 접수받아 그것을 올바르게 처분하고, 완전한 질서를 지키며 모든 재산을 손상되지 않도록 보호할 수 있으려면, 병사가 농민을 돕는 것이 필요하다.

농민, 병사, 노동자는 주민의 압도적인 다수를 차지하고 있다. 이 다수자는 모든 토지가 즉각 농민 대표 소비에트에게로 이전되기를 원하고 있다. 이 다수자가 잘 조직(결속, 통합)되어 있다면, 그들이 계급적으로 각성해 있다면, 그들이 무장되어 있다면, 그 누구도 이 다수자를 막을 수 없다.

병사 여러분! 모든 노동자와 모든 농민의 통합과 무장을 도와라!

병사 여러분! 여러분 또한 보다 굳건히 단결하고, 노동자·농민과 보다 긴밀하게 융합하라! 여러분에게서 무장력을 빼앗아 가게 허용하지 말라!

그때에, 오직 그때에만 인민은 모든 토지를 손에 넣을 것이며, 지주에게 예속된 상태에서 해방될 것이다.

| 《솔다츠카야 프라우다*Soldatskaya Pravda*》1호., 1917년 4월 15일

러시아 사회민주노동당(볼셰비키)
페트로그라드 시 협의회
1917년 4월 14일(27일)~22일(5월 5일)

이 회의에서는 57명의 대의원이 출석해서 다음의 의제들을 심의했다. 현재의 정세, 임시정부에 대한 태도, 노동자·병사 대표 소비에트에 대한 태도, 소비에트 개조 문제, 당 조직 건설, 사회민주주의 내 다른 유파에 대한 태도, 시의회 선거, 《프라우다》에 대한 박해 문제 등.

레닌이 정세 보고를 했다. 이 회의는 레닌의 4월 테제를 승인했고, 그것을 이후 활동의 기초로 삼았다.—원서 편집자

1
현 정세와 임시정부에 대한 태도에 관한 보고
4월 14일(27일)

우리는 다른 어느 당들보다 훨씬 더 엄밀하게 정치적 방침을 결정했고, 그 방침은 결의들로 구체화되어 있다. 그러나 생활은 완전히 새로운 정세를 만들어냈다. 혁명가들이 범하는 주된 오류는 뒤쪽으로, 과거의 혁명 쪽으로 눈을 돌린다는 것이다. 하지만 생활은 너무도 많은 새로운 요인들을 제시해주고 있고, 우리는 그것을 사건들의 일반적 연쇄 속에 채워넣지 않으면 안 된다.

우리는 혁명의 동력을 완전히 정확하게 규정했다. 사건들은 우리의 구 볼셰비키적 명제가 옳다는 것을 실증했지만, 우리가 갖고 있는 문제는 동지들이 '구' 볼셰비키로 머물러 있고 싶어한다는 것이다. 대중운동은 프롤레타리아트와 농민에게서만 볼 수 있었고, 서유럽의 부르주아지는 언제나 혁명을 반대해왔다. 이것이 우리가 보아온 것들이다. 그러나 지금은 그와는 다른 상황이 벌어졌다. 제국주의 전쟁은 유럽 부르주아지를 분열시켰는데, 이는 영국·프랑스 자본가가 제국주의적인 목적으로 러시아 혁명의 지지자가 되는 사태를 낳았다. 영국 자본가는 구치코프, 밀류코프 일당 및 군 총참모부 장군들과 한통속이 되어 직접 음모를 꾸몄다. 영국·프랑스 자본가는 혁명의 편이 되었다. 유럽의 신문들에는 영국·프랑스 사절이 구치코프 같은 '혁명가들'과 교섭을 하기 위해 순방한 여러 사례들이 보도되었다. 이렇게 하여 혁명은 예상치 않았던 동맹자를 얻었다. 그 결과, 혁명은 누구도 예상치 못했던 것이 되었다. 우리는 러시아 부르주아지만이 아니라, 영국·프랑스 자본가 사이에서도 동맹자를 얻은 것이다. 내가 국외에서 한 보고 연설[1]에서 이 점을 언급했을 때 어느 멘셰비키는 나를 향해 이렇게 말했다. "당신들이 틀렸는데, 왜냐하면 혁명을 성공시키려면 부르주아지가 필요하다는 것이 증명되었기 때문이다." 나는 그에게 이렇게 대답했다. "부르주아지가 '필요'한 것은 혁명이 8일 안에 승리하는 것을 그들이 돕는 한에서만일 뿐이다." 아직 혁명이 일어나지 않았던 때에 밀류코프는, 만약 전쟁 승리의 길이 혁명을 경유하는 것이어야 한다면, 자신은 전쟁 승리를 반대하는 입장이라고 밝히지 않았던가. 우리는 밀류코프의 이 말을 잊어서는 안 된다.

이로써 혁명은, 그 첫 단계에서는 누구도 예기치 못했던 방

---

[1]　「러시아 혁명에서 러시아 사회민주노동당의 임무The Tasks of the Russian Social-Democratic Labour Party in the Russian Revolution」(본 전집 65권 『먼 곳에서 보낸 편지들』에 수록—편집자)를 보라.—원서 편집자

식으로 발전했다. 볼셰비키는 '조국방위' 가능성이라는 문제에
해답을 제시했다. 즉 만약 부르주아 배외주의적 혁명이 승리
한다면(《사회민주주의자》² 47호), 그 조국을 방위하는 것에 찬성
할 수 없다는 것이다.³ 정세의 특수성은 이중권력이라는 점에
있다. 국외에서는《레치》보다 왼쪽에 있는 신문은 하나도 오지
못하고, 영국·프랑스의 부르주아 신문은 "모든 권력을 쥔 임시

---

2   1908년 2월부터 1917년 1월까지 비합법적으로 발행된 러시아 사회민주
    노동당의 중앙기관지. 통권 58호가 나왔다. 1907년 런던에서 열린 러시
    아 사회민주노동당 5차 대회의 결정으로 창간되어, 첫호는 러시아에서,
    2호부터는 파리에 이어 제네바에서 발행되었다. 러시아 사회민주노동당
    중앙위원회의 결정에 따라 편집위원회는 볼셰비키와 멘셰비키와 폴란드
    사회민주주의자들의 각 대표자들로 구성되었다. 실질적으로는 레닌이
    이 신문을 운영했다.
        레닌은 이 신문에 80여 편의 논설과 기사를 썼다. 편집위원으로 있
    는 동안 레닌은 일관되게 볼셰비키의 입장을 유지하였다. 그는 1911년
    12월부터《사회민주주의자》의 편집위원으로 활동하기 시작했다. 레닌은
    신문 발간의 전 과정을 감독하고, 내용을 기획했으며, 기사를 편집하고,
    디자인과 인쇄 문제까지 관여했다. 제국주의 전쟁이 벌어지는 동안 이
    신문은 전쟁 문제에 대한 레닌과 볼셰비키의 입장과 슬로건을 전파하는
    역할을 톡톡히 했다.《사회민주주의자》는 혁명적 노동운동의 가장 중요
    한 문제들을 다루었고, 전쟁의 제국주의 목적과 함께 사회배외주의자와
    중앙파의 위선적인 말과 기회주의적 실천을 폭로했으며, 제국주의 전쟁
    이라는 상황에서 프롤레타리아트의 혁명적 투쟁의 올바른 방향이 무엇
    인지를 가리켰다.《사회민주주의자》는 은밀히 유통되거나 중요한 기사
    를 지방 볼셰비키 신문에 게재하는 방식으로 러시아 국내에 전달되었으
    며 전시 상황임에도 불구하고 여러 나라에 전달되었다.—원서 편집자

3   「몇 가지 테제Several Theses」(본 전집 60권 『사회주의와 전쟁』에 수록.
    해당 부분은 235쪽 참조.—편집자)를 보라.—원서 편집자

정부"와 "노동자·병사 대표 소비에트로 대표되는 '혼돈'"에 대해서만 떠들고 있다 보니 누구 하나 이 이중권력에 대해 정확히 알고 있지 못하다. 여기 현지에 와서야 비로소 우리는 노동자·병사 대표 소비에트가 임시정부에 권력을 넘겨준 것을 알았다. 노동자·병사 대표 소비에트는 프롤레타리아트와 병사들이 독재를 이룬 것이며, 병사들은 대부분 농민들이다. 따라서 그것은 프롤레타리아트와 농민의 독재다. 그러나 이 '독재'가 부르주아지와 협정을 맺었다. 바로 여기가 '구' 볼셰비즘의 수정이 필요한 지점이다. 지금 성립되어 있는 정세는 프롤레타리아트와 농민의 독재와 부르주아지의 권력이 서로 뒤얽혀 있음을 보여주고 있다. 놀라울 정도로 독특한 정세다. 혁명적 프롤레타리아트와 농민들의 대표가 완전히 무장을 하고서도 부르주아지와 동맹을 맺고 자신들이 가진 권력을 부르주아지에게 양도한 혁명은 전례가 전혀 없다. 부르주아지는 자본의 힘과 조직의 힘을 쥐고 있다. 거듭 경이로운 것은 노동자가 어쨌든 꽤 조직되어 있었다는 것이다. 러시아의 부르주아 혁명은 권력이 부르주아지의 손에 쥐어진 한에서 완료되었다. 여기서 '구 볼셰비키들'은 '부르주아 혁명은 완료되지 않았다. 왜냐하면 프롤레타리아트와 농민의 독재가 존재하지 않기 때문'이라고 논박하고 있다. 그러나 노동자·병사 대표 소비에트가 바로 그 독재다.

농촌운동이 나아갈 수 있는 길은 두 가지다. 농민이 토지를 탈취하고, 농촌 프롤레타리아트와 부유한 농민 사이에서 투쟁이 벌어지지 않는 경우. 그러나 그것은 있을 법한 일이 아닌데, 그 이유는 계급투쟁은 기다려주지 않기 때문이다. 우리가 1905년에 말한 것을 지금 반복해서 말하면서 농촌에서의 계급투쟁에 대해서는 말하지 않는 것은, 프롤레타리아트의 대의를 배반하는 행위다.

지금도 벌써 우리는 토지 문제의 해결을 제헌의회가 소집될 때까지 기다리려는 경향을 수많은 농민대회의 결정 속에서 발견하는데, 이것은 카데츠 쪽으로 기울고 있는 부유한 농민의 승리다. 농민은 이미 토지를 탈취하려 하고 있다. 사회주의혁명가당은 제헌의회가 소집될 때까지 기다리자며 그들을 막고 있다. 지금 즉각 토지를 탈취하라는 요구를, 농업노동자 대표 소비에트를 창설하라는 선전과 결합시키는 것이 필요하다. 부르주아 민주주의 혁명은 완료되었다. 농업 강령은 새로운 방식으로 실행되어야 한다. 오늘 여기서 발견되는, 권력을 둘러싼 대소유자와 소소유자의 투쟁은 곧 농촌에서도 일어날 것이다. 농민에게는 아직 토지만으로는 부족하다. 말[馬]을 갖고 있지 못한 농민의 수는 크게 증가했다. 현재 토지 혁명을 발전시키고 있는 것은, 농민을 향해 지금 즉각 토지를 탈취하라고 말하고 있는 우리뿐이다. 토지는 조직적인 방식으로 탈취해야 한다. 재산에 손상이나 위해를 가해서는 안 된다. 결국 농촌운동은 그냥 예상이지 사실은 아니다. 마르크스주의자의 임무는 농업 강령 문제를 농민에게 설명하는 것이다. 그 중점을 농업 노동자 대표 소비에트로 옮겨놓아야 한다. 그러나 노동자·병사 대표 소비에트와 마찬가지로 농민이 부르주아지와 손을 잡을 가능성에 대비해야 한다. 그러므로 농촌운동을 더욱 발전시켜야 한다. 부유한 농민이 부르주아지와 임시정부에 끌리는 것은 당연하다. 그들은 구치코프보다 더 오른쪽에 서 있을지도 모른다.

지금은 부르주아 권력의 승리가 실현되어 있는 상태다. 농민의 경제적 지위는 그들을 지주로부터 분리시킨다. 농민에게 필요한 것은 토지에 대한 법적 권리가 아니다. 그들에게 필요한 것은 농업노동자 대표 소비에트다. 농민에게 제헌의회가 열릴 때까지 기다리라고 권하는 자들은 그들을 기만하고 있는 것이다.

우리의 임무는 이 소부르주아적 수렁으로부터 계급적 방침을 떼어내는 것이다. 부르주아지는 어떤 약속이든 하지만, 실제로는 자기의 계급적 정책을 실행하면서 자신의 일을 훌륭히 해내고 있다.

노동자·병사 대표 소비에트 내부의 세력 관계를 보면, 권력이 임시정부로 넘어가버린 가운데 사회주의자 자신은 '연락위원회'에 만족하고 있는 상태다. 이 정부는 자기 계급의 최량의 위임대표지만, 그럼에도 그것은 특정 계급이다. 소부르주아지는 그들에게 완전히 굴복했다. 만약 우리가 프롤레타리아적 방침을 떼어내지 않는다면, 우리는 프롤레타리아트의 대의를 배반하는 것이 될 것이다. 부르주아지는 기만이나 폭력을 통해 지배한다. 지금은 아첨과 기만으로 지배하고 있고, 그로써 혁명을 잠재우고 있다. 부르주아지는 부차적 사항에서는 양보하고 있지만, 주요 사항(예를 들어 토지 혁명)에서는 그 무엇도 양보하지 않는다. 러시아에서는 볼셰비키를 제외한 모두가 혁명적 조국방위주의에 휩쓸려 있으며, 혁명적 조국방위주의는 완전히 승리했다. 그 사실을 인식하지 못하는 사람은 눈 뜬 장님과 다름없다. 이런 혁명적 조국방위주의는 '조국을 방어한다'는 공문구에 가려진 자본주의의 약탈적 이익을 위해 일체의 사회주의적 원칙을 버리는 것이며, 소부르주아지에게 진지를 내주는 것이다. 내가 '선의의' 혁명적 조국방위주의자 대중이라고 말한 것은 도덕적 범주가 아니라 계급적 규정을 염두에 두고 한 말이다. 노동자·병사 대표 소비에트로 대표되고 있는 계급들은 약탈적 전쟁에서 아무런 이익도 얻을 수 없다. 유럽은 사정이 다르다. 거기서는 인민이 억압받고 있고, 극히 기회주의적인 평화주의자가 우리 프라우다 파 이상으로 박해받고 있는 일이 드물지 않다. 그러나 우리나라에서 노동자·병사 대표 소비에트는 폭력에 의해서가 아니라 대중의 신뢰에 의해 혁명적 조국방위주의 정책을 실행하고 있다. 유럽은 온통 군사 감옥이 되어 있다. 그곳을 자본이 무자비하게 지배하고 있다. 유럽 전체 영토에서 부르주아지는 타도해야 할 대상이지 설득해야 할 대상이 아니다. 반면 러시아에서는 병사들이 무장한 상태인데, 빌헬름으로부터 '자신을 방위하고 있는 것'일 뿐이라고 인정함으로써 스스로 얌전하게 기만당하고 있다. 유럽에는 러시아에서 보이는 것과 같은 '선의의' 혁명적 조국방위주의는 없다. 그러나 러시아에서는 무지 때문에, 타성 때문에, 매질을 참고 견디는 습관 때문에, 전통 때문에 인민이 자신의 권력을 부르주아지에게 양도하고 만 것이다. 스테클로프와 치혜이제는 입으로는 지도자지만, 그들이 여러 장점과 마르크스주의에 대한 지식을 갖추고 있음에도 불구하고 실제로는 부르주아지의 꼬리이며 정치적으로 죽은 자들이다. 여기 러시아에서는 조국방위주의적 성향을 지닌 병사들이 권력을 쥐고 있다. 자본가의 객관적인 계급적 지위(그들은 자신을 위해 전쟁을 하고 있다)와 병사의 계급적 지위(그들의 계급적 지위는 프롤레타리아와 농민이다)는 다르다. 병사가 콘스탄티노플 정복으로 이익을 얻는가? 아니다. 그들의 계급적 이익은 전쟁과 양립할 수 없다! 바로 그 때문에 그들을 각성시키고, 설득을 통해 그들의 생각을 바꿀 수 있는 것이다. 지금의 정치 정세에서 주안점은 대중에게 진실을 설명하는 능력을 갖는 것이다. 우리가 병사 또는 자각하지 못한 대중에게 '전쟁을 중지하라'라는 슬로건의 의미를 밝히고 있지 않은 동안은, 우리는 혁명적 대중에 '의거하고 있다'고 생각할 수 없다.

　　노동자·병사 대표 소비에트란 무엇인가? 그것의 계급적 의의는 직접 권력이다. 물론 우리는 완전한 정치적 자유를 가지고 있지는 않다. 그러나 오늘날 러시아만큼 자유를 갖고 있는 곳은 어디에도 없다. '전쟁 중지!'는 총검을 내던져버리는 것을 의미하지는 않는다. 그것은 권력이 다른 계급에게로 옮겨 가고 있는 것을 의미한다. 현재 상황 전체의 중심은 이 문제를 설명하는 것에 있다. 블랑키주의는 소수자에 의거하여 권력을 탈취하려는 것이었다. 우리의 경우는 그것과는 완전히 다르다. 우리는 아직 소수자다. 우리는 다수자를 획득할 필요를 인정하고 있다. 아나키스트와 달리 우리는 사회주의로의 이행을 위해 국가가 필요하다. 파리 코뮌은 소비에트 형 국가——조직되고 무장한 노동자의 직접 권력——의 모형, 노동자와 농민 독재의 모형을 제공했다. 소비에트의 역할, 노동자와 농민 독재의 의의는 반혁명에 대해 조직된 폭력을 가한다는 것, 다수자에 의거하여 다수자의 이익을 위해 혁명의 성과를 지킨다는 것에 있다. 국가에 이중권력은 존재할 수 없다. 소비에트는 경찰이 존재할 수 없는 국가 유형이다. 여기서는 인민이 스스로 통치한다. 여기서는 군주제로의 복귀는 있을 수 없다. 군대와 인민은 융합하지 않으면 안 된다. 이것이 자유의 승리다! 누구나 무기 사용법을 배워야 한다. 자유를 지키기 위해서는 인민이 한 사람도 빠짐없이 무장하는 것이 필요하다. 여기에 코뮌의 핵심이 있다. 우리는 조직된 국가, 즉 폭력 일반을 부정하는, 특히 조직되고 무장한 노동자 자신의 국가의 폭력을 부정하는, 노동자 소비에트에 의한 국가의 조직을 부정하는 아나키스트가 아니다. 실생활은 프롤레타리아트와 농민의 독재를 부르주아지의 독재와 서로 얽히게 했다. 다음 단계는 프롤레타리아트의 독재지만, 프롤레타리아트는 아직 충분히 조직되고 각성되지 못했다. 프롤레타리아트를 각성시키는 것이 필요하다. 전국에 걸쳐서 이런 대표 소비에트가 필요하며, 이것은 생활의 요구다. 그 외의 길은 없다. 이것이 바로 파리 코뮌이다! 노동자 대표 소비에트는 부르주아지가 바라는 것 같은 노동조합 조직이 아니다. 인민은 그것을 다르게, 그리고 보다 정확하게 보고 있다. 인민은 노동자 대표 소비에트를 통치권력으로 보고 있는 것이다. 인민은 전쟁에서 벗어나는 길은 노동자 대표 소비에트의 승리에 있다고 보고 있다. 바로 이것이 그 아래서 사회주의로 나아가는 것이 가능한 국가 유형이다. 집단이 권력을 탈취하는 것만으로는 아직 불충분하다. 러시아 혁명은 보다 높은 곳까지 올랐다. 소비에트 외의 권력은 존재할 수 없었고, 부르주아지는 소비에트를 두려워하고 있다. 소비에트가 권력을 탈취하지 못하는 한, 우리는 권력을 쥐지 못할 것이다. 그러나 소비에트가 권력을 잡게 하려면 살아있는 힘이 소비에트를 밀어올려야 한다. 그렇게 하지 못한다면, 우리는 자본가가 인민을 기만하여 계속하고 있는 이 전쟁에서 결코 벗어날 수 없을 것이다. 모든 나라가 지금 파멸의 벼랑에 서 있다. 이 점을 인식하는 것이 필요하다. 살 길은 사회주의 혁명밖에 없다. 정부를 타도하지 않으면 안 된다. 그러나 모두가 이것을 올바르게 이해하고 있는 것은 아니다. 임시정부가 노동자 대표 소비에트에 기반을 두고 있는 한, 임시정부를 '간단히' 타도하는 것은 가능하지 않다. 소비에트 내부에서 다수자를 획득함으로써만 임시정부를 타도할 수 있고, 또한 다수자를 획득했을 때에는 반드시 임시정부를 타도해야 한다. 전진하여 노동자·병사 대표 소비에트의 단독 권력을 향해 나아갈 것인가, 아니면 후퇴하여 제국주의 전쟁으로 향할 것인가, 이 두 가지 외의 길은 없다. 카우츠키는 전시(戰時)에 혁명이 일어날 가능성을 부정했다. 이미 실제 상황은 그가 틀렸음을 보여주었다.

은행의 국유화와 그것에 대한 통제에 관해 말하자면, 일단 권력이 노동자의 손에 쥐어지면 그것은 경제적으로 가능하며, 경제적으로는 그것을 방해할 수 있는 것이 아무것도 없다. 프롤레타리아트의 임무에 대해 이런 견해를 갖고 있는 이상, '조국방위파'와의 동맹이란 있을 수 없다는 것이 분명하다.

새로운 당명에 대해서 말하자면, '사회민주주의'라는 말은 부정확하며, 과학적으로 따졌을 때 옳지 않다. 마르크스와 엥겔스도 여러 차례 인정한 점이다. 그들이 이 단어를 '참았다'면, 그것은 1871년 이후 인민대중을 천천히 훈련하는 것이 필요하다고 판단되었고, 혁명이 아직 일정에 올라 있지 않은 특별한 정세가 존재했기 때문이다. 민주주의도 국가다. 그러나 파리 코뮌은 이미 보다 높은 곳까지 올랐다. 그리고 이제 전세

계는 실천적인 문제——사회주의로 이행하는 문제——에 직면
해 있다. 사회민주주의자 플레하노프와 그 밖의 전세계 사회배
외주의자들은 사회주의를 배반했다. 우리는 우리 이름을 '공
산당'이라고 말해야 한다.

| 간략한 개요는 1917년 4월 25일(5월 8일) 《프라우다》 40호에 발표
　전문은 1925년에 『1917년 4월의 러시아 사회민주노동당(볼셰비키)
　　　　　페트로그라드 시 협의회 및 전국 협의회』에 처음 발표

2
현 정세 보고와 관련한 토론의 맺음말
4월 14일(27일)

우리가 나눈 의견은 서로 불일치했다. 여기서 내가 모든 문제에 답할 수는 없다.

구 볼셰비즘 문제. 칼리닌(Kalinin)은 구 볼셰비즘을 옹호했다. 그러나 그 자신은, 우리의 현재 전술이 옳다는 결론에 이르렀다. 또 하나의 의견은, 무엇보다 소부르주아 전술로의 편향이 나타나고 있다는 것이다.

혁명을 최후까지 수행한다는 낡은 표현. 그러나 어떤 혁명을? 1905년의 객관적 정세는 프롤레타리아트와 농민이 유일한 혁명적 분자였던 반면, 카데츠는 군주제에 가세하는 상황이었다. 오늘의 조국방위주의는 농민이 소부르주아 전술로 넘어간 것이다. 이러한 상황에서 혁명을 최후까지 수행한다는 것은 의미를 잃었다. 혁명은 소부르주아지와 그 밖의 혁명적 분자를 조국방위주의로 결합해버렸다.

프롤레타리아트와 농민의 독재의 미래. 조국방위주의 입장을 취하는 소부르주아적 농민은 군주제 편이 될 가능성이 있다.

볼셰비즘 정치로부터 새로운 방침이 태어나고 있다. 소부르주아지와 대부르주아지가 결합했다. 우리는 여러 계급의 이익이 서로 부딪치는 것을 우리의 출발점으로 삼는다. 농업노동자로서의 농민과 소유자로서의 농민은 서로 다른 입장이다. 전자는 제국주의 전쟁을 반대할 것이 분명하다. 후자는 조국방위주의를 찬성한다.

조국방위주의는 소부르주아지가 노동자계급에서 떨어져나가 대부르주아지의 편으로 넘어갔다는 것을 보여주었다. 농사를 짓는 한편 부분적으로 도시에서 노동을 해 생계를 영위하는 빈농에게 이 전쟁은 불필요하다. 이 계급은 전쟁의 반대자다.

구 볼셰비즘을 버려야 한다. 소부르주아지의 방침과 임노동 프롤레타리아트의 방침을 따로 구별하는 것이 필요하다. 혁명적 인민이라는 문구는 케렌스키에게는 어울리지만, 혁명적 프롤레타리아트에게는 어울리지 않는다. 차르 니콜라이가 정리되어버린 오늘에는, 혁명가라는 것은, 아니 민주주의자라는 것조차도 대수로울 게 없다. '혁명적 민주주의파'는 아무 쓸모도 없다. 그것은 공문구다. 그것은 계급 이해관계의 모순들을 덮어 가릴 뿐, 들춰내지 않는다. 볼셰비키는 노동자와 농민을 이 모순들의 존재에 눈뜨게 해야지, 그것을 얼버무려서는 안 된다. 제국주의 전쟁이 프롤레타리아트와 농민에게 경제적으로 타격을 가한다면, 틀림없이 이 계급들은 전쟁에 반대하여 일어설 것이다.

노동자·병사·농민 대표 소비에트들의 연결망을 짜내는 것, 이것이 당면 임무다. 러시아의 온 땅은 이미 지방자치기관들의 연결망으로 덮이고 있다. 코뮌은 자치기관의 형태로도 존재할 수 있다. 경찰의 폐지, 상비군의 폐지, 한 사람도 빠지지 않는 전 인민의 무장은 모두 지방자치기관을 통해서도 실현될 수 있다. 내가 노동자 대표 소비에트를 받아들인 것은 단순한 이유, 즉 그것이 이미 존재하고 있다는 이유 때문이다.

프롤레타리아트의 "관심을 사로잡아야" 한다고 말하는 사람들이 있다. 치헤이제, 임시정부, 그 밖의 사람들이 혁명적 민주주의에 관한 거창한 문구를 쓰면서 하고 있는 것이 바로 그것이다. 볼셰비키는 프롤레타리아트와 소부르주아지를 따로 구별해야 하며, '혁명적 민주주의파'라든가 '혁명적 인민' 따위의 말들은 케렌스키에게 줘버려야 한다. 러시아의 민주주의파는 제국주의자다. 우리가 우리의 활동을 문화 활동으로 귀착시키고 있다고 말하는 사람들이 있다. 그것은 사실이 아니다. 제헌의회 등에 관한 결의를 채택하는 것 등, 이런 짓들이 프롤레타리아트의 "관심을 사로잡는"다고 하는 것들이다.

긴박한 문제는 상비군과 관료와 경찰의 폐지를 실행하고, 한 사람도 빠지지 않게 모든 인민을 무장시키는 것이다.

제헌의회가 혁명을 압살하는 등의 일은 일어나지 않을 것이다. 왜냐하면 지금 제헌의회에 관해서는 어떤 얘기도 들리지 않으며, 아무도 그것을 소집하려고 하지 않기 때문이다. 그것의 소집을 '요구한다'는 따위의 일을 할 수 있는 것은 사회주의 혁명가당이므로 그런 일은 그들에게 줘버려라.

이 전쟁은 세계 전쟁이다. 이 전쟁은 특정 계급에 의해 치러지고 있으며, 전쟁을 발생시킨 주범은 은행자본이다. 전쟁을 종식시키는 것은, 권력을 쥔 계급이 다른 계급으로 자리바꿈을 하는 것에 의해 가능해진다. 권력을 지배계급의 손에 남겨둔 채로의 강화(講和)는 사태를 무엇 하나 바꾸지 못한다.

혁명을 어떠한 구체적 방책에 의해 밀고 나갈 수 있는지를 프롤레타리아트에게 보여주는 것이 필요하다. 혁명을 밀고 나간다는 것은 자치를 자신의 재량으로 실현하는 것을 의미한다. 민주주의의 성장은 자치를 방해하는 것이 아니라, 우리의 임무를 실현시켜주는 것이다. 전쟁을 끝장내는 것은 권력을 다른 계급에게로 이전시키는 것——러시아는 이 지점을 향해 어느 나라보다도 가까이 가 있다——에 의해 비로소 가능한 것이지, 압살한 약소민족들을 서로 교환하는 방법으로 만국 자본가가 휴전함으로써 이루어지는 것이 결코 아니다. 코뮌은 농민에게는 완전히 적합하다. 코뮌은 완전한 자치, 위로부터의 감시가 전혀 없는 것을 의미한다. 농민의 10분의 9까지가 틀림없이 여기에 동의할 것이다.

만약 농민이 토지를 탈취한다면, 부르주아지는 토지의 국유화를 용인할지도 모른다. 프롤레타리아 당으로서 우리는 토지만으로는 배가 차지 않는다고 말해야 한다. 토지를 경작하기 위해서는 코뮌을 창설할 필요가 있을 것이다. 우리는 중앙집권론자임에 틀림없지만, 경우에 따라서는 이 임무가 지방으로 이전되는 시기가 있을 것이고, 우리는 지방 현지에서의 최대한의 창의를 허용해야 한다. 카데츠는 이미 관리들처럼 행동하고 있다. 그들은 농민들에게 "제헌의회를 기다려라"라고 말하고 있다. 진정으로 혁명을 밀고 나갈 슬로건을 제출하고 있는 것은 우리 당뿐이다. 노동자 대표 소비에트는 지방에서 코뮌을 창립할 자격과 실력이 충분히 있다. 프롤레타리아트가 임무에 충분할 만큼 잘 조직될 것인지가 문제지만, 그것을 미리 가늠할 수는 없으므로 실행을 통해 배우는 수밖에 없다.

트로츠키주의의 "차르 반대, 노동자 정부". 이것은 틀렸다. 소부르주아지가 존재하고 있다. 소부르주아지들을 제외하는 것은 가능하지 않다. 그러나 소부르주아지는 두 부분으로 나뉜다. 그 두 부위 중 빈곤한 부위는 노동자계급과 함께 나아간다.

전쟁. 전쟁을 평화적 수단으로 끝낸다는 것은 공상이다. 제국주의적 강화에 의해 끝날 수도 있다. 그러나 대중이 원하고 있는 것은 그런 강화가 아니다. 전쟁은 계급 정치의 계속이며, 전쟁의 성격을 바꾸는 것은 권력을 쥔 계급을 교체하는 것이다.

공산당이라는 당명은 이론적으로 정확하다. 다른 나라들의 좌익 사회주의자는 너무나도 약하다. 우리가 이니셔티브를 취하지 않으면 안 된다.

| 1925년에 『1917년 4월의 러시아 사회민주노동당(볼셰비키)

페트로그라드 시 협의회 및 전국 협의회』에 처음 발표

3
임시정부에 대한 태도와 관련한 결의에 관한 토론 중 두 가지 답변
4월 15일(28일)

I

어제 토론한 후이므로 나는 간단한 의견을 말하는 것만으로 그쳐도 되겠다. 결의안은 살 길이 어디에 있는지를 보여주고 있다. 정세는 특정 계급들의 대표들이 임시정부를 구성하고 있다는 사실뿐 아니라, 이 임시정부가 노동자 대표 소비에트에 기반을 두고 있다는 사실에 의해서도 결정된다. 여기에서 나오는 결론은, 소부르주아지에게서 분리하기 위해서가 아니라 그들을 전방으로 밀어올리기 위해 별개의 그룹을 만들어야 한다는 것이지, 우리가 이 소부르주아지에게 굴복해야 한다는 것이 아니다. 일체의 토지를 탈취하는 것은 혁명적 인민의 입장에서 보았을 때 한 걸음 전진이다. 상비군을 민병으로 대체하는 것은 한 걸음 전진이다.

II

카메네프 동지는 치혜이제와 스테클로프의 정책으로 이동하고 있다. 물론 임시정부가 제헌의회 소집을 연기하고 있다는 것은 우리가 말하지 않는다면 아무도 말하는 자가 없을 것이다. 모두가 전쟁을 계속하길 원한다. 문제는 반혁명의 조직화다. 혁명기에 통제란 기만이다. 선거일자는 사흘이면 결정할 수 있을 것이다. 우리가 '죄과'를 열거하는 것은 선동을 위한 정확한 자료를 마련하는 것이다. 연락위원회 내부에서 진실을 찾는 것은 불가능하다. 권력을 갖지 않고는 통제란 가능하지 않다. 결의 등에 의해 감독한다는 것은 완전한 잠꼬대다. 통제는 소부르주아적 환상, 안개를 없애는 것을 의미한다.

| 1925년에『1917년 4월의 러시아 사회민주노동당(볼셰비키)

페트로그라드 시 협의회 및 전국 협의회』에 처음 발표

4
임시정부에 대한 태도에 관한 결의

⑴ 임시정부는 그 계급적 성격으로 보아 지주와 부르주아지의 지배 기관이다.

⑵ 임시정부와 그것에 의해 대표되고 있는 계급들은 러시아 제국주의 및 영국·프랑스 제국주의와 경제적으로도, 정치적으로도 떼려야 뗄 수 없이 묶여 있다.

⑶ 이 정부는 자신이 선언한 강령조차 혁명적 프롤레타리아트에게 압력을 받아, 그리고 어느 정도로는 소부르주아지에게도 압력을 받아, 겨우, 그것도 불완전하게 실행하고 있을 뿐이다.

⑷ 지금 조직되고 있는 부르주아적·지주적 반혁명 세력들은 임시정부의 깃발 뒤에 몸을 숨기고서는, 이 정부의 명백한 묵인 아래 이미 혁명적 민주주의 파에 대한 공격을 개시하고 있다.

⑸ 임시정부는 제헌의회 선거일의 결정을 연기하고, 전 인민의 무장을 막고, 일체의 토지를 인민의 수중으로 이양하는 것에 저항하고, 토지 문제의 지주적 해결 방법을 인민에게 강

요하고, 8시간 노동일 실시를 방해하고, 군대 내에서의 반혁명적 선동(구치코프 일당의)을 묵인하고, 병사에 대항하여 고급 지휘관을 조직하는 등을 하고 있다.

(6) 그와 동시에 이 정부는 현재 페트로그라드 노동자·병사 대표 소비에트에게 신뢰를 받고 있고, 일정 정도 이 소비에트와의 직접 협정에 따라 움직이고 있다. 이 소비에트가 지금 노동자와 병사, 즉 농민의 다수자를 통합하고 있음은 분명한 사실이다.

(7) 대외 정책 분야와 국내 정책 분야의 임시정부의 모든 방책은, 도시 및 농촌의 프롤레타리아와 반프롤레타리아뿐 아니라 광범한 소부르주아 층까지 이 정부의 본색에 눈을 뜨게 한다.

이상의 이유에 따라 본 협의회는 다음과 같이 결정한다.

(1) 노동자·병사 대표 소비에트 또는 인민의 의지를 직접 표현하는 그 밖의 기관으로 모든 국가권력을 가져오려면, 프롤레타리아적 계급의식을 명료하게 하기 위해 장기간에 걸쳐 활동하고, 소부르주아지의 동요에 대항하여 도시와 농촌의 프롤레타리아를 결속시키는 것이 필요하다. 그런 활동만이 혁명적 인민 전체가 성공적으로 전진하는 것을 실질적으로 보장해줄 수 있기 때문이다.

(2) 우리가 이런 활동을 하기 위해서는 노동자·병사 대표

소비에트 내부에서 전면적으로 활동하고, 소비에트의 수를 증가시켜 그 세력을 강화하고, 소비에트 내부에서 우리 당의 프롤레타리아적·국제주의적 그룹을 결속시키는 것이 필요하다.

⑶ 혁명적 사회민주주의의 깃발 아래에서 혁명운동의 새로운 물결을 밀고 나가기 위해서는 우리 자신의 사회민주주의적 세력을 보다 정력적으로 조직하는 것이 필요하다.

| 《프라우다》 35호, 1917년 4월 18일(5월 1일)

5
자치체 선거 문제에 관한 논쟁 중의 두 가지 답변
4월 22일(5월 5일)

I

우리나라는 비례대표제를 취하고 있는데 무엇 때문에 블록[4]을 결성하는가. 소수파도 보장되고 있다. 그래서 나는 칼리닌 동지의 의견에 단호히 반대한다. 소부르주아지나 배외주의자와의 블록은 생각조차 할 수 없는 일이기 때문이다. 자본가에게 지지받고 있는 소부르주아지와의 블록을 조금이라도 생각하는 것은 사회주의를 배반하는 것이다. 누구와 블록을 맺는다는 것인가, 《인터내셔널Internatsional》[5]의 발행자들과? 그러나 이 매체는 아직 발행되지 않았고, 따라서 우리는 그들이 누군지도 모르지 않은가. 치혜이제는 조국방위주의를 가장 악질적으로 엄호하고 있다. 트로츠키는 파리에서 신문을 발행하면서 자신이 치혜이제에게 찬성하는지 반대하는지를 분명히 밝힌 적이 단 한 번도 없다. 우리는 항상 치혜이제를 반대해왔

---

4   정치·경제상의 특수 이익을 얻기 위한 목적으로 다른 단체나 조직과 제휴하여 만드는 집합.—편집자

다. 그것은 그가 세련되게 배외주의를 엄호하는 자였기 때문이다. 트로츠키는 끝내 명확한 입장을 밝히지 않았다. 《인터내셔널》의 발행자 Y. 라린(Larin)도 같은 전술을 취하지 않을 거라고 어떻게 확신할 수 있는가?

우리는 명확한 강령을 내걸지 않으면 안 된다. 지금 세 당의 투쟁이 벌어지고 있다. 첫 번째 당은 약탈자, 살인자의 당이고, 두 번째는 이 약탈자들을 근사한 말로 덮어 가려주는 패거리며, 마지막 세 번째 당은 약탈자를 전혀 지지하지 않고, 노동자·병사 대표 소비에트 집행위원회를 포함한 모든 이의 오류를 명확히 밝히는 당이다.

소비에트의 죄과는 권력을 쥐지 않았다는 것에 있는 것이 아니라, 인민에게 잘못된 것을 가르치고 정부를 이겼다고 떠들어대고 있는 것에 있다.

---

5   주간 잡지 《인터내셔널》이 발행될 것이라는 사전 발표가 1917년 4월 16일(29일)자 《라보차야 가제타》에 실렸다. 《인터내셔널》 첫호는 4월 18일(31일)에 발행되었는데, 4월 22일(5월 5일)에 레닌은 아직 그 발행물을 보지 못했던 듯하다. 《인터내셔널》 첫호 앞장에는 L. 마르토프가 귀국하여 도착할 때까지 Y. 라린이 편집을 담당한다는 공지가 실렸다. 기고자 명단에는 마르토프, 라린, P. B. 악셀로트 등의 이름이 올랐다. 첫호에서 《인터내셔널》 편집국은 국내 및 대외 정책에 있어, 프롤레타리아트의 요구에 부응하도록 임시정부에 압력을 가하자는 화해주의적 슬로건을 내걸었다. 1917년 6월에 발행된 3호가 이 매체의 마지막 호가 되었다. 1917년 8월에 잡지 기고자들 중 일부는 라린의 주도로 멘셰비키와 결별하여 볼셰비키 당에 합류했다.—원서 편집자

II

 배외주의와 단절한 멘셰비키 후보자를 우리의 후보자 명부에 올리는 것에 나는 당연히 찬성한다. 이것은 블록을 결성하는 것과는 다르다. 러시아는 당파의 면에서는 뛰어나게 잘 조직되어 있다. 강령에 관해 말하자면 유급 민병 문제, 식량 문제, 조세 문제가 중요하다.

| 1925년에 『1917년 4월의 러시아 사회민주노동당(볼셰비키)

페트로그라드 시 협의회 및 전국 협의회』에 처음 발표

6
자치체 문제에 관한 결의

자치체 강령은, 특히 현재와 같은 혁명기에는 결코 자치체 문제로만 한정될 수 없다.

그것은 오늘날 정치의 모든 근본 문제에 대해서도, 특히 전쟁 문제나 중앙권력에 대한 프롤레타리아트의 임무에 관해서도 명확한 답을 담고 있지 않으면 안 된다.

우리는 전쟁 및 전쟁의 결과와 싸우기 위해 필요한 혁명적 방책으로서의 민병·식량·주택·조세 문제 등의 자치체 문제에 소부르주아 당들이 동의하리라고 기대할 수 없다.

이상의 이유로 우리는 블록을 만들지 않고, 프롤레타리아 당의 원칙적 강령의 기치를 내걸고 선거에 나가서, 다음의 세 주요 정당군의 근본적인 차이를 인민에게 설명해야 한다. (1)카데츠와 그들보다 오른쪽에 있는 당들. (2)소부르주아지의 당들(나로드니키)과 부르주아지의 영향권 아래로 떨어진 일부 노동자 당(조국방위파 멘셰비키). (3)혁명적 프롤레타리아트의 당(볼셰비키).

비례대표제에 의해 실시되는 선거의 기술적 조건은 블록

형성을 불필요한 것으로 만들고 있다.

혁명적 조국방위주의 및 임시정부 지지와 실제로 결별하고 있는 멘셰비키에 대해서는, 실천 활동에 바탕을 둔 상태에서 최대한 관계를 돈독히 하고 서로 의견교환을 하는 것이 바람직하다. 그런 동지들과 근본 문제에 대해 충분한 의견일치가 이루어진다면, 공동으로 후보자 명부를 만들어도 된다. 자치체 강령의 구체적인 제안들, 특히 자본가가 그 임금을 지불하는 프롤레타리아 민병 문제에 관한 제안을 작성할 필요가 있다.

| 《프라우다》46호, 1917년 5월 15일(2일)

7

사회주의혁명가당, 사회민주당(멘셰비키), '비분파적' 사회민주주의자들 및 그와 비슷한 정치적 조류들에 대한 태도에 관한 결의안

(1) 사회주의혁명가당, 멘셰비키 사회민주주의자 등은 거의 대부분 '혁명적 조국방위주의'와 공채 투표에 찬성하고 있다. 사실상 구치코프와 르보프 일당의 제국주의적 자본가 정부가 치르고 있는 제국주의 전쟁을 지지하는 입장으로 넘어가버린 것이다.

(2) 대외 정책뿐만 아니라 국내 정책에서도 자본의 이익을 대표하고 반혁명적 입장을 취해온 임시정부를 이 당들이 지지하고 있는 것이다.

(3) 이 당들은 자본가에게 속아주고 있고, 자기 스스로도 확신하지 않는 기대――국가권력을 쥐지 않고서도 임시정부에 '요구'하거나 정부를 '감독'하는 등의 수단에 의해 자본가 정부의 계급적 본성을 바꿀 수 있고, 정부로 하여금 현재 자본가가 바라는 제국주의적 정책과 반혁명적 자유권 침해를 중단시키는 것이 가능하다는 기대――를 인민에게 품게 하며 인민을 속이고 있다.

(4) 이런 생각들로부터 비롯되었고 이 당들이 끊임없이 조

장하고 있는 프롤레타리아 및 반프롤레타리아의 계급의식의 흐릿함이야말로, 지금 주로 기만과 아첨에 의해 행동하고 있는 자본가에 대해 대중이 보이는 일반적인 태도, 즉 쉽게 믿어버리는 무자각적 태도를 기초로 해서 혁명 정체의 주요 원인이 되고 있다. 그리고 이것은 지주와 부르주아지의 반혁명 세력에 대한 혁명이 패배할 경우 그 패배의 주요 원인이기도 하다.

이런 점들을 고려하여 본 협의회는 다음과 같이 결정한다.

(1) 공채에 대한 찬성 투표는, 혁명적 조국방위주의 일반에 대한 옹호와 마찬가지로 사회주의와 프롤레타리아 계급투쟁과 국제주의, 즉 만국 자본가에 대항하는 만국 노동자의 우애적 동맹의 원칙에 대한 완전한 배반으로 간주한다.

(2) 앞에서 언급된 당들은 소부르주아지의 이익을 위해 행동하고 있고, 소부르주아지의 관점을 떠받들고 있으며, 부르주아적 영향으로 프롤레타리아트를 부패시키는 당으로 간주한다.

(3) 임시정부와 혁명적 조국방위주의 등을 지지하는 정책을 취하는 당들과 총체적으로 통합하는 것은 절대로 불가능하다. 왜냐하면 이런 정책을 취한다는 것은 이 당들이 계급적·프롤레타리아적 입장에서 소부르주아적 입장으로 넘어갔다는 것을 의미하기 때문이다.

(4) 멘셰비키 등에 소속되어 있으나 '혁명적 조국방위주의'와 공채 찬성 투표 등에 반대하며 국제주의 입장을 견지하려

고 노력하는 개개의 지역 노동자 그룹에 대한 태도에 관해 말하자면, 우리 당의 정책은 그런 노동자와 그룹을 지지하고 그들과 보다 긴밀한 관계를 모색하며, 사회주의에 대한 소부르주아적 배반과의 무조건적 절연이라는 원칙에 기초하여 그들과의 통합을 지지하는 것이어야 한다.

| 1925년에 『1917년 4월의 러시아 사회민주노동당(볼셰비키) 페트로그라드 시 협의회 및 전국 협의회』에 처음 발표

8
전쟁에 관한 결의안

I

지금의 전쟁은 교전국 양 진영 어느 측의 입장에서 보든 제 국주의 전쟁이다. 즉 세계 지배와 자본가의 노획물 분배, 금융 자본·은행자본이 수익을 얻을 수 있는 시장, 약소민족의 압살 을 둘러싸고 자본가가 벌이고 있는 전쟁이다.

러시아에서 국가권력이 니콜라이 2세에게서 구치코프, 르 보프 등의 정부에게로, 즉 지주와 자본가의 정부에게로 넘어 간 것은, 러시아 측에 있어 전쟁의 이런 계급적 성격과 의의를 변경시키지 않았고 또 변경시킬 수도 없었다.

새 정부가 완전히 동일한 제국주의 전쟁, 즉 약탈적 강도 전쟁을 수행하고 있다는 사실은 다음의 사정으로 특히 명료하 게 나타나고 있다. 전 차르 니콜라이 2세가 영국, 프랑스 등의 자본가 정부와 맺은 비밀조약을 새 정부는 공표하지 못했을 뿐 아니라 이 조약들을 정식으로 확인했다는 것이 그것이다. 더구나 이것은 인민의 의사도 물어보지 않고, 명백히 인민을 속이려는 목적에서 행해졌다. 전 차르가 체결한 이 비밀조약들이 중국, 페르시아, 터키, 오스트리아 등의 약탈을 러시아의 자본가에게 약속해주고 있는 철저히 강도적인 조약이라는 것은 모르는 사람이 없기 때문이다.

따라서 프롤레타리아 당은 국제주의, 즉 자본의 굴레에 대항하는 투쟁에서의 만국 노동자의 우애적 연대와 완전히 단절하는 것을 원하지 않는 한 현 전쟁과 현 정부, 이 정부의 공채——이 공채에 그 어떤 현란한 말을 갖다 붙인다 해도——를 결코 지지할 수 없다.

현 정부가 영토 병합을 포기하겠다는 것, 즉 타국을 정복하거나 어느 민족을 러시아 경계 안에 폭력적으로 붙잡아두는 일을 하지 않겠다는 약속 역시 결코 신뢰할 수 없다. 왜냐하면 첫째, 자본가들은 수천 가닥의 실로 러시아 및 영국·프랑스의 은행자본과 묶여서 자본의 이익 보호에 여념이 없으므로 자본가이기를 그만두지 않는 한, 또 공채나 이권이나 군수기업 등에 투자된 수십억의 이윤을 포기하지 않는 한 지금의 전쟁에서 병합을 포기할 수가 없기 때문이다. 둘째, 새 정부는 인민을 속이기 위해 일단 병합을 포기한 척했으나 그 뒤인 1917년 4월 9일에 모스크바에서 밀류코프의 입을 통해 병합을 포기할 생각이 없다고 밝혔기 때문이다. 셋째, 케렌스키 장관이 기고하고 있는 《디엘로 나로다》가 폭로한 바에 따르면, 심지어 밀류코프는 병합을 포기한다는 자신의 성명을 외국에 보내지도 않았기 때문이다.

따라서 본 협의회는 자본가의 공허한 약속을 믿지 말라고 인민에게 경고함과 동시에, 입으로만의 병합 포기와 실제의 병합 포기를 엄중히 구별해야 할 필요가 있음을 밝힌다. 실제의 병합 포기란 모든 약탈적 비밀조약과 모든 외교문서를 즉각 공표하는 것이며, 우리 민족을 오욕과 타락으로 몰아넣은 전 차르 니콜라이 2세의 정책을 자본가계급이 계속해서 밀고 나가면서 억압하거나 폭력적으로 러시아에 매어놓거나 불평등한 지위에 붙잡아두고 있는 모든 민족들을 완전히 해방시키는 데 즉각 착수하는 것이다.

II

계급적 의의에서 볼 때, 현재 러시아에서 지금 거의 모든 나로드니키 당들(인민사회주의자, 트루도비키, 사회주의혁명가당)과 멘셰비키 파 사회민주주의자의 기회주의적 당(조직위원회, 치헤이제, 체레텔리 등)과 대다수의 무당파 혁명가를 사로잡고 있는 이른바 '혁명적 조국방위주의'는 자본가와 마찬가지로 약소민족에 대한 억압을 통해 이윤을 얻고 있는 소부르주아지, 소경영주, 부농의 이익과 관점을 표현하고 있다. 그리고 다른 한편으로는 자본가가 비밀조약을 공표하지 않고 약속과 미사여구로 얼버무리며 인민 대중을 기만함으로써 나타난 결과이기도 하다.

'혁명적 조국방위파'의 극히 광범한 대중이 선의를 가지고 있다는 것, 즉 병합과 약탈, 약소민족에 대한 억압을 정말로 원치 않으며, 모든 교전국들이 강제적이지 않은 민주주의적 강화를 맺기를 정말로 바라고 있다는 것은 인정하지 않을 수 없는 사실이다. 그것을 인정해야만 하는 이유는, 도시와 농촌의 프롤레타리아와 반프롤레타리아(전적으로든 부분적으로든 자신의 노동력을 자본가에게 팔아서 생활하고 있는 사람들)는 그 계급적 지위로 봤을 때 자본가가 이윤을 얻어도 전혀 이득을 받지 않는 사람들이기 때문이다.

따라서 본 협의회는 '혁명적 조국방위주의'에 조금이라도 양보하는 것은 절대로 허용할 수 없는 일일뿐더러 사실상 국제주의 및 사회주의와의 완전한 절연을 의미하는 것임을 인정함과 동시에, 다음과 같이 밝힌다. 러시아 자본가와 그들의 임시정부가 인민에 대하여 폭력을 행사하겠다는 위협(예를 들면, 병사가 자신의 재량으로 상관을 교체하려 한다면 징벌을 내리겠다며 위협하고 있는 악명 높은 구치코프의 포고령)에만 한정하는 동안은, 또 자유롭게 조직하고 모든 공직자를 자유롭게 선출·해임하고 있는 노동자·병사·농민·농업노동자 대표 소비에트에 대하여 자본가가 폭력 사용을 시작하지 않는 동안은, 우리 당은 폭력 일반을 포기할 것을 설파할 것이다. 또한 우리 당은 '혁명적 조국방위주의'의 치명적 오류와 싸울 때도 오로지 동지적인 설득의 방법으로만 싸울 것이다. 즉 평화와 사회주의의 최악의 적인 자본가의 정부에 대한 광범한 대중의 불합리한 신뢰와 무자각적인 태도야말로 지금 러시아에서 전쟁의 신속한 종결을 막고 있는 주된 장애물이라는 그 진실을 설명하는 것으로 '혁명적 조국방위주의'의 오류와 싸우겠다는 것이다.

III

전 인류를 영락, 기아, 사멸의 벼랑으로 몰고 간 자본가들의 이 범죄적인 약탈 전쟁을 가능한 한 신속히 끝내려면, 그것도 폭력적인 강화가 아닌 진정으로 민주주의적인 강화에 의해 끝내려면 어떻게 해야 할 것인가? 이 가장 중요한 문제에 대해 본 협의회는 다음과 같이 인정하고 결정한다.

어느 한 나라의 병사가 전쟁의 계속을 일방적으로 거부하는 것에 의해, 군사행동을 일방적으로 중지하는 것에 의해, '총검을 땅에 꽂아 박는' 것에 의해 이 전쟁을 끝낼 수 있다는 생각은 순전히 잠꼬대일 뿐이다.

전쟁은 각국 정부에 의해 수행되고 있다는 것, 전쟁은 항상 특정 계급의 정치와 뗄 수 없이 연결되어 있다는 것, 따라서 왕관을 쓴 강도들(니콜라이 2세 같은 군주들)과 왕관 없는 강도들

(자본가들)에 의해 시작된 전쟁을 폭력적이지 않은 진정으로 민주주의적인 강화에 의해 끝내는 것은, 자본가의 이윤을 보호하는 데 실제로 이익을 갖지 않는 계급, 진정으로 자본의 압제에 종지부를 찍을 수 있는 계급, 즉 프롤레타리아·반프롤레타리아 계급에게로 모든 국가권력을 이양하는 것에 의해 비로소 가능해진다는 것, 이 진실을 우리 당은 참을성 있고 끈덕지게 인민에게 설명할 것이다.

오직 이 계급만이 실제로 병합을 포기하고 금융자본과 은행자본의 거미줄로부터 벗어날 수 있다. 오직 이 계급만이 일정 조건하에서, 그저 입으로가 아니라 실제로 약탈 전쟁을 혁명적·프롤레타리아적 전쟁으로, 즉 약소민족을 압살하기 위한 것이 아니라 전세계의 노동자와 농민을 자본의 굴레에서 해방시키기 위한 전쟁으로 전화시킬 수 있다.

본 협의회는 자본가가 우리 당에 대하여 퍼뜨리고 있는 비열한 중상, 즉 우리가 독일과의 단독(개별적) 강화에 동조하고 있다는 식으로 모함하고 있는 것에 대해 다시 한 번 항의한다. 우리는 독일 자본가도 러시아, 영국, 프랑스 그리고 그 밖의 나라 자본가와 똑같이 강도라고 여기고 있고, 빌헬름은 니콜라이 2세나 영국, 이탈리아, 루마니아 그리고 그 밖의 모든 나라의 군주와 마찬가지로 왕관을 쓴 강도라고 간주하고 있다. 우리는 우리 당의 이런 견해를 지노비예프와 레닌의 소책자 『사회주의와 전쟁』의 독일어 번역본을 통해 러시아어뿐 아니라

독일어로도 밝혀두었다.[6]

그것만이 아니다. 우리 당 중앙기관지의 편집국원인 앞의 동지들은 제네바에서 발행한 《사회민주주의자》 1915년 10월 13일자 47호에서 우리 당을 대표하여 다음과 같이 언명했다. 만약 혁명이 아직 전쟁 중에 우리 당을 권력에 앉힌다면, 우리는 즉시 공공연하게 독일을 비롯한 모든 나라의 인민 전체를 향해 강제적이지 않은 강화, 민주주의적인 강화를 제의할 것이다. **그리고 독일, 영국, 프랑스 그리고 그 밖의 나라의 자본가가 이러한 강화를 거부한 경우에는, 우리는 만국의 노동자에게 우리와 동맹을 맺도록 호소하면서, 우리 스스로 혁명전쟁을 수행할 것이다.**[7]

본 협의회는 이 언명을 완전히 확인한다.

본 협의회는 지금 세계의 교전국 중에 러시아 정도의 자유가 있는 나라는 하나도 없으며, 노동자·병사·농민 등 대표 소비에트와 같은 혁명적 대중조직이 있는 나라도 하나도 없다는 것, 따라서 인민의 진정한 다수자, 즉 노동자와 농민의 수중으로 전 국가권력의 이전을 이와 같이 용이하게, 이와 같이 평화적으로 이룩할 수 있는 곳은 세계 어디에도 없다는 것을 인정한다.

6 「사회주의와 전쟁」(해당 내용은 본 전집 60권 『사회주의와 전쟁』 32~9
   쪽 참조.—편집자)을 보라.—원서 편집자
7 「몇 가지 테제」를 보라.—원서 편집자

본 협의회는 병사를 유지·부양하기 위한 자금은 자본가를 부유하게 하는 공채에 의해서가 아니라 자본가가 내는 특별 고율의 소득세와 재산세에 의해 조달되어야 한다고 언명한다.

본 협의회는 선동·선전의 완전한 자유가 있는 가운데도 현 전쟁과 자본가의 이익이 서로 떼려야 뗄 수 없는 관계임을 아직 인민의 다수자가 이해하지 못하고 있는 동안은, 각국 인민의 도살 중지를 빠르게 앞당기는 실제적인 수단은 단 하나밖에 없다고 언명한다.

이 수단이란 전선에서의 병사들의 친교다.

본 협의회는 굽실대면서 자본가의 이익을 대변하는《노보예 브레먀》조차 4월 12일자 키에프 발(發) 전보를 통해 교전국 병사들 간의 친교가 전선에서 시작된 것을 인정했음을 사실로서 확인한다. 페트로그라드의 노동자·병사 대표 소비에트에 도착한 병사 대표들의 수많은 보고는 이 사실을 증명해주고 있다.

러시아와 독일의 병사, 즉 군복 입은 양국의 프롤레타리아와 농민은 친교를 시작함으로써, 자본가에 의해 억압받고 있는 계급들의 본능이 각국 인민의 도살을 중지시키는 올바른 길을 발견했다는 것을 전세계에 보여주었다.

우리가 친교라고 부르는 것은, 첫째는 러시아어로 격문을 내고 그것에 독일어 번역을 붙여 전선에서 배포하는 것이며, 둘째는 자본가나 대부분 자본가계급에 속하는 양국의 장군과 장교가 감히 집회를 방해하지 못하도록 병사들 자신의 직접 특별 허가 없이는 그들의 출석을 용납하지 않는 것으로 하고 전선에서 통역자의 도움을 받아 러시아 병사와 독일 병사의 합동 집회를 여는 것이다.

이런 격문이나 집회에서는 전쟁과 평화에 관한 앞에서 언명한 견해를 설명해야 하며, 다음과 같은 사실을 보여주어야 한다. 독일과 러시아 양국에서 국가의 모든 권력이 완전히 남김 없이 노동자·병사 대표 소비에트에게 이양된다면 전 인류는 안도의 한숨을 내쉴 것인데, 왜냐하면 그때는 전쟁의 가장 신속한 종결, 모든 나라 국민들 간의 가장 영속적이고진정으로 민주주의적인 평화가 실제로 보장될 것이고, 그와 함께 모든 나라의 사회주의로의 이행도 보장될 것이기 때문이다.

| 1917년 4월 15일(28일)과 22일(5월 5일) 사이에 집필

농민 대표자 대회

농민 대표자 대회는 농민 조직의 대표자들과 농민 대표 소비에트의 대표자들의 회의로서, 1917년 4월 13일(26일)부터 17일(30일)까지 페트로그라드에서 개최되었다. 나로드니키 경향의 정파들인 인민사회주의자, 트루도비키, 사회주의혁명가당이 회의를 지배했다. 회의 진행은 전 러시아 농민 대표 대회를 준비하는 일에 대부분 할애되었다. 이 회의는 전국 단일의 농민 조직을 설립하는 것에 찬성 입장을 천명했다. 또 농민 대표 소비에트 1차 대회 소집을 위한 사무국(뷰로)을 선출했다.—원서 편집자 전 러시아 농민 대표 소비에트를 소집하고 이 소비에트를 각 지방에 설립하는 것에 대한 규정을 정하기 위해 모인 농민 단체 대표자들과 농민 대표 소비에트 대표자들의 대회가 4월 13일부터 타우리다 궁에서 열리고 있다.

《디엘로 나로다》에 따르면, 그 대회에는 20여 현(縣) 대표들이 참석하고 있다고 한다.

아래로부터 "위까지" "농민"을 최대한 빨리 조직할 필요를 강조하는 결의가 채택되었다. "여러 행동지구(行動地區)의 농민 대표 소비에트"가 "농민의 최선의 조직 형태"라고 선언되었다.

이번 대회를 소집하기 위해 꾸려진 임시사무국의 일원인 비홉스키(Bykhovsky)는, 전 러시아 농민 대표 소비에트를 창설하여 농민을 조직하는 것으로 결정한 주체는 1,200만 명의 조직된 회원을(또는 5천만 인구를) 대표하는 모스크바 협동조합 대회'라고 지적했다.

이것은 온 힘을 다해 지지해야 마땅한 극히 중요한 사업이다. 만약 이것이 지체 없이 실현된다면, 만약 농민이 신가료프의 소리에 등을 돌리고 지주와의 '자발적인 협정'으로가 아니라 다수자의 결정에 의해 모든 토지를 즉시 자기 손에 쥔다면, 더 많은 빵과 고기를 손에 넣게 될 병사들만이 아니라 자유의 대의도 그것에서 이득을 얻을 것이다.

왜냐하면 관리를 제치고 지주와 그 호위병들의 '감독과 감시'를 물리치고 기필코 아래로부터 농민 스스로를 조직하는 것은, 지주의 멍에와 굴레에 갇힌 러시아의 해방과 혁명, 자유를 성공시킬 가장 확실하고 유일한 보장이기 때문이다.

우리 전 당원, 계급적으로 각성한 모든 노동자들은 농민 대표 소비에트를 조직하는 것을 온 힘을 다해 지지할 것이 확실하다. 또한 소비에트의 수가 늘고 소비에트의 힘이 강화되도록 배려할 것이며, 이 소비에트들의 내부에서 엄격한 계급적 방향을 따라 일관되게 활동하기 위해 모든 노력을 기울일 것이다.

I 1917년 3월 25일(4월 7일)부터 28일(4월 10일)까지 모스크바에서 열린 전 러시아 협동조합 대회를 말한다. 800명 가까운 대의원이 출석했다. 이 대회는 전 러시아 협동조합 연합을 조직하는 건, 협동조합 조직이 식량 조달 업무에 참가하는 건, 협동조합이 제헌의회 준비에 참가하는 건 등을 검토했다. 멘셰비키와 사회주의혁명가당이 압도적인 영향력을 가졌던 관계로, 협동조합이 제헌의회 준비에 참가하는 것, 임시정부를 지지하여 전쟁을 계속하는 것에 찬성했다.

대중적 농민 조직의 최선의 형태로서 농민 대표 소비에트를 조직해야 한다고 한 대회의 의견이 레닌의 주의를 끌었는데, 이 의견은 "협동조합이 나라의 부흥에 참여하는 것에 대하여"라는 보고에 기초한 결의에서 표명되었다.—원서 편집자 이런 활동을 해나가기 위해서는 전체 농민 소비에트 내부에서 프롤레타리아 분자(농업노동자, 일용노동자 등)를 따로 결집시키는 것, 또는 별개의 농업노동자 대표 소비에트를 조직하는 것이 필요하다(때로는 둘 다).

우리의 목적은 힘을 분산시키려는 것이 아니다. 그렇기는커녕 오히려 운동을 확대·강화시키기 위해서는 (지주와 자본가의 용어로) "가장 밑바닥" '층', 좀 더 정확히는 '계급'을 일어서게 해야 한다.

운동을 전진시키기 위해서는 운동을 부르주아지의 영향에서 해방시키고, 이 운동에서 소부르주아지의 불가피한 유약함, 동요, 오류를 제거하는 데 힘써야 한다.

이 일은 동지적인 설득하에 이뤄져야 하며, 사건에 앞서나가지 않도록 해야 한다. 농촌의 프롤레타리아와 반프롤레타리아의 대표자 자신이 아직 충분히 의식하고 숙고하고 이해하고 통감하지 못한 일을 조직적으로 '고정화'하려고 서둘러서는 안 된다. 그러나 이 일은 이루어져야 하며, 즉시 모든 곳에서 시작되어야 한다.

제기하여, 농민의 주의를 끌어야 하는 실천적인 요구, 슬로건, 좀 더 정확히 말해 제안은 실생활 그것의 당면한 초미의 문제에 바탕한 것이어야 한다.

첫 번째 문제는 토지 문제다. 농촌의 프롤레타리아는 예외 없이 모든 토지를 완전하게 즉시 전 인민의 손에 넘기고, 토지를 즉시 탈취하여 지방위원회의 처리에 맡기는 데 찬성할 것이다. 그러나 토지를 먹을 수는 없다. 말도, 농기구도, 종자도 소유하고 있지 못한 수백만 농가는 토지가 '인민'의 손에 넘겨져도 아무 이익도 얻지 못할 것이다.

조금이라도 가능성이 있다면, 농학자와 농업노동자 대표 소비에트의 지도 아래 최고의 기계와 종자를 제공하고 가장 효과적인 농법을 응용하여 계속 대경영 체제로 운영해나가는 문제를 즉시 심의에 부쳐서 실질적인 조치를 취해야 한다.

소경영은 상품생산과 자본주의가 존속되는 한 빈곤으로부터 인류를 해방시킬 수 없다는 것을 우리는 농민, 특히 농촌의 프롤레타리아와 반프롤레타리아에게 숨길 수 없다. 공동 계산에 입각해서 운영되는 대경영으로의 이행에 관해 생각해보고, 이 이행을 위해 실제로 필요한 조치를 대중에게 가르치고, 거꾸로 대중에게 다시 배우면서 즉시 이행에 착수하지 않으면 안 된다.

또 하나의 아주 중요한 문제는 국가기구와 행정의 문제다. 민주주의를 설교하는 것만으로는 불충분하다. 민주주의를 선언하고 결의하는 것만으로는 불충분하다. 민주주의의 실현을 대의기관 내의 인민 '대표'에게 위임하는 것만으로는 불충분하다. 즉시 아래로부터, 대중 자신의 창의에 의해, 국가생활 전체에 대중이 적극적으로 참여하는 것에 의해, 위로부터의 '감독' 없이, 관리 없이 민주주의를 세워내야 한다.

경찰과 관료와 상비군을 없애고, 한 사람도 빠짐 없이 모든 인민을 무장시키고, 반드시 여성을 참가시켜 **민병**을 만드는 것이야말로 즉시 착수할 수 있고 또 착수해야만 하는 실질적인 일이다. 대중이 이 일에 창의, 다양성, 대담함, 창조력을 지니고 참여할수록 더 좋다. 만약 우리가 다음과 같은 우리의 제안을 실생활이 낳은 실례와 교훈에 기초하여 분명하고 간단하고 알기 쉽게 설명할 수 있다면, 농촌의 프롤레타리아와 반프롤레타리아뿐 아니라 전체 농민의 10분의 9가 틀림없이 우리를 따라올 것이다. 그 제안이란,

─경찰의 부활을 허용하지 말 것.

─소환되거나 해임되는 것이 사실상 불가능하며 지주 또는 자본가계급에 속해 있는 관료가 다시금 무제한의 권력을 갖는 것을 허용하지 말 것.

─자유를 빼앗고 군주제로 복귀하려는 모든 시도의 가장 확실한 보장인, 인민으로부터 분리된 상비군의 부활을 허용하지 말 것.

─국가행정의 기술을, 이론만이 아니라, 즉시 어디서나 실천에 옮기는 것으로, 대중의 경험을 살리는 것으로 최하층에 이르는 인민에게 가르칠 것.

아래로부터의 민주주의, 관리와 경찰과 상비군이 없는 민주주의. 한 사람도 빠짐 없이 무장한 전 인민으로 구성된 **민병**이 공무를 담당하는 것. 이것이야말로 차르도, 장군들도, 자

본가들도 인민의 자유를 빼앗을 수 없게 하는 확실한 대비책이다.

| 《프라우다》34호, 1917년 4월 16일

망명자의 귀국에 부쳐

오늘자 신문들은 "영국을 경유해 러시아로 귀국하는 것이 절대로 불가능하다는 것을 확인한다"며, P. B. 악셀로트, L. 마르토프, 리야자노프(Ryazanov), 루나차르스키(Lunacharsky), 나탄손이 서명한 전보를 발표했다.

2차 두마 의원 만델베르크(Mandelberg), 라이체스베르크(Reichesberg) 교수, 펠릭스 콘(Felix Kon), 우스티노프(Ustinov), 발라바노바(Balabanova), 안드로니코프(Andronnikov) 등이 서명한 또 하나의 전보는 다음과 같이 말하고 있다.

"우리는 …… 러시아에 억류되어 있는 비전투원 독일인 포로와 동수(同數) 석방으로 맞바꾸어 …… 억류자를 교환하는 것에 관해 러시아 정부와 독일 정부가 협정에 이르는 것을 타개책으로 본다."

왜 《루스카야 볼랴》와 《예딘스트보》의 신사분들은 이 망명자들도 독일의 앞잡이라고 공언하지 않는가?

《프라우다》34호, 1917년 4월 16일

우리의 견해

병사 대표 소비에트 집행위원회의
결의에 대한 답변

4월 16일자 신문들은 다음과 같은 결의를 발표했다.

혁명의 깃발로, 아니 때로는 심지어 사회민주주의의 깃발로
덮혀 가려진 교란적인 선전이 널리 퍼지고 있는 것에 관하여,
특히 이른바 레닌 파의 선전에 관하여 동지들의 보고를 심의한
결과, 병사 대표 소비에트 집행위원회는 이 선전을 우(右)로부터
의 다른 어느 반혁명적 선전 못지않게 유해한 것으로 간주하는
동시에, 그것이 단지 선전으로 남아 있는 동안은 이 선전에 대
해 탄압 조치를 취하는 것은 불가능하다고 생각하며, 이 선전
에 우리의 선전·선동을 대치하는 일체의 조치를 취하는 것이
더없이 필요하다고 본다. 우리는 어느 시기든, 어떤 세력이든 상
관 없이 그 어떤 반혁명적 행동에도 즉시 우리의 효과적인 행동
을 대치할 수 있도록 우리의 조직을 충분히 강력하게 만들어야
한다. 우리는 집행위원회가 교란적인 선전과 싸우기 위해 출판
물에서도, 특히 부대에서도 계획성 있는 선동에 착수할 것을 간
절히 바란다.

이 결의와, 우리가 전에 인용한 "파렴치하고 혐오스러운 중상모략 공격"에 반대하는 《이즈베스티야》 편집국 사설(4월 17일자)의 성명을 비교하면, 이 문제에 관하여 실제로 어떤 정치적 구분이 되어 있는지 즉각 알게 된다.

《루스카야 볼랴》가 중상 공격의 기관지며, 플레하노프 씨의 《예딘스트보》가 '이런 투쟁 방법'을 반복하고 있는 것은 《디엘로 나로다》가 증인으로서 인정하고 있는 바다.

"선전이 단지 선전으로 남아 있는 동안은 탄압조치를 취하는 것은 불가능하다"고 솔직하게 공언하는 병사 대표 소비에트 집행위원회는 다른 입장을 취하고 있다.

이것이 바로 우리가 집행위원회의 결의 전문을 발표하고 그것을 본질적으로 검토하는 것을 유익하다고 생각하는 이유다.

이 결의는 레닌의 선전을 "우로부터의 다른 어느 반혁명적 선전 못지않게 유해한 것"이라고 공언하고 있다.

그럼 ⑴우로부터의 반혁명적 선전, ⑵임시정부에 찬성하고, 그것을 지지하는 것에 찬성하는 선전, ⑶우리의 선전, 이세 가지 선전 간 차이의 본질이 어디에 있는지 고찰해보자.

우익은 임시정부 타도와 군주제로의 복귀를 바라고 있다.

임시정부는 페트로그라드 노동자·병사 대표 소비에트의 동의를 얻어 행동할 것을 약속했다.

우리의 선전은 이러하다. 국가의 모든 권력을 오로지 노동자·병사·농민 등 대표 소비에트의 손에 넘겨야 하는데, 그 이유는 이 소비에트야말로 의문의 여지 없이 인민의 대다수를 대표하고 있기 때문이다. 그것을 위해 우리는 '설명에 의해'(바로 첫날에 레닌이 그의 테제[I]에서 정확하게 분명히 언급했듯이) 인민의 대다수에게 이런 권력 이양의 필요를 이해시키고자 한다.

이와 같이 우익은 군주 권력에 찬성한다. 자본가는 자본가 권력에 찬성한다(왜냐하면 임시정부는 자본가의 정부기 때문이다). 그들은 노동자·병사 대표 소비에트의 동의를 얻어 행동할 것을 약속하고 있다.

우리는 노동자·병사 등의 대표 소비에트만이 권력을 가져야 한다는 것을 인민의 대다수에게 설득하고자 한다.

심지어 임시정부와의 협정의 지지자의 관점에서 본다 하더라도 우리의 선전을 "우로부터의 다른 어느 반혁명적 선전 못지않게 유해한 것"이라고 부를 수 없다는 것은 지극히 명백하다. 왜냐하면 협정의 지지자는 이제 인민의 대다수를 근거로 하고 있기 때문이다! 전 권력을 쥐라고 대(大)다수자에게 설득하고 있는 우리의 선전을, 도대체 어떻게 그들은 "우익의 선전과 같은 정도로 유해한 것"이라고 부를 수 있는가?

이것은 명백히 앞뒤가 맞지 않는다.

병사 대표 소비에트는 자신들의 집행위원회의 이런 견해를 언제까지 옹호할 수는 없을 것이다.

I 「4월 테제」를 보라.—원서 편집자

앞으로 나아가자.

애초 우리의 의견 차이는 어디에 있는가?

주로 다음의 세 가지 점에 관한 것이다.

(1) 토지에 관하여. 우리는 농민이 그 지역의 농민 대다수
가 스스로 내린 그들 자신의 결정에 따라 즉각 모든 토지를
탈취하고, 그렇게 하여 병사를 위한 빵과 고기의 생산을 늘리
는 것에 찬성한다.

임시정부는 농민이 지주와 '협정'하는 것, 즉 300명의 농민
과 한 명의 지주가 '협정'하는 것에 찬성한다.

이 문제에 관해 대다수의 인민이 우리 편에 서는지, 아니
면 임시정부 편에 서는지, 지금으로서는 두고 보자.

(2) 우리는 아래로부터 위까지 거기에 경찰도 없고, 상비군
도 없고(우리의 확신에 따르면, 상비군 대신에 한 사람도 남김 없는 전
인민의 무장이 있어야 한다), 사실상 교체 불가능하며 근로에 대
한 특권적인, 부르주아 수준의 돈을 받고 있는 관료도 없는,
그러한 공화제에 찬성한다. 우리는 모든 관리의 완전한 선거
제와, 언제라도 그들을 소환 교체하는 것이 가능하며 그들에
게 프롤레타리아 수준의 임금을 지불하는 제도에 찬성한다.

임시정부는 통상적인 유형의 경찰의 부활에 찬성하며, 상
비군과 통상적인 관료제도에도 찬성한다.

(3) 임시정부는 니콜라이 혈제(血帝)가 시작한 그 전쟁과 그
런 전쟁의 계속에 찬성한다. 임시정부는 니콜라이가 체결한

비밀조약을, 인민의 의지에 귀 기울이지 않고, 게다가 조약의 공표조차도 하지 않은 채 확인하는 것에 찬성한다.

우리는 이런 전쟁에 반대하며, 조약의 확인에 반대하며, 그것을 공개하지 않는 것에 반대한다.

우리는 강제적이지 않은 강화로, 즉 예외 없이 모든 대소민족에게 자유를 줄 진정으로 민주주의적인 강화로 이 전쟁을 끝낼 것을 예외 없이 모든 국민에게 권고한다. 우리는 정말로 강제적이지 않은 강화로 전쟁을 끝내기 위해서는 국가권력을 완전하게 오로지 노동자·병사 대표 소비에트의 손에 넘길 필요가 있다는 것을 인민에게 증명하고자 한다.

권력이 자본가와 지주(구치코프, 르보프, 밀류코프)의 손에 있는 한 전쟁은 사실상 자본가의 지도 아래 남아 있기 때문에 무병합 강화에 관한 모든 약속은 그저 약속으로만 남아 있을 것이며, 자본가 정부에 대한 전세계 노동자 대중의 불신은 면할 수 없다. 따라서 전쟁은 더욱 더 길어질 것이다.

질문 : 러시아에서는 권력이 노동자·병사 대표 소비에트의 손에 넘어갔는데 독일에서는 빌헬름 2세와 독일의 **구치코프 파, 밀류코프 파**를 타도하는 혁명이 일어나지 **않는** 경우에는 어찌 되는가? (독일의 니콜라이 2세가 독일의 구치코프 파와 밀류코프 파로 대체된다고 하더라도 전쟁에 대한 태도 면에서 아무것도 바뀔 것은 없기 때문에.)

우리의 답변 : 노동자·병사 대표 소비에트의 손에 쥐어진

권력은 인민의 다수자의 권력일 것이다. 그런데 이 다수자는 노동자와 빈농이다. 그들은 **실제로** 영토 병합으로 얻을 이익이 없는 이들이다. 그들은 입으로가 아니라 **실제로** 영토 병합을 포기할 것이고, **실제로** 자본가의 이윤의 경비견이기를 그만둘 것이다.

우리 또한 이런 조건에서라면 어느 나라의 자본가에게든 그에 대항하는 혁명전쟁에 **동의할 것이다.** 왜냐하면 그것은 사실상 모든 자본의 이익에 반하는 전쟁일 것이며, 특정 국가의 자본의 이익을 위한 전쟁이 아닐 것이기 때문이다.

질문 : 단지 총검을 땅에 꽂는 것으로는 전쟁을 끝내는 것이 불가능하다면, 어떻게 실제로, 지금 바로 강화의 대의를 앞당길 것인가?

우리의 답변 : 단지 총검을 땅에 꽂는 것에 의해서도, 교전국 한쪽이 일방적으로 전쟁을 포기하는 것에 의해서도 전쟁을 끝내는 것은 가능하지 않다. 강화를 앞당기는 실질적이고 즉각적인 수단은 단 하나 있으며, 오로지 단 하나밖에는 있을 수 없다(자본가에 대한 노동자 혁명의 승리를 제외하고는). 그것은 전선에서 교전국 병사들이 친교를 맺는 것이다.

전선에서의 **양** 교전국 진영의 병사 간 친교를 즉각 가장 정력적으로, 전면적으로 무조건 원조해야 한다.

이러한 친교는 이미 시작되고 있다. 그것을 돕자.

이것이 우리의 견해다. 대다수의 인민은 이 견해를 결코

"우로부터의 다른 어느 반혁명적 선전 못지않게 유해한 것"이
라고 부르지 않을 것이라고 우리는 굳게 믿고 있다.

《프라우다》35호, 1917년 4월 18일(5월 1일)

서명: N. 레닌

그들은 어떻게 자신의 몸을 자본가에게 붙들어 맸나

대자본가와 은행의 기관지 《피난소바야 가제타*Finan-sovaya Gazeta*》[1]는 4월 17일자 사설에서 굉장히 중요한 사실, 즉 사회주의혁명가당과 멘셰비키 파 사회민주당 등이 자신의 손발을 묶고, 임시정부와의 악명 높은 "협정"으로 자신의 몸을 자본가에게 붙들어 맨 것을 멋지게 폭로했다.

다음은 그 사설의 전문이다.

좌익과 공채

임시정부가 발행에 들어간 '자유공채'는 대다수의 주민이 감격하여 응모했지만, 좌익 서클들 사이에서는 그러한 감격을 불러일으키지 못했다.

좌익 출판물은 세 그룹으로 갈라졌다. 레닌의 《프라우다》는 공채에 단호히 반대 의견을 표명했다. 다름 아닌 볼셰비키

---

[1] '금융 신문'이라는 뜻. 1915년부터 1917년까지 페트로그라드에서 발행됐던 일간지다.―원서 편집자

의 관점을 표현한 것이다. 플레하노프의 《예딘스트보》는 공채를 단호히 지지하고 있다. 마지막으로 그 밖의 사회주의 기관지들인 《라보차야 가제타》, 《젬리야 이 볼랴*Zemlya i Volya*》, 《볼랴 나로다*Volya Naroda*》는 '중간' 입장, 모호한 입장을 취했다. 그들은 공채를 정확히 찬성하는 것도 아니고, 그렇다고 정확히 반대하는 것도 아니다. 병사·노동자 대표 소비에트의 입장도 비슷한데, 이 소비에트는 원칙적으로는 공채를 지지하는 것으로 결정했으나, 이제는 다시 의혹을 갖기 시작하면서 동요하고 있다. 그리고 멘셰비키와 사회주의혁명가당이 참가하고 있는 이 중앙의 가장 강력한 그룹을, 최근에 《디엔》이 그 입장이 불명확하고 모호하다며 비난한 것은 옳았다.

이 비난이 옳다는 것을 한 번 더 확인하려는 듯, 어제 병사·노동자 대표 소비에트는 이미 한 번 결정했던 공채 문제로 다시 돌아와 그것을 심의했다. N. S. 치헤이제는 빠른 시일 내에 대외 정책과 국내 정책 문제들에 관한 정부 입장을 소상히 밝히는 새로운 발표가 이루어지길 기대한다고 전했다. N. S. 치헤이제는 그때까지 공채 지지 문제에 관한 심의를 연기하자고 제안했다.

좋게 봐도 좌익의 이러한 태도는 보는 이들을 어리둥절하게 만드는 것이다. 결국 누군가가 국가를 통합하고, 지친 러시아가 갈망하고 있는 개혁을 실현해야 하지 않는가.

둘 중 하나다. 현 정부가 이제까지 아무것도 하지 않고 약속을 어긴 상태에서 좌익의 신뢰를 받든가, 아니면 정부가 그런 신뢰를 받지 못하든가.

후자의 경우에는, 좌익은 임시정부에 대한 지지를 철회하고 정부 활동에 대한 '감독'을 맡아야 할 뿐만 아니라, 통치상의 일체의 부담은 물론 인민과 역사에 대한 책임까지 져야 한다. 만약 그들이 이제까지 해놓은 어떤 것도 임시정부의 책임으로 돌릴 수 없다면, 당연히 그들에게는 임시정부의 차후 발표를 기다릴 권리는 없으며, 정부에 전적인 지지를 보내지 않으면 안 된다. 어느 쪽이든 그들이 보이고 있는 이런 모호함, 회피성 침묵, 진의 숨기기는 정말로 참을 수 없는 것이다. 한편으로 이것은 임시정부의 책임을 조금도 가볍게 하지 않으며——역사에 대면해서는 정부는 자신의 고립을 구실로 삼는 것조차 가능하지 않다——다른 한편으로는 사실상 정부에게 범민주 대중의 지지를 잃게 하고, 그리하여 정부를 궁지에 빠뜨린다.

사회주의적 유파의 가치는 언제나 그 대쪽 같은 솔직담백함에 있었다. 사회주의 당들의 정책은 언제나 얼버무리기식 회피와 속물적인 무정견, 물컹한 기회주의와는 무관했다. 그러나 지금 공채 문제에서 러시아 사회주의파의 중앙 그룹은 이런 전통적 원칙을 버리고 10월당[2]식 엉거주춤함의 길로 들어선 것이다. 책임 있는 여론은 그들에게 다음과 같이 요구할 권리가 있다. 공채에 대한 자신의 입장을 솔직하게 밝히라. 공채에 참가하는지 아닌지를 정직하고 공공연하게 천명하고 그것에 의

해 임시정부에 대한 자신의 도의적 의무를 다하라. 즉 임시정
부가 좌익 유파들을 근거로 삼는 것을 허용하든가, 아니면 임
시정부와의 결렬을 확인하든가 하라.

은행계의 거두(巨頭)들은 실무적인 인간들이다. 그들은 정
치를 냉정하게 보고 있다. '여러분이 자본가 정부(제국주의 전쟁
을 수행하고 있는)를 지지하겠다고 약속했으면, 공채 발행에 응
하시게나.'

그렇고말고요! 사회주의혁명가당과 멘셰비키 당은 스스
로 자기 손발을 묶고, 온순하게 자본가에게 항복했다. "빠른
시일 내에" "대외 정책과 국내 정책 문제들에 관한 정부 입장
을 소상히(?!!) 밝히는(이미 충분하고도 차고 넘칠 만큼 밝히
고 있다!) 새로운 발표"를 한다는 약속은 공문구일 뿐이다.

성명이나 확언이나 선언으로 되어 있는 어떤 '발표'도 문제

2   Octobrist Party. 1905년 10월 17일 차르의 선언이 반포된 뒤 결성된 당
    으로, 대(大)부르주아지와 자본가적 지주의 이익을 대변했다. 지도자
    는 유명한 모스크바의 지주이자 자본가인 A. I. 구치코프와 대지주 M.
    V. 로쟌코(Rodzyanko)였다. 10월당은 차르 정부의 국내 정책과 대외 정
    책 모두를 전면적으로 지지했다. 1차 세계대전 중에 그들은 야당인 '진
    보 블록'에 합류하여 '책임 내각'(부르주아 및 지주 서클들의 신임을 받
    는 정부를 의미한다) 구성을 요구했다. 10월당은 2월 부르주아 민주주
    의 혁명 후에 집권당이 되어, 고조되는 사회주의 혁명에 맞서 적극적으
    로 싸웠다. 이 당의 지도자인 구치코프는 1차 임시정부에서 전쟁장관이
    었다. 10월 혁명 후 10월당은 소비에트 정부에 대항하여 싸웠다.—원서
    편집자

의 본질을 바꾸지 못한다. 그리고 이 본질은 르보프, 구치코프, 밀류코프 일당의 자본가 정부가 자본의 이익을 대표하고 이 이익에 묶여 있어 제국주의적·침략적·병합주의적 정책으로부터 떨어져나올 수 없다(설령 원한다 하더라도)는 점에 있다.

아무 의미도 없고, 어떤 의무를 지지 않는 공문구의 도움을 받아 좌익 유파들을 "근거로 삼는" 것, 즉 사실상 어느 점에서도 제국주의 정책으로부터 벗어남 없이 좌익의 권위에 의해 자신의 제국주의적 정책을 보강하는 것——바로 이것을, 우리의 제국주의 정부는 수행하려 하고 있는 것이며, 치헤이제와 그의 동료들은 그것을 (객관적으로는) 돕고 있는 것이다,

"10월당식 엉거주춤함"——이 얼마나 날렵한 문구인가! 이것은 문제의 본질을 명확히 보고 있는 정치가들이 사회주의 혁명가당과 멘셰비키의 방침에 대해 내리는, 실제적일 뿐 아니라 전적으로 올바른 평가다.

《프라우다》 36호, 1917년 4월 20일(5월 3일)

프롤레타리아 민병에 대하여

우리 《프라우다》는 4월 14일자 신문에 니즈니-노브고로드 현(縣) 카나비노의 통신원이 보낸 기사를 실었는데, 그 기사에는 다음과 같은 내용이 있다. "거의 모든 공장에서 노동자로 편성된 민병제가 실시되고 있고, 이 민병들의 임금은 공장 경영진이 지불한다."

통신원이 보고하고 있는 바에 따르면, 철도 노동자를 제외하고도, 16개 공장과 약 3만 명의 노동자가 카나비노 지구에 속해 있다. 따라서 자본가가 임금을 지불하는 노동자 민병제의 실시는, 이 지역에서는 이미 꽤 많은 수에 이르는 거대기업을 포괄하고 있는 셈이다.

자본가가 임금을 지불하는 노동자 민병제의 실시는 실천적으로나 원칙적으로나 엄청난——'거대'하고 '결정적'이라고 말해도 과장이 아니다——의의가 있는 방책이다. 이 방책이 일반화되고 최후까지 완수되어 전국에 걸쳐 실행될 때까지는, 혁명은 보장되지 않을 것이고 혁명의 성과는 확보될 수 없을 것이며 혁명이 한층 더 발전하는 것은 **불가능**할 것이다.

다른 방법으로는 인민을 지배할 수 없다는 것을 확신하고
서 공화주의자로 변신한 부르주아적 공화주의자와 지주적 공
화주의자는 가능한 한 군주제적 공화국을, 말하자면 살티코
프 시체드린이 프랑스에서 공화주의자 없는 공화국이라고 부
른[1] 것과 같은 것을 수립하려고 애쓰고 있다.

지주와 자본가가 혁명적 대중의 힘을 깨닫기 시작한 현재,
그들에게 가장 중요한 일은 구체제의 가장 핵심적인 기관을
유지하는 것, 과거부터 이어져내려온 억압 도구——경찰, 관
료, 상비군——를 유지하는 것이다. 그들은 '민병'을 기존 제도
와 유사한 것, 즉 부르주아지 출신 지휘관이 지휘하고 인민과
는 분리되어 있으며 최대한 부르주아지와 밀착된 상비군 소부
대 같은 것으로 만들어버리려 하고 있다.

사회민주당의 최소강령은 상비군을 전 인민의 보편적인
무장으로 대체할 것을 요구한다. 그러나 유럽의 공식 사회민
주당 대다수와 우리의 멘셰비키 지도자 대다수는 당의 강령
을 '망각'했거나 제쳐두었거나 하여 국제주의를 배외주의('조국
방위주의')로, 혁명적 전술을 개량주의로 바꿔치기했다.

그러나 바로 지금, 현재의 혁명적 시기에 전 인민의 무장은
특히 절실하다. 혁명적 군대가 있으므로 프롤레타리아트를
무장시키는 것은 필요치 않다거나 무기가 '충분치 않다'는 구

I   살티코프 시체드린(Saltykov-Shchedrin)의 작품 『외국에서』에 수록되
어 있는 프랑스에 대한 논평.—원서 편집자

실을 대는 것은 기만이며, 거짓말로 도망갈 구멍을 찾는 것이다. 무기가 전원에게 돌아갈 만큼 '충분치 않은' 것과 관계 없이, 한 사람도 남김 없이 무기 조작법을 배우는 전 국민적 민병을 지금 바로 조직하기 시작하는 것이 문제인 것이다. 왜냐하면 전원이 언제라도 지닐 만큼의 무기가 인민에게 한결같이 필요한 것은 결코 아니기 때문이다. 인민에게 필요한 것은 한 사람도 빠지지 않고 무기 조작법을 배우는 것이며, 경찰과 상비군을 대체할 민병에 모두 다 들어가는 것이다.

노동자에게 필요한 것은, 인민에게서 분리된 군대가 없는 것, 노동자와 병사가 단일한 전 인민적 민병으로 **융합**하는 것이다.

그렇게 하지 않으면 억압기관은 그대로 남아, 오늘은 구치코프 편 반혁명적 장군들에게, 내일은 필시 라드코 드미트리예프 같은 제위(帝位)나 인민투표에 의한 군주제를 노리는 어떤 야심가에게 자진해서 봉사할 것이다.

자본가에게 지금 필요한 것은 공화제다. 왜냐하면 다른 방법으로는 인민을 '제어할 수 없기' 때문이다. 그러나 그들에게 필요한 것은 '의회' 공화제다. 즉 민주주의가 민주주의적 선거에 머무는 것, 마르크스의 적확한 표현을 빌리자면 인민을 **대표**하고 **짓밟는** 인물을 의회에 보낼 권리에 제한되는 것이다.[2]

2   마르크스·엥겔스, 『선집』, 1권, 모스크바, 1962년, 520~1쪽을 보라.—원서 편집자

마르크스를 샤이데만으로 바꿔치기한 오늘의 사회민주당 기회주의자들은 의회를 '활용해야 한다'(여기에는 이론의 여지가 없다)는 준칙을 암기했지만, 부르주아 의회주의와 다른 프롤레타리아 민주주의의 의의에 대한 마르크스의 가르침은 망각해버렸다.

대중에게 민주주의를 교육시키기 위해 인민에게는 공화제가 필요하다. 민주주의 형태의 대의제가 필요할 뿐 아니라, 아래로부터 대중 자신이 국가 통치와 행정 전체를 쌓아올리고, 생활의 한 걸음, 한 걸음에 적극적으로 참가하고, 국가 통치·행정에서 적극적인 역할을 다하는 것 또한 필요하다. 옛 억압기관, 즉 경찰과 관료와 상비군을 전 인민의 무장, 진정으로 전 국민적인 민병으로 대체하는 것이야말로 군주제 부활에 대항하여 나라를 최고 수준으로 보장하는 유일한 길이자, 사회주의를 위로부터 '도입'함으로써가 아니라 광범한 프롤레타리아·반프롤레타리아 대중을 분기시켜 국가 통치·행정의 기술과 국가권력 전체의 처리를 체득케 함으로써 확고하고 체계적으로 사회주의를 향해 나아가는 것이 가능하게 하는 유일한 길이다.

인민의 위에 선 경찰, 부르주아지의 가장 충실한 하인들인 관료, 지주와 자본가의 지휘를 받는 상비군, 이들에 의한 공무수행이 바로 자본의 지배를 영속시키고자 하는 부르주아 의회공화제의 이상이다.

그러나 모든 공직자를 선거로 선출하고 언제든지 해임할 수 있으며, 그들의 노동에 대해서는 '전문가급', 부르주아 수준으로가 아니라 프롤레타리아 수준으로 지불을 해야 한다. 이 같은 원칙과 결합되어 있으며 진실로 남녀가 한 사람도 빠짐없이 참여하는(그리고 부분적으로 관료를 대체할 수 있는) 전 인민적 민병에 의한 공무 수행이 바로 노동자계급의 이상이다.

이러한 이상은 우리의 강령에 포함되어 있을 뿐 아니라, 서구의 노동운동사에, 즉 파리 코뮌의 경험 속에 자리 잡고 있다. 또한 마르크스에 의해 평가되고 강조되고 해명되고 추천되었을 뿐 아니라, 실제로 1905년과 1917년에 러시아의 노동자에 의해 실행에 옮겨졌다.

노동자 대표 소비에트는 그 의의로 보나, 그것에 의해 창출되고 있는 국가권력 유형으로 보나, 옛 억압기관을 폐지하고 전 인민적 민병의 길을 취하는 민주주의 기관이다.

그러나 프롤레타리아와 반프롤레타리아가 공장에 몰아넣어져 지주와 자본가를 위한 징역 노동에 짓눌리고 있는 상황에서 어떻게 민병을 전 인민적인 것으로 만들 것인가?

방법은 하나다. 노동자 민병의 임금을 자본가가 지불하지 않으면 안 된다.

자본가는 프롤레타리아가 공무에 바친 시간 또는 일수에 대하여 지불을 해야 한다.

노동자 대중은 스스로 이 올바른 길에 들어서고 있다. 니즈니-노브고로드 노동자들이 보여준 실제 사례를 러시아 전체가 모범으로 삼아야 한다.

노동자 동지들! 경찰과 옛 관료를 대신하여 전 국민적인 민병을 창설할 필요를, 농민을 비롯한 전 인민에게 설득하라! 이런 민병을, 오직 이런 민병만을 실시하라! 노동자 대표 소비에트를 통해, 농민 대표 소비에트를 통해, 노동자계급의 손에 들어간 지방자치 기관들을 통해 이런 민병제를 실시하라. 결코 부르주아적 민병에 만족해서는 안 된다. 여성들을 남성과 동등한 자격으로 공무에 끌어들여라. 민병으로서 공무에 바친 일수에 대해서는 반드시 자본가가 노동자에게 임금을 지불하게 하라!

실천에 의해, 지금 바로, 스스로, 아래로부터 민주주의를 배우라. 국가 통치와 행정에 적극적이고 직접적이고 전면적으로 참가하도록 대중을 일으켜 세워라. 이로써만, 오직 이로써만 혁명의 완전한 승리와 혁명의 확고하고 목적의식적이고 체계적인 전진을 보장할 수 있다.

《프라우다》36호, 1917년 4월 20일(5월 3일)

파산인가?

우리의 임시정부가 모든 재외대표에게 송달한 각서가 방금 노동자·병사 대표 소비에트 집행위원회에 접수되었다는 사실이 우리에게 전해졌다.

이 각서는 분명 N. S. 치헤이제가 예상하고 있었던, 3일 뒤에 나올 예정이었던 바로 그 '발표', 필시 영토 병합에 반대하는 명확한 성명이 담길 것이라고 예상되었던 바로 그 '발표'다. 그러나 어떤 것이 나왔는가?

각서는 임시정부의 솔직한 성명, 즉 러시아는 최후까지 싸울 것이며 동맹국에 대한 의무에 충실할 것이라는 성명을 담고 있다.

이 각서는 폭탄이 터진 것 같은 효과를 냈다.

집행위원회의 다수파인 치헤이제와 체레텔리 등은 어안이 벙벙해서 말문이 막히고 말았다. '협정' 정책 전반의 파산은 명백하며, 게다가 그것은 우리가 예상한 것보다 훨씬 일찍 도래했다.

연락위원회 내에서의 잡담에 의해 제국주의 전쟁을 중지

시키는 것은 가능하지 않다.

《프라우다》36호, 1917년 4월 20일(5월 3일)

러시아 사회민주노동당(볼셰비키) 중앙위원회의 결의

1917년 4월 18일(5월 1일)자
임시정부 각서로 야기된
위기에 관한
1917년 4월 20일(5월 3일)
러시아 사회민주노동당(볼셰비키)
중앙위원회의 결의

임시정부의 각서는 우리 당이 페트로그라드 시 협의회의 결의에서 채택했던 다음과 같은 입장이 완전히 올바른 것임을 증명해주었다. 그 입장은 (1)임시정부는 영국·프랑스 자본과 러시아 자본에 의해 손발이 묶인 뼛속까지 제국주의적인 정부다. (2)정부가 ('평화에 대한 인민의 의지의 표명' 등에 대하여) 내걸었거나 내걸 수도 있는 공약은 다 기만일 뿐이다. (3)임시정부는 그 인적 구성이 어떠하든 영토 병합을 포기할 수 없다. 왜냐하면 이 전쟁에서, 특히 이 시점에는, 자본가계급이 은행 자본에 묶여 있기 때문이다. (4)나로드니키와 멘셰비키와 이 노동자 대표 소비에트의 대다수 지도자가 실행하고 있는 소부르주아지의 정책——'압력 넣기 방책'에 의해 자본가(즉 임시정부)를 '교정'할 수 있다는 허구적 희망을 고무하는 정책——의 실상이 이 각서를 통해 다시 한 번 폭로되었다.

이상을 고려하여 중앙위원회는 다음과 같이 판단한다.

1) 현 정부의 인적 구성에서의 어떠한 변경(밀류코프의 사임, 케렌스키의 소환 등)도 계급투쟁을 파벌 다툼이나 인물 교체로

바꿔치기하는 부르주아 의회제 공화주의의 최악의 방법을 모방하는 것에 불과하다.

2) 자본가와 노동자계급 사이에서 동요하고 있는 소부르주아 주민 대중을 구하는 단 하나의 길은 이 대중이 무조건 혁명적 프롤레타리아트의 편으로 넘어오는 것이며, 혁명적 프롤레타리아트만이 실제로 금융자본과 병합주의 정책의 족쇄를 깨뜨릴 수 있다. 대다수 인민의 지지를 받아 모든 국가권력을 자신의 손에 쥠으로써만 비로소 혁명적 프롤레타리아트는 혁명적 병사들과 함께 만국의 노동자가 신뢰하는 정부, 진정으로 민주주의적인 강화에 의해 전쟁을 빠르게 종식시킬 수 있는 능력을 유일하게 갖고 있는 정부를 노동자·병사 소비에트의 형태로 세워낼 것이다.

《프라우다》37호, 1917년 4월 21일(5월 4일)

모든 교전국 병사들에게 보내는 호소

병사 동지 여러분!

　수백만 명의 생명을 희생시키고 수백만 인을 불구로 만들고 전대미문의 재앙과 파멸과 기아를 가져온 이 끔찍한 전쟁에 우리는 모두 지쳐 있다.

　그리고 점점 더 많은 사람들이 스스로에게 묻기 시작하고 있다. 이 전쟁은 무엇을 둘러싸고 시작했는가, 무엇을 위해 수행되고 있는가?

　이 전쟁은 자본가의 이윤, 세계 지배권, 공장주와 은행가를 위한 시장, 약소민족의 약탈을 둘러싼 모든 나라 자본가들에 의해 시작되어 수행되고 있음이, 전쟁의 가장 큰 부담을 짊어지고 있는 우리 노동자와 농민에게 하루하루 분명해지고 있다. 자본가들은 식민지를 분할하고 발칸과 터키의 영토를 탈취하고 있다. 그리고 그것을 위해 유럽의 각 국민은 파멸의 구렁텅이로 떨어져야 한다. 그것을 위해 우리는 죽어야 하고 우리 가족들의 파멸과 굶주림과 죽음을 지켜봐야 한다.

자본가계급은 어느 나라에서건 군납과 청부계약, 병합지에서의 이권, 물가폭등 등을 통해 전대미문의 패씸할 정도로 엄청나게 높은 이윤을 벌어들이고 있다. 자본가계급은 수십억의 전쟁공채에 대한 높은 이자의 형태로 모든 국민에게 장래 몇십 년 동안의 '전쟁 분담금'을 부과했다. 우리 노동자와 농민은 이 모든 것을 참을성 있게 견디면서 죽고 파멸을 맞고 굶주려야 했다. 각국 노동자들은 서로를 살육하고 서로에게 증오를 느껴야 했으며 그를 통해 우리를 억압하는 자본가들은 강화된다.

도대체 우리가 왜 계속해서 얌전히 멍에에 갇힌 채 자본가계급 간의 전쟁을 참아야만 하는가? 도대체 우리가 앞으로도 계속해서 자국 정부, 자국 부르주아, 자국 자본가의 편에 서고, 그럼으로써 전세계 모든 나라 노동자의 국제적 통일을 파괴하면서 이 전쟁이 오래도록 이어지게 해야 하는 이유가 무엇인가?

그래선 안 된다. 병사 동지들, 이제 눈을 뜨고 우리의 운명을 우리 자신에게로 가져와야 할 때다. 인민을 이 전쟁으로 끌어들인 자본가계급에 대한 인민의 분노는 모든 나라에서 고조되고 확산되고 강화되어가고 있다. 독일에서만이 아니라, 전쟁 전에는 특히 자유로운 나라로 평판이 높았던 영국에서도 수백, 수천 노동자계급의 진정한 벗들과 진정한 대표자들이 전쟁에 반대하고 자본가에 반대하는 진실하고 올바른 소리를 한 죄로 감옥에 갇혀 고생하고 있다. 러시아의 혁명은 첫 혁명의 첫걸음에 지나지 않으며, 그에 이어 온갖 혁명들이 뒤따라 일어날 것이 틀림없고, 또 실제로 그러할 것이다.

러시아의 새로운 정부——빌헬름 2세와 마찬가지로 왕관 쓴 강도였던 니콜라이 2세를 타도한 정부——는 자본가의 정부다. 새 정부는 독일, 영국 등의 자본가와 다름없이 약탈적인 제국주의 전쟁을 수행하고 있다. 이 정부는 니콜라이 2세가 영국, 프랑스 등의 자본가들과 맺은 약탈적인 비밀조약을 확인해주었다. 이 정부 역시 이들 조약을 공표하지 않았다. 독일 정부가 오스트리아, 불가리아 등과 맺은 똑같이 약탈적인 비밀조약을 공표하지 않는 것과 꼭 마찬가지로 말이다.

러시아 임시정부는 4월 20일에 각서 하나를 공표했는데, 거기서 이 정부는 차르가 체결한 과거 약탈 조약을 재차 확인하고 있다. 또 완전히 승리할 때까지 전쟁을 계속할 용의가 있다고 밝힘으로써 이제까지 정부를 신뢰하고 지지해온 사람들까지 분노하게 하고 있다.

그러나 러시아 혁명은, 노동자·농민의 대다수를 대표하며 스스로의 창의에 의해 태어난 혁명적 조직, 즉 페트로그라드를 비롯한 대다수 러시아 도시에서의 노동자·병사 대표 소비에트를, 자본가 정부와 별도로 만들어냈다. 오늘, 여전히 러시아의 대다수 병사와 일부 노동자는——독일의 극히 많은 수의 노동자·병사와 마찬가지로——자본가의 정부에 대해, 무병합 강화니 방위 전쟁이니 하는 자본가의 공허한 거짓말에 대해 무자각한 태도를, 쉽게 믿어버리는 태도를 취하고 있다.

그러나 자본가와 달리 노동자와 빈농은 영토를 병합하거나 자본가의 이윤을 보호함으로써 얻을 이익이 없다. 그러므로 자본가 정부가 날마다 한 걸음씩 내딛을 때마다 러시아에서도, 독일에서도 자본가의 기만이 폭로될 것이다. 또 자본가의 지배가 계속되는 한, 모든 영토 병합을 정말로 포기하는 것에 기초한——예외 없는 모든 식민지와 예외 없는 모든 피억압 민족, 강제적으로 병합되었거나 동등한 권리를 갖고 있지 못한 민족들을 해방시키는 것에 기초한——진정으로 민주주의적이고 강제적이지 않은 강화는 있을 수 없으며, 전쟁은 십중팔구 더욱더 격화되고 장기화될 것이라는 사실이 폭로될 것이다.

지금 적대하고 있는 양 국가에서, 예를 들면 러시아와 독일 모두에서 국가권력이 완전히, 오로지 혁명적인 노동자·병사 대표 소비에트의 손에——입으로가 아니라 실제로 자본의 제 관계와 이해의 그물망 전체를 찢어버릴 능력이 있는 이 소비에트의 손에——넘어갈 때 비로소, 그때 비로소 양 교전국의 노동자는 서로에게 신뢰의 염을 품고, 모든 대소민족을 진정으로 해방시킬 진정으로 민주주의적인 강화에 기초하여 전쟁을 신속히 끝낼 수 있을 것이다.

병사 동지들!

이런 상황을 앞당기기 위해, 이 목적을 달성하기 위해 우리의 손길이 닿는 일이라면 무엇이든 하자. 희생을 두려워하지 말자. 노동자 혁명을 위한 어떤 희생도 전쟁의 희생보다는 무겁지 않을 것이다. 혁명의 승리로 가는 발걸음 하나하나는 수십만, 수백만 사람을 죽음과 파멸과 기아에서 구할 것이다.

오두막집에는 평화를, 궁궐에는 전쟁을! 만국의 노동자에게 평화를! 만국의 혁명적 노동자의 우애로운 단결 만세! 사회주의 만세!

러시아 사회민주노동당 중앙위원회

러시아 사회민주노동당 페트로그라드 위원회

《프라우다》 편집국

《프라우다》 37호, 1917년 4월 21일(5월 4일)

임시정부의 각서

손 안에 있는 패가 드러났다. 우리는 오늘 모든 신문에 발표된 구치코프 씨와 밀류코프 씨의 각서에 대해 두 사람에게 감사해야 할 이유가 충분히 있다.

노동자·병사 대표 소비에트 집행위원회의 다수자인 나로드니키, 멘셰비키 등, 지금까지 임시정부를 신뢰하라고 호소해 온 사람들 모두는 응분의 벌을 받았다. 그들은 임시정부가 치헤이제, 스코벨레프, 스테클로프와의 유익한 '연락'에 영향을 받아 영토 병합을 영구히 포기할 것으로 희망하고 기대하고 믿고 있었다. 그러나 결과는 좀 달랐다.

4월 18일자 각서에서 임시정부는 "세계 전쟁을, **결정적으로 승리할 때까지 싸워내라는 전 국민의(!) 염원**"에 관해 이야기하고 있다.

"물론 임시정부는 …… 우리의 동맹국에 대한 의무를 다할 것이다"라고 각서는 덧붙이고 있다.

간단명료하다. 결정적으로 승리할 때까지 싸운다. 영국·프랑스 은행가와의 동맹은 신성하다…….

"우리" 동맹국과의, 즉 영국·프랑스 억만장자와의 이 동맹을 체결한 자는 누구인가? 물론 차르, 라스푸틴, 차르의 도당이다. 그런데도 밀류코프 일파에게 이 조약은 신성하다.

왜인가?

누군가는 이렇게 답한다. '그 이유는 밀류코프가 정직하지 못하고 교활한 인간이기 때문이다.'

그러나 문제는 거기에 있지 않다. 문제는 구치코프, 밀류코프, 테레시첸코, 코노발로프가 **자본가**를 대표하는 사람들이라는 점에 있다. 그리고 자본가에게는 타국 영토를 탈취하는 것이 필요하다. 그들은 그것을 통해 새로운 시장과 새로운 자본수출 지역 그리고 수만 명의 자기 자식들을 돈 되는 자리에 앉힐 새로운 가능성 등을 거머쥘 것이다. 문제는 지금 러시아 자본가의 이익이 영국·프랑스 자본가의 이익과 동일한 것이라는 데 있다. 이 때문에, 그리고 단지 이 하나 때문에 차르와 영국·프랑스 자본가와의 조약이 러시아 자본가의 임시정부에 그리도 귀중한 것이다.

임시정부의 새로운 각서는 불에 기름을 부을 것이다. 그것은 되레 독일의 호전적 기운만 불타오르게 할 뿐이다. 그것은 강도 빌헬름이 앞으로 '자국'의 노동자와 병사를 속여 그들을 "최후까지"의 전쟁으로 끌고 가는 것을 도울 것이다.

'이로부터 어떻게 되는가?' 임시정부의 새로운 각서는 문제를 정면으로 제기했다.

우리 혁명의 첫 순간부터 영국·프랑스 자본가는 전쟁을 "최후까지" 계속하기 위한 오직 그 이유 하나로 러시아 혁명이 만들어지게 된 것이라고 우겨대기 시작했다.

자본가에게 필요한 것은 터키, 페르시아, 중국을 약탈하는 것이다. 만약 그 때문에 또다시 천만 명 가량의 무지크[1]를 죽이게 된다 해도, 그게 어떻다는 것인가? 필요한 것은 "결정적인 승리"다……. 그리고 이제 임시정부도 완전히 공공연하게 동일한 길을 택한 것이다.

"싸우자——왜냐하면 우리는 약탈하고 싶기 때문에."

"매일 몇만 명씩이든 죽어가라——왜냐하면 '우리'는 아직 끝까지 싸우지 못했고, 아직 우리 몫의 노획물을 받지 못했으므로!"

자각한 노동자와 병사라면 누구나 임시정부를 '신뢰'하는 정책을 더 이상은 지지하지 않을 것이다. 신뢰 정책은 파산했다.

우리 사회민주노동당 전(全)시 협의회는 그 결의 속에서 이제 매일매일 우리 견해의 올바름이 확증될 것이라고 말했다.[2] 그러나 사태의 이와 같은 급속한 전진은 우리조차 예기치 못한 것이었다.

---

1   러시아 농민.—옮긴이

2   「러시아 사회민주노동당(볼셰비키) 페트로그라드 시 협의회」(이 책에 수록—편집자) 중 "4 임시정부에 대한 태도에 관한 결의" 부분을 보라.—원서 편집자

현 노동자·병사 대표 소비에트는 양자택일에 직면해 있다. 구치코프와 밀류코프가 진상한 환약을 삼키느냐(그것은 자주적인 정치적 역할을 영구히 포기하는 것을 의미할 것이고, 그렇게 되면 내일은 밀류코프가 '발을 탁자 위에' 얹고서 소비에트를 그냥 하찮은 것으로 되게 해버릴 것이다), 아니면 밀류코프의 각서에 반격을 가하느냐(이것은 기존의 신뢰 정책과 단절하고, 《프라우다》가 제창하고 있는 길로 넘어오는 것을 의미할 것이다).

물론 썩은 중간 길을 찾아내는 것도 가능할 것이다. 그러나 그것이 오래 갈까?

노동자와 병사 동지들, 이제 큰 소리로 선포하자. 이 나라에는 오직 하나의 권력만 있어야 한다고, 우리는 노동자·병사 대표 소비에트가 단독 권력을 갖기를 원한다고. 임시정부, 한 줌의 자본가들의 정부는 이 소비에트에게 자리를 비워줘야 한다.

1917년 4월 20일(5월 3일)에 집필
1917년 4월 21일(5월 4일)에 《프라우다》 37호에 발표

4월 테제:
우리가 익혀야 할 노동자계급의 전략·전술

이 책에는 레닌이 러시아 혁명 발발 초기인 1917년 4월 3일부터 4월 20일까지 쓴 글들이 수록되어 있다. 때가 때이니만큼 17일이라는 기간에 굉장히 많은 분량의 글을 집필한 것이다. 이때부터 10월 혁명까지 약 7개월 동안 쓴 글들(본 전집 66~75권에 수록—편집자)이 이 책의 6배 정도의 분량으로 그 전 '평상시' 기준으로 서너 배나 되지만, 그 7개월 중에서도 이 17일 기간은 특히 엄청난 집중도를 보여주고 있다. 혁명의 진로와 결말이 이때 어떻게 하느냐에 따라 달라질 수 있는 중대한 시점이었으니 그러한 집중성은 당연한 것이었을 수 있겠다.

실제로, 2월 혁명이 터진 뒤 레닌이 망명지 스위스에서 러시아로 귀환하자마자 발표한 「4월 테제」(이 책의 첫 번째 글)와, 이 테제로 촉발된 볼셰비키 당내 논쟁에 대응하면서 발표한 후속 글들은 러시아 혁명의 명운을 가른 글들이라고 할 수 있다.

혁명의 성격은 여전히 부르주아 민주주의 혁명이며, 단계를 건너뛰어 사회주의 혁명으로 넘어가선 안 된다는 전제하에 부르주아 임시정부를 (비판적으로) 지지하고 '혁명적 조국방위주의'로 기운 '구 볼셰비키' 노선이 만약 볼셰비키 당을 계속 지배했다면 과연 결말은 무엇이었을까? 만약 이 중대한 시점에, 볼셰비키라는 그 프롤레타리아 당이 이 「4월 테제」를 통해서 제때 노선 전환과 강령·전술상의 재무장을 하지 못했다면, 우리가 알고 있는 10월 혁명이라는 행복한 성공적 결말은 이뤄지기 어려웠을 것이다.

하지만 이러한 볼셰비키 당의 재무장은 무슨 레닌의 권위로 '간단히' 이루어진 것이 아니다. 레닌이 당내 반대로부터 「4월 테제」를 방어하는 가운데 '구 볼셰비즘' 노선을 '고물 보관소에나 수용해야 한다'고 공격적으로 반박하고 있는 데서 보듯이, 테제가 '구 볼셰비즘'과의 단절과 발본적 쇄신의 내용을 담고 있어 볼셰비키 당 내부에서도 충격과 논쟁을 불러일으키지 않을 수 없었다. 상황이 이렇다 보니 당내 반대에 대응하느라 「4월 테제」 발표에 뒤이은 이 기간에 그렇게 글을 집중적으로 쏟아낸 것이다. 논쟁적 문투로 「4월 테제」를 공세적으로 옹호하고 있는 「이중권력」과 「전술에 관한 편지」, 이어서 테제의 내용을 상세하게 설명하고 정교화시킨 「우리 혁명에서 프롤레타리아트의 임무」, 「러시아 사회민주노동당(볼셰비키) 페트로그라드 시 협의회」(정세 보고와 결의안) 등이 「4월 테제」의 연장선상에 있는 논쟁 글로서 모두 그 17일 기간에 나온 글들이다.

479개의 단어로 이루어진 아주 짧은 글인 「4월 테제」는 10개의 테제 항목으로 구성되어 있는데, 그 중에서도 제1순위의 긴박한 사안으로 임시정부와 전쟁에 대한 태도 문제 및 그와 관련한 권력 및 국가체제 문제를 제기하고 있다.

• 2월 혁명 후 새 정부(임시정부)하에서도 전쟁의 성격은 바뀌지 않았다. 이 정부의 자본가적 성격 때문에 여전히 제국주의적 약탈적 전쟁이지, 결코 '혁명적 전쟁'이 아니다. 따라서 전쟁에 대한 우리의 태도 문제에서 '혁명적 조국 방위주의'에 조금이라도 양보하는 것은 용납되지 않는다. 방위주의가 아니라 '제국주의 전쟁 반대'/패전주의를 견지해야 한다. (권력이 프롤레타리아트와 이에 동조하는 빈농에게로 넘어갈 때에만, 즉 임시정부를 타도하고 프롤레타리아 독재를 수립한 경우에만 혁명적 방위주의가 정당한 것이 될 수 있다.) 자본을 타도하지 않고서는, 사회주의 혁명으로 이행하지 않고서는 이 전쟁을 끝장내는 것이 불가능함을 소비에트 대중에게 '참을성 있게 설명'해야 한다.

• 모든 국가권력을 소비에트로!

러시아 현 시기의 특수성은, 프롤레타리아트의 계급적 자각과 조직화가 충분치 못해 권력을 부르주아지에게 넘겨준 혁명의 최초 단계로부터, 프롤레타리아트와 빈농층의 수중으로 권력을 넘기지 않으면 안 되는 혁명의 두 번째 단계로 이행하고 있다는 점이다.

- 의회제 공화국이 아니라 노동자 대표 소비에트 공화국을 수립해야 한다. 경찰, 군대, 관료의 폐지!
- 그 밖에, △농업 강령에서는 무게 중심을 '농민'이 아니라 '농업 노동자' 대표 소비에트로! 토지 국유화! △모든 은행을 단일 국립은행으로 통합, 이에 대한 소비에트의 통제. 생산과 분배를 소비에트의 통제하에! △당 강령 개정(a.제국주의와 제국주의 전쟁에 대하여, b.국가에 대한 태도 및 '코뮌 국가'라는 우리의 요구에 대하여, c.시대에 뒤떨어진 우리 최소강령의 수정) △당명 변경(사회민주당에서 공산당으로 당의 재무장) △새로운 인터내셔널.

1914년 제국주의 세계 전쟁 발발 이래 1917년 2월 혁명 전까지 레닌이 발표한 글들에서 줄곧 제시되고 있는 정세 인식과 전략·전술적 방침, 특히 '제국주의 전쟁을 사회주의를 위한 내란으로 전화하라'는 슬로건과 혁명적 패전주의(전쟁 반대/'조국방위' 거부/'자'국 정부의 패전을 위한 투쟁) 전술을 상기해본다면, 「4월 테제」의 이러한 내용이 볼셰비키 사이에서 특별히 생소하거나 낯선 것일 수는 없다.

그런데 왜 이런 「4월 테제」가 당내 논쟁과 반대를 불러일으켰는가? 이미 전쟁 발발 초기부터 그러한 정세 인식·정치 방침이 레닌 개인의 견해로 머물지 않고 당 중앙위원회의 결의로까지 표명되어왔음에도 말이다. 정작 '내란으로의 전화의 시작'인 2월 혁명이 터진 상황에서 「4월 테제」가 '레닌 개인의 견해'일 뿐이며, '받아들일 수 없는' 것이라는 당 지도부 일각의 반대는 대체 어찌된 것인가? 다른 어떤 노선을 가지고 있었기에 테제를 '받아들일 수 없는' 것으로 기각한 것인가?

이후 우리는 이 논쟁의 전말을 살펴볼 것인데, 일단 이 반대 입장을 요약하면 이렇다. 이들 당 지도부(당시 당 기관지《프라우다》의 편집국인 카메네프, 스탈린, 무라노프)는 2월 혁명으로 전쟁의 성격이 바뀌어서 러시아 입장에서는 더 이상 제국주의 전쟁이 아닌 혁명적 전쟁, 즉 '혁명적 민주주의의 성과물'을 지켜야 하는 전쟁이 되었으므로 방위주의 입장을 취해야 하고, 임시정부에 대해서도 좌로부터 압력을 넣는 비판적 지지 입장을 취해야 한다는 것이다. 또 토지 문제 미해결 등으로 인해 부르주아 민주주의 혁명은 아직 완료되지 않았고, 따라서 민주주의 혁명을 최후까지 수행해야 하며, 지금 단계를 건너뛰어 사회주의 혁명으로 나아가서는 안 된다는 것이다.

혁명적 프롤레타리아트의 당에서, 그것도 그 어느 때보다 중대한 정세 국면에서 도저히 양립할 수 없는 두 노선이 충돌하게 된 것이다. 왜 이런 논쟁이 일어났는지, 그 의미와 성격 그리고 「4월 테제」의 의의를 이해하기 위해서는 먼저 레닌이 귀국하기 전인 2월 혁명 직후 조성된 정세와 그에 대해 볼셰비키 당이 취했던 입장과 태도를 살펴보는 것으로부터 시작해야 한다.

||

2월 혁명으로 차르 군주제가 타도되자 이제 국가권력을 누가 잡느냐는 문제가 제기되면서 극히 모순적인 상황이 벌어졌다. 노동자와 병사(군복 입은 농민)의 봉기로 차르를 퇴진시켰는데, 기존 차르 체제의 의회인 두마의 자유주의 정치가들, 밀류코프와 구치코프와 로쟌코 등 부르주아 계급의 대표자들이 스스로 '임시혁명정부'를 선포한 것이다. 봉기를 이끈 것은 고사하고, 그것을 호소한 바도 없는 자들이 말이다. 이들은 오히려 봉기 속에서 만들어진 노동자 대표 소비에트와 병사 대표 소비에트의 힘을 두려워하여 은밀히 군주제를 부활시키려는 시도까지 했다.

이들 '임시혁명정부'는 현 제국주의 세계 전쟁에서 영국·프랑스에 대한 동맹으로서의 의무를 다하기 위해 '전쟁 중지!'에 반대하였고, 전쟁에서 '승리'할 때까지 제헌의회 소집과 토지 개혁 등의 과제를 미룰것을 요구했다. 또 병사들은 병영으로 복귀하고, 무장한 노동자들은 무기를 국가에 반납하라고 명령했다. 임시정부와 임시정부를 후원하는 영국·프랑스 제국주의 부르주아지가 가장 두려워하는 것은 페트로그라드 소비에트가 노동자 정부를 구성해서 전쟁 종결에 나서는 것인데, 실제로 2월 혁명 직후 권력은 많은 부분 노동자·병사 소비에트의 손에 쥐어져 있었다.

그런데 부르주아지에게는 다행스럽게도, 소비에트에서 다수파로서 소비에트 집행위원회를 구성하고 있던 멘셰비키와 사회주의혁명가당은, 러시아 혁명은 부르주아 민주주의 혁명이므로 부르주아 정부가 존재해야 한다고 믿고 있었고, 그에 따라 임시정부 지지를 선서했다. 여기에 힘입은 임시정부는 콘스탄티노플과 폴란드 동부——러시아의 동맹국인 영국·프랑스가 러시아의 몫으로 인정해준 영토——를 탈취하고자 전쟁을 계속하기로 결정했다. 한편 소비에트의 노동자·병사 대중은 강화 협상이 열려서 '무병합·무배상'의 전쟁 종결이 신속히 이루어지길 원했다. 소비에트 집행부의 멘셰비키와 사회주의혁명가당도 이 점을 잘 알고 있기 때문에 '전쟁을 계속하기로' 결정한 정부에 입각하는 것에 대해서는 당장은 거부 입장을 취했다(물론 얼마 안 있어 입각하고, 나아가 임시정부를 떠맡기까지 하지만 이들 또한 전쟁을 계속한다). 소비에트 대의원들 대다수도 임시정부 지지에 동의했는데, 그러나 한편으론 집행부와는 독립적으로 임시정부를 감시한다는 취지의 '감독위원회'를 설립했다. 나아가 이 감독위원회 이름으로 유명한 '제1호 명령'을 내려 모든 부대 이동은 소비에트의 승인을 받아야 한다고 선포하여 모든 항명 부대들과 병사를 사실상 소비에트의 통제와 지휘 아래 들어가게 했다.

이렇게 해서 이중권력 정세가 성립되었다. 화해할 수 없는 두 계급 세력 사이에 일시적으로 권력이 나뉘어 있게 된 것이다. 노동대중은 소비에트를 투쟁의 무기로뿐만 아니라 통치권력으로 보았다. 단순히 노동조합 같은 것으로 생각하지 않았다. 그러면서도 한편으로는 계급협조적인 소비에트 집행부(멘셰비키·사회주의혁명가당)가 불어넣고 있는 환상, 즉 '혁명적 민주주의파'라는 이름 아래 부르주아지와의 협력관계를 이루어 이 혁명을 완수해나갈 수 있다는 환상에 무방비로 노출되기도 했다.

2월 혁명의 직접적인 결과로서 나타난 이와 같은 이중권력 상황은 볼셰비키 당으로서는 전혀 예상치 못한 당황스러운 것이었다. 볼셰비키가 1905년 혁명 이래 품어왔던 혁명 전략 및 예측 공식에 들어맞지 않은 상황이었던 것이다. 멘셰비키와 달리 볼셰비키는 올바르게도,

옮긴이 후기

부르주아 민주주의 혁명에서 부르주아지는 반혁명적 역할을 할 뿐이며, 민주주의적 과제를 완수하는 데 장애물로 나설 것이라는 것을 명확히 인식했다. 그리고 이로부터 끌어낸 결론은 프롤레타리아 당이 혁명을 이끌어야 하며, 농민과 동맹하여 권력을 잡아야 한다는 것이었다. 좀 더 구체적으로는 지주 권력인 차르 군주제를 타도하는 무장봉기를 이끌어 노동자·농민의 임시혁명정부를 수립하는 것인데, 구체제를 겨냥하여 이 정부가 취하지 않으면 안 되는 강제적 조치들로 인해 이 임시혁명정부를 '프롤레타리아트와 농민의 혁명적 민주주의 독재'로 표현하기도 했다. 그렇지만 '프롤레타리아트 독재'가 아닌 (농민과의 동맹을 통한) '민주주의 독재'라는 정식화에서 보듯이, 이 정부가 취할 조치들은 1903년 강령의 최소강령 부분으로 엄격히 제한되어야 하는 (자본주의의 기초를 건드리지 않는) 것들이었다. 이 러시아 사회민주노동당 강령의 최소 요구 부분은 멘셰비키도 여전히 공유하고 있는 것으로서, '민주공화제', '지주 토지 몰수', '8시간 노동제'가 그 주요 항목이었다.

그런데 지금 나타난 결과는 어떤가? 2월 혁명으로 성립된 임시정부는 부르주아지가—노동자 당과 농민 대표자가 아니라—담당하고 있는 정부가 아닌가. 이 임시정부는 우리의 전략 속에서 만들어내려고 했던 그 민주주의 독재가 아니지 않은가. 그렇다면 여전히 현 국면은 무장봉기에 의해 그것을 만들어내야만 하는 상황인 것인가? (임시정부를 타도하고 그것을 노동자·농민의 민주주의 독재로 대체해야 하는 상황인 것인가?) 예측 시나리오에 맞지 않은 것은 이것만이 아니다. 임시정부와는 별개로, 노동자와 병사가 만들어낸 권력은 민주공화제를 넘어서는 구조들을 취하고 있다. 실로 노동자·병사 소비에트(그리고 그 지휘하에 있는 민병과 공장위원회)는 새로운 유형의 국가, 부르주아 민주주의가 아닌 프롤레타리아 민주주의를 구현한 국가('코뮌 국가')의 맹아다. 그런데 이런 소비에트가 부르주아 임시정부를 지지하고 있는 상황인 것이다. 대의원 다수파로서 멘셰비키 당·사회주의혁명가당에 의해 소비에트가 주도되면서 말이다. 그렇다면 지금 노동자의 다수자가 지지하는 정부를 겨냥하여 봉기를 해야 한다는 것이 되는데, 우리가 소수자에 의한 권력 탈취를 지지하는 블랑키주의자가 아닌 이상이건 맞지 않은 것이 아닌가? 그렇다. 맞지 않다는 것은 분명한데, 그렇다면 우리 예측 공식의 핵심축인 '프롤레타리아트와 농민의 혁명적 민주주의 독재'는 어떻게 되는 것인가?

이 같은 혼란 속에서 볼셰비키 당 페트로그라드 시 위원회는 3월 4일, '임시정부의 활동이 프롤레타리아트와 범민주 인민대중의 이익에 부합하는 한 임시정부의 권력을 반대하지 않는다'는 성명을 냈다. 이러한 입장은 이미 임시정부가 프롤레타리아트와 인민대중의 이익에 반하는 결정과 조치를 취하고 있다는 점에서 문제를 회피하고 있는 것이며, 또한 소비에트 집행위원회 내 지배적인 멘셰비키 방침에 그 어떤 직접적 도전도 하지 않겠다는, 그냥 따라가겠다는 뜻이다. 실제로 집행위원회 내 볼셰비키 위원들 대부분이 정부에 대한 태도 문제에 관한 멘셰비키의 결의안에 찬성 투표를 했다.

이와는 대조적으로, 페트로그라드 시의 산업 중심지인 비보르그 지구 위원회는 임시정부에 대한 중대한 불신을 표하는 성명을 냈다. 하지만 이 성명 역시 혁명의 부르주아적 단계는 아직 끝나지 않았으며, 따라서 사회주의 혁명으로 넘어갈 수는 없다는 취지의 입장을 담고 있었다. 실리아프니코프, 몰로토프, 잘루츠키로 구성되어 있는 재외 중앙위원회 러시아 사무국은 좀 더 다른 입장을 취했는데, 처음에 이들은 소비에트 집행위원회에서 대표성을 가지고 있는 당들로 임시혁명정부를 구성할 것을 요구했다. 소비에트 당들 간의 협정으로 (위로부터) 부르주아 임시정부를 대체한다는 이러한 구상은 곧바로 거부되었다. 멘셰비키 당과 사회주의혁명가당은 노동자 정부나 노동자·농민 정부 같은 것은 지금 필요 없다며, 부르주아 당들에 의해 구성되는 정부를 지지하길 원했다. 나아가 멘셰비키 당 다수파(원래는 반전 입장이었던)는 이제 전쟁의 성격이 바뀌어서 혁명의 성과물을 지키는 전쟁이 되었다며 '전쟁 반대'를 내리고 '혁명적 (조국)방위주의'를 내걸었다. 이에 실리아프니코프 등의 러시아 사무국은 왼쪽으로 더 이동하여 3월 22일에는 소비에트를 새로운 국가권력의 맹아라고 성격 규정을 내리는 지점으로까지 나아감으로써 레닌이 스위스에서 발전시키고 있던 입장에 가까이 다가갔다.

반면 당 기관지《프라우다》편집국은 볼셰비즘 내에서 가장 오른쪽에 서 있었다.《프라우다》3월 7일의 논설에서는 "우리로서는, 지금 중요한 것은 자본주의의 타도가 아니라, 전제정과 봉건제의 타도다"라고 선언했다. 또 카메네프와 함께《프라우다》공동 편집자였던 스탈린은 이렇게 썼다. "임시정부는 실제로 혁명적 인민이 쟁취한 성과물의 수호자 역할을 맡았다. 현재로선 부르주아 층의 퇴출을 재촉하여 사태를 강제하는 것은 우리에게 이익이 되지 않는다. 그들은 불가피하게 언젠가 우리에게서 떨어져나갈 것이다."

임시정부에 대한 이러한 지지 입장은 곧 한 걸음 더 나아가 급기야 전쟁에 대한 지지로 이어진다. 3월 15일에 편집국의 카메네프는《프라우다》의 지면을 이용하여 러시아의 전쟁 수행에 대한 조건부 지지를 내걸었다. "독일과 오스트리아의 민주주의 세력들이 우리의 목소리에 귀를 기울이지 않는다면, 우리는 마지막 피 한 방울까지 우리 조국을 방어할 것이다." 카메네프는 계속해서 이렇게 썼다. "군대가 서로 대치하는 상황에서 어느 한 군대에게 무기를 내려놓고 집으로 돌아가자고 제안하는 것은 가장 정신 나간 정책일 것이다. 이것은 평화의 정책이 아니라, 자유 인민으로서는 혐오감을 느끼며 거부할 노예제의 정책이 될 것이다. 인민은 총탄에는 총탄으로, 포탄에는 포탄으로 응수하며 당당히 자신의 진지를 지킬 것이다. 이것은 논쟁의 여지가 없다. 우리는 혁명의 무력을 해체시키는 그 어떤 것도 허용해서는 안 된다." 다음 날《프라우다》지면에서는 스탈린이 '전쟁 중지!'라는 공허한 외침은 혁명적 군대의 해체를 요구하는 슬로건이 될 수 있다며, 직접 임시정부에 '압력'을 넣어 평화협상 개시에 앞장서도록 '요구'하는 것을 해결책으로 제시한다. "해결책은, 임시정부에 압력을 넣어 즉각적인 평화협상 개시에 동의한다고 임시정부가 선언하도록 하는 것이다. 노동자와 병사와 농민은 집회와 시위를 배치하여 임시정부에게, 모든 교전국을 즉각 평화협상에 착수하도록 끌어내는 일에 공개적으로 나설 것을 요구해야 한다." 이러한 '요구'는, 레닌이 「4월 테제」에서 비판했듯이, "이 정부, 자본가의 정부에 제국주의적이기를 그만두라는 식의 환상을 심는 '요구'"로서, 사실상 임시정부 지지를 전파하는, "용납할 수 없는" 것이었다.

카메네프와 스탈린이 주장하는 논리는, 부르주아 민주주의 혁명을 '완성'시킬 '프롤레타리아트와 농민의 민주주의 독재'를 향후 수립해야 하는데 이를 위한 최적의 투쟁 조건을 만들어내기 위해서는 현재로선 임시정부에 대한 비판적 지지가 필요하다는 것이었다. 이런 식으로 카메네프-스탈린 지도 라인에 의해 볼셰비키는 '혁명적 민주주의파'의 왼쪽 날개가 되어가고 있었다.

결국 3월 17일에는, 2월 봉기에서 선봉 역할을 한 비보르그 지구의 평당원 노동자 세포들이 《프라우다》 편집국을 당에서 축출하라고 요구하는 일까지 일어났다. 그럼에도 당내에서 협조주의 조류, 즉 임시정부를 수용하고 멘셰비키·사회주의혁명가당의 소비에트에 대한 통제를 무비판적으로 따라가는, 나아가 노동자계급의 독립적 투쟁을 제한, 축소하는 조류(이후의 용어로 말하면, '인민전선'주의적 조류)가 확대되고 있는 것을 막아낼 수는 없었다.

이때 레닌이 스위스에서 긴급하게 써 보낸 「먼 곳에서 보낸 편지들」—그 주요 지침은, 부르주아 임시정부를 일절 지지하지 말 것, 전쟁 반대 당론을 바꾸지 말 것, '전 권력을 소비에트로 이양'하기 위해 투쟁할 것—은 《프라우다》 편집국에 의해 완전히 무시되고 있었다. 보내온 편지 네 편 중 하나만이 《프라우다》에 실렸는데, 그것도 중요한 내용이 삭제되는 등 편집된 상태로였다. 삭제된 내용 중 하나는, 임시정부에 지지를 보내는 자는 그 누구든 '노동자에 대한 배반자, 프롤레타리아트의 대의, 평화와 자유의 대의에 대한 배반자'로 낙인찍어야 한다는 것이었다.

마침내 레닌이 유명한 봉인열차를 타고 러시아로 귀국하여 핀란드 역에 도착했을 때 카메네프를 비롯한 볼셰비키 당 지도부가 레닌을 맞으러 나왔다. 그때 지도부의 일원으로 함께 나온 크론슈타트 수병들의 지도자 라스콜니코프는 레닌이 카메네프에게 보낸 첫 '인사'를 이렇게 기록으로 전하고 있다. "당신이 《프라우다》에 쓴 거, 그 쓰레기는 뭡니까? 우리가 몇 호 보면서 정말로 당신 욕을 했소."

레닌은 당 회합을 기다리지 않고 곧장, 그의 소리를 들으러 핀란드 역에 나온 군중들에게 자신의 입장을 설명했다. 페트로그라드 소비에트의 의장인 멘셰비키 당의 치헤이제가 공식 환영단을 대표하여 레닌에게 '민주파 대열의 결속'을 위해 역할을 해달라고 요청했다. 그의 말을 무시하고 레닌은 자신을 둘러싼 군중을 향해 이렇게 선언했다. "전 세계 사회주의 혁명이 이미 시작되었다. 이제 곧 유럽 자본주의 전체가 끝장날 것이다. 여러분이 이룩한 러시아 혁명이 그 길을 닦았고 새 시대를 열었다. 세계 사회주의 혁명 만세!"

다음 날 4월 4일, 볼셰비키 당 소속 소비에트 대의원 70명이 모인 타우리드 궁 회합에서 레닌은 처음으로 「4월 테제」를 낭독했다. 이때의 반응을 레닌의 아내 크룹스카야는 『레닌의 회상』에서 이렇게 전하고 있다. "동지들은 일순 좀 당황했다. 많은 동지들이 일리치가 너무 투박하게 문제를 제기하고 있다며, 아직 사회주의 혁명을 얘기하는 것은 너무 이르다고 생각했다." 크룹스카야는 심지어 한 친구에게 "일리치가 미쳐버린 걸로 보일까 봐 두렵다"고 털어놓기까지 했다.

같은 날 오후, 레닌은 지노비예프의 요청으로 볼셰비키와 멘셰비키 합동회의에서 같은 내용을 한 번 더 연설했는데, 이 회의는 러시아 사회민주노동당의 재통합 전망을 논의하기 위해 소집된 것으로서 카메네프-스탈린 라인이 추진한 또 하나의 프로젝트였다. 예상과 다르지 않게 멘셰비키 쪽은 "미치광이의 헛소리"라고 일축했다. 볼셰비키의 반응도 냉담했고, 회의에 배석했던 콜론타이만이 레닌의 입장에 찬성 발언을 했다.

당내 투쟁이 뒤따랐다. 카메네프를 비롯한 일단의 지도부가 레닌의 '신' 볼셰비즘에 맞서겠다며 스스로를 '구 볼셰비키'라고 부르기 시작했다. 「4월 테제」의 내용을 좀 더 상세하게 제시해달라는 당원들의 요청으로 이때 레닌은 「전술에 관한 편지」와 「우리 혁명에서 프롤레타리아트의 임무」를 제출했다. 4월 14~22일의 볼셰비키 당 페트로그라드 시 협의회와 그 다음 24~9일의 7차 전 러시아 협의회가 내부 투쟁의 무대가 되었다. (앞의 회의에서 레닌이 제출한 보고와 결의안이 이 책에 수록되어 있다. 레닌에게 이 투쟁은 혁명의 명운이 걸린 긴박한 순간에 신속히 '구 볼셰비즘'을 '고물 보관소에 수용해'버리고, 볼셰비키 당의 재무장을 이루어내는 투쟁이었다. 그런 만큼 이러한 레닌의 투쟁은 당내 '구 볼셰비키'로부터의 쓰디쓴 저항에 부닥쳤다. 카메네프는 4월 7일《프라우다》에 레닌의 테제를 게재하면서 다음과 같은 편집자 서문을 달았다. "레닌 동지의 일반적 도식에 대해 말하자면, 그의 도식이 부르주아 민주주의 혁명은 완료되었다는 가정에서 출발하여 이 혁명을 직접적으로 사회주의 혁명으로 전화시키는 것을 목표로 하고 있는 한, 우리로서는 받아들일 수 없는 것으로 보인다." 그리고 이 글이 "레닌 개인의 견해"이며, 당의 견해가 아니라고 덧붙였다.

역사적인 볼셰비즘 노선을 청산하고 있다는 비판에 대한 레닌의 대답은 간단명료했다. "나의 대답은 이렇다. 볼셰비키의 슬로건과 사상이 옳다는 것은 일반적으로는 역사에 의해 확증되었지만, 구체적으로는 사태는 누구도 예상 못한 다른 꼴을 취했다. 사태는 누가 예상할 수 있는 것보다도 더 독특하고 더 특이하며 더 복잡하다. 이 사실을 무시하거나 간과하는 것은 새로운 생생한 현실의 특수한 측면들을 연구하는 대신에 암송한 공식들을 분별없이 되뇜으로써 우리 당의 역사에서 그리도 개탄스런 역할을 한 것이 이미 한두 번이 아닌 저들 '구 볼셰비키'를 닮는다는 것을 뜻할 것이다."

이어서 레닌은 설명한다. "'프롤레타리아트와 농민의 혁명적 민주주의 독재'는, 러시아 혁명에서는 이미 실현되어 있다. '노동자·병사 대표 소비에트', 이것이야말로 생활에 의해 이미 실현된 '프롤레타리아트와 농민의 혁명적 민주주의 독재'다. 그 공식은 이미 시대에 뒤떨어져 버렸다. 생활은 그것을 공식의 왕국에서 현실의 왕국으로 옮겨놓았다. 그리고 그것에 뼈와 살을 입혔고 그것을 구체화시켰으며, 그렇게 함으로써 그것을 수정한 것이다."

당의 모든 지구 및 세포 단위들에서 3주간의 논쟁 과정을 거쳐서 마침내 레닌의 '쇄신된 볼셰비즘'이 최종적 다수를 획득했다. 이제 혼란과 동요를 뒤로하고 당은 모든 권력을 소비에트로 이양하는(즉 임시정부를 소비에트 권력으로 대체하는) 제2의, 사회주의 혁명으로 나아가야 한다는, '자본주의의 타도를 향한 단호한 발걸음을 내딛어야 한다'는 방침 쪽으로 대중을 전취하기 위해 나섰다. 이미 혁명의 부르주아 민주주의 단계가 경과했다는 사실, 그리고 이로써 새로운 모순, 계급 제 세력의 새로운 배치 관계가 만들어졌다는 사실을 인정하길 거부하고, '민주주의 혁명의 완성'을 주장하며 부르주아 임시정부를 비판적 지지한 '구 볼셰비키' 노선은 고물 보관소에 영구 수용되었다. 부르주아 민주주의 혁명을 최후까지 수행해야 한다는 논리로(그것도 노동자·병사 소비에트의 형태로 이미 '파리코뮌 형의 국가가 존재하고 있'는 정세에서) 여전히 민주주의 독재와 최소강령의 틀 안에 혁명을 한계 지으려 하고, 사회주의 혁명과의 사이에 차단벽을 쌓으려 한 '구 볼셰비즘'이 폐기, 극복된 것이다. 당이 이제 노동자권력/프롤레타리아 독재로의 이행의 프로그램으로 새롭게 무장했다.

「4월 테제」와 「전술에 관한 편지」, 「우리 혁명에서 프롤레타리아트의 임무」 등은 10월 혁명으로의 길을 연 혁명적 마르크스주의의 획기적인 성취다. 또한 세계 사회주의 혁명으로 가는 길에 가로놓인 낡은 관성과 한계에 대한 단절과 돌파를 대표한다. 「4월 테제」를 둘러싼 당내 논쟁, 당의 재무장을 위한 레닌의 투쟁이 오늘날까지 우리에게 주는 교훈을 좀 더 구체적으로 새기기 위해 우리는 이 논쟁에서 정세 인식/전술 방침상의 차이가 어떠한 전략 규정의 차이를 내포하고 있는지 살펴보아야 한다. 이것이 특히 필요한 것은, 「4월 테제」의 의의를 최소화하고, 구 볼셰비즘과의 '단절'·'돌파'의 의미를 부정하면서, 단지 '전술상의 착오'를 바로잡는 수준의 논쟁일 뿐이었다는 식으로 덮어버리려는 '평가'들이 오늘날에도 여전히 고개를 쳐들고 있기 때문이다. 이런 평가의 원조가 1939년 스탈린의 '직접적 지도'하에 작성된 악명 높은 『소교정*Short Course*』(전연방 공산당사 소교정)이다. 이 파렴치하게 날조된 볼셰비키 당사는, 처음부터 스탈린은 논쟁에서 레닌의 편에 서 있었던 것으로 그려놓고, 논쟁은 단순히 '일시적인' 전술 차이에 불과했던 것으로 그 의미를 축소하고 있다. 또 「4월 테제」는 볼셰비키에게 특별히 새로운 내용이기보다는 1905년 혁명 이래 줄곧 볼셰비키의 전략 노선을 대표했던 「민주주의 혁명에서 사회민주주의의 두 전술」의 연속선상에 있는 것이라며 그 '돌파', '쇄신'의 의의를 부정하고 있다.

「4월 테제」의 전술에 관해 설명하는 두 번째 편지인 「우리 혁명에서 프롤레타리아트의 임무」에서 레닌은 러시아 혁명을 이렇게 규정하고 있다.

"1917년 2~3월의 러시아 혁명은 '제국주의 전쟁의 내란으로의 전화'의 출발점이었다. 이 혁명은 전쟁 종결로의 제1보를 내딛었다. 제2보, 즉 국가권력을 프롤레타리아트에게 인도하는 것만이 전쟁의 종결을 보장할 수 있다. 그것은 세계적 규모로의 '전선 돌파', 자본의 이익이라는 전선을 돌파하는 출발점이 될 것이다. 그리고 이 전선을 돌파함으로써만 프롤레타리아트는 전쟁의 참화에서 인류를 구원하고 평화의 축복을 인류에게 안겨줄 수 있다.

러시아 혁명은 노동자 대표 소비에트를 만들어냄으로써 이미 이러한 자본 '전선'의 '돌파' 직전까지 러시아 프롤레타리아트를 끌어당긴 것이다."(「우리 혁명에서 프롤레타리아트의 임무」)

여기에 레닌의 총괄적인 전략 규정이 있다. 제2의 혁명으로, 즉 "국가권력을 프롤레타리아트에게 인도하는" 사회주의 혁명으로 이행해야 한다. 이것이 '제국주의 전쟁의 내란으로의 전화'의 완료로서, 전쟁의 종결을 보장할 수 있다.(그리고 이 러시아의 사회주의혁명은 인류를 전쟁의 참화로부터 구할 세계 사회주의혁명의 첫 주자가 될 것이다.)

이 점은 앞서 「4월 테제」에서 이렇게 표현되었다.

"러시아 현 시기의 특수성은 …… 혁명의 최초 단계로부터, 프롤레타리아트와 빈농의 수중으로 권력을 넘기지 않으면 안 되는 혁명의 두 번째 단계로 이행하고 있다는 점이다."

이러한 이행의 전략 규정은 주관주의적인 것이 아닌가? 구 볼셰비키의 비판처럼, "이 〔부르주아 민주주의〕 혁명을 직접적으로 사회주의 혁명으로 전화시키는 것"을 "목표로 하고 있"는 공상적인 "도식"을 그리는 것이 아닌가? 그렇지 않다. 레닌의 전략 규정의 전제는 지금 러시아에 존재하고 있는 코뮌 형 국가, 즉 노동자·병사·농업노동자·농민 대표 소비에트다. 첫 번째 혁명이 만들어낸(그리고 "명백히 인민 다수의 직접적인 조직"인) 이 소비에트가 이행의 객관적 근거이자 물질적 담보다. 소비에트는 계급들의 상호관계라는 측면에서는 '프롤레타리아트와 농민의 민주주의 독재'를 구현하고 있지만, 국가 유형으로는 이미 민주주의 독재를 넘어선, 경찰, 군대, 관료 등 억압기구를 분쇄해서 없애버린 코뮌 국가, 프롤레타리아트 독재의 맹아다.

"소비에트들은 국가의 새로운 형태, 좀 더 정확히 말하면 새로운 유형이"다. "우리 혁명 속에서 성장해나가고 있는 새로운 유형의 국가"다.

"의회 부르주아 공화제에서 군주제로 되돌아가는 것은 (역사가 증명하고 있듯이) 아주 쉽다. 군대, 경찰, 관료 등 억압기구 전체를 그대로 두기 때문이다. 그러나 코뮌과 노동자·병사·농민 등 대표 소비에트는 이 기구들을 분쇄해서 없애버린다."

"노동자·병사 소비에트는 파리 코뮌이 만들어냈고 마르크스가 "노동의 경제적 해방을 이룩할, 마침내 발견된 정치적 형태"라고 이름 붙인 국가 유형을 재현하고 있다."(「우리 혁명에서 프롤레타리아트의 임무」)

노동자권력의 정치적 틀거리로서 코뮌 형 국가의 기초가 이미 존재하고 있다는 것이다. 또 「이중권력」에서는 이 점을 좀 더 상세히 제시하고 있다.

"그들은 혁명이 일어난 것을 축하한다는 말을 서로 천 번이고 주고받지만, 노동자·병사 대표 소비에트란 도대체 무엇인가에 대해서는 조금도 생각해보려고 하지 않는다. 이 소비에트들이 존재하고 있는 한, 그것들이 하나의 권력인 한, 러시아에는 파리 코뮌 형의 국가가 존재하고 있는 것이라는 명백한 진실을 그들은 보려 하지 않는다.

나는 '한'이라는 단어를 강조했는데, 왜냐하면 그것은 맹아적인 권력에 지나지 않기 때문이다. 이 권력은 부르주아 임시정부와의 직접적인 협정에 의해, 그리고 일련의 사실상 양보에 의해 스스로 부르주아지에게 진지를 내주었고, 지금도 내주고 있다.

왜인가? …… 원인은 프롤레타리아와 농민의 자각과 조직화가 불충분하기 때문이다."

2월 봉기를 주도한 프롤레타리아트가 소비에트를 만들어 "군대, 경찰, 관료 등 억압기구 전체를 분쇄해서 없애버리"고(적어도 수도 페트로그라드에서는) 권력을 쥐었지만, "계급적 자각과 조직화가 충분치 못해 권력을 부르주아지에게 넘겨준" 것이다. 그러므로 지금 존재하고 있는 소비에트로 모든 권력을 이양하는 것, "프롤레타리아트와 빈농의 수중으로 권력을 넘기"는 것을 혁명 발전의 일반적인 전략 목표로 규정하는 것은 결코 주관주의적인, 머릿속에서 그려낸 '전략 구상'이 아니다. 레닌의 이러한 '소비에트 권력'("모든 권력을 소비에트로!") 요구를, 예를 들어 '영구혁명론'을 처음 정식화한 파르부스의 "차르 반대, 노동자 정부!" 슬로건과 비교해보라. 소비에트 같은 인민적 권력 근거를 전제하지 않음으로써 소수자에 의한 권력 탈취 요구 같은 것으로 받아들여질 수 있는 이 슬로건은 확실히 주관주의적 위험, 또는 블랑키주의적 모험주의를 내포하고 있다. 그러나 이와는 달리, 레닌의 '소비에트 권력'/'코뮌 국가' 요구는 명백히 노동자·농업노동자·병사·농민 대표 소비에트에 근거를 두고 있고, 따라서 다수자를 건너뛰지 않는, '다수자의 직접적이고 무조건적인 지배와 대중의 활동성을 완전하게 보증'하는, 즉 이러한 '대표 소비에트 내부에서 영향력을 획득하기 위한 투쟁으로 귀착'되는 요구다.

이와 같이, 권력을 임시정부에 양도하는 바람에 현재 맹아적인 국가권력으로 머물렀지만, 그 유형에서는 이미 파리코뮌 형 국가("인민으로부터 분리된 군대와 경찰을 인민 자신의 직접 무장으로 대체하는 국가")인 노동자 대표 소비에트의 존재가 바로 이행의 물질적 담보다.

"실생활은 프롤레타리아트와 농민의 독재를 부르주아지의 독재와 서로 얽히게 했다. 다음 단계는 프롤레타리아트의 독재지만, 프롤레타리아트는 아직 충분히 조직되고 각성되지 못했다. 프롤레타리아트를 각성시키는 것이 필요하다. 전국에 걸쳐서 이런 대표 소비에트가 필요하며, 이것은 생활의 요구다. 그 외의 길은 없다. 이것이 바로 파리 코뮌이다! 노동자 대표 소비에트는 부르주아지가 바라는 것 같은 노동조합 조직이 아니다. 인민은 그것을 다르게, 그리고 보다 정확하게 보고 있다. 인민은 노동자 대표 소비에트를 통치권력으로 보고 있는 것이다. 인민은 전쟁에서 벗어나는 길은 노동자 대표 소비에트의 승리에 있다고 보고 있다. 바로 이것이 그 아래서 사회주의로 나아가는 것이 가능한 국가 유형이다."(「러시아 사회민주노동당(볼셰비키) 페트로그라드 시 협의회」, 이하 「페트로그라드 시 협의회」)

그렇다면, 이제 그러한 맹아적인 통치권력을 본연의 통치권력으로 성장 전화시키기 위해 남는 것은 '충분한 계급적 자각과 조직화'라는 과제다. 임시정부를 지지하고 임시정부와 뒤얽혀서 그 부속물이 되고 있는 소비에트를, 임시정부를 타도/대체하는 소비에트로 탈바꿈시켜 낼 수 있을 만큼의 충분한 계급적 자각과 조직화를 소비에트 대중 속에서 이루어내는 과제다. 노동자·병사 대표 소비에트가 '맹아' 딱지를 떼고 실제 노동자권력으로, 프롤레타리아 독재로 이행하기 위해 지금 충족시켜야 할 이 과제는 어떠한 구체적 정세를 매개로 하여, 어떠한 전술적 임무로 제기되는가?

"지금 일정에 올라 있는 것은 별개의 새로운 임무다. 이 독재(노동자·병사 대표 소비에트로 실현된 '프롤레타리아트와 농민의 혁명적 민주주의 독재') 내부의 분립, 즉 프롤레타리아적 분자(조국방위주의에 반대하고 코뮌으로의 이행에 찬성하는 국제주의적·'공산주의적' 분자)와 소경영주적 또는 소부르주아적 분자(코뮌으로 나아가는 것에 반대하고 부르주아지와 부르주아 정부를 '지지'하는 입장에 서 있는 치헤이제, 체레텔리, 스테클로프, 사회주의혁명가당 그리고 그 밖의 혁명적 조국방위주의자들)를 분리시키는 임무다.

지금 '프롤레타리아트와 농민의 혁명적 민주주의 독재'만을 말하는 사람은 실제 상황에 뒤처진 사람이며, 그 결과로 사실상 프롤레타리아 계급투쟁에 반하여 소부르주아지 쪽으로 넘어간 사람이다. 그런 사람들은 혁명 전 '볼셰비키' 고물 보관소(구 볼셰비키' 보관소라 불러도 무방하다)에나 수용해야 마땅하다."(「전술에 관한 편지」)

"구 볼셰비즘을 버려야 한다. 소부르주아지의 방침과 임노동 프롤레타리아트의 방침을 따로 구별하는 것이 필요하다. 혁명적 인민이라는 문구는 케렌스키에게는 어울리지만, 혁명적 프롤레타리아트에게는 어울리지 않는다. 차르 니콜라이가 정리되어버린 오늘에는, 혁명가라는 것은, 아니 민주주의자라는 것조차도 대수로울 게 없다. '혁명적 민주주의파'는 아무 쓸모도 없다. 그것은 공문구다. 그것은 계급 이해관계의 모순들을 덮어 가릴 뿐, 들춰내지 않는다. 볼셰비키는 노동자와 농민을 이 모순들의 존재에 눈뜨게 해야지, 그것을 얼버무려서는 안 된다. ……

볼셰비키는 프롤레타리아트와 소부르주아지를 따로 구별해야 하며, '혁명적 민주주의파'라든가 '혁명적 인민' 따위의 말들은 케렌스키에게 줘버려야 한다. 러시아의 민주주의파는 제국주의자다."(「페트로그라드 시 협의회」)

소비에트 내에서 '혁명적 인민'이라는 문구하에 소경영주·소부르주아지와 임노동 프롤레타리아트 간 계급 이해관계의 모순이 덮어 가려지고 있다. 부유한 농민은 제국주의 약탈 전쟁으로 이익을 볼 수 있다고 여겨 임시정부의 전쟁 계속 결정과 러시아 제국주의를 지지하고 조국방위주의에 찬성한다. 빈농(농민층의 다수를 이루는 반프롤레타리아)과 프롤레타리아트(농업노동자 포함)에게 이 전쟁은 불필요하며, 그들의 계급 이익과 이 전쟁은 양립할 수 없다. 계급적 자각과 조직화의 미비라는 문제를 극복하기 위해서는 소비에트 대중을 바로 이러한 계급 이해관계의 모순에 눈뜨게 해야 한다. '혁명적 민주주의파'라는 이름으로, 대중의 눈에 한 묶음으로 처리되고 있는 국제주의자·공산주의자와 조국방위주의자·소부르주아 민주주의자·사회제국주의자를 분별할 수 있게 해야 한다.

그런데 지금 '구 볼셰비키'를 자칭하는 '우리의 동지들까지도' 이러한 '분리, 분별시키는 임무'에 대해서는 말하지 않고, '지금 '프롤레타리아트와 농민의 혁명적 민주주의 독재'만을 말하'며, '그 결과로 사실상 프롤레타리아 계급투쟁에 반대하여 소부르주아지 쪽으로 넘어가'고 있다. '우리의 동지들까지도', '단계를 건너뛰어 이 혁명을 직접적으로 사회주의 혁명으로 전화시키는 것을 목표로 해야 한다는 거냐'며 계급 이해관계의 모순에 눈뜨게 하는 임무를 망각하고 '혁명적 민주주의파'의 간판 뒤에 숨고자 한다.

여기서 이러한 '분리, 분별시키는 임무'가 제기되는 구체적 정세, 계급 제세력의 배치관계를 레닌이 어떻게 인식하고 있는지 좀 더 살펴보자.

"부르주아지는 부르주아지가 단독으로 권력을 갖는 것에 찬성한다.

계급적으로 각성한 노동자는 노동자·농업노동자·농민·병사 대표 소비에트가 단독으로 권력을 갖는 것에—모험주의적 행동에 의해서가 아니라, 프롤레타리아트적 의식을 명료하게 하고 그것을 부르주아지의 영향으로부터 해방시킴으로써 가능해지는 단독 권력에—찬성한다.

소부르주아지—'사회민주주의자'와 사회주의혁명가당 등—는 갈팡질팡하고 있으며, 그들의 동요는 명료화와 해방을 방해하고 있다.

이상이 우리의 임무를 규정하고 있는 현실에서의 계급적 세력 관계다."(「이중권력」)

'현 시기 평가'에서 레닌은, 2월 혁명이 모순을 일정 해결하면서 동시에 새로운 모순, 계급 제 세력의 새로운 배치관계를 만들어냈다는 사실을 이해하려 하지 않는 '구 볼셰비키'를 비판한다.

"카메네프 동지의 오류는 1917년에 이르러서도 프롤레타리아트와 농민의 혁명적 민주주의 독재의 과거만을 본다는 점이다. 그러나 실제로는 이미 그 미래가 시작되었다. 왜냐하면 임금노동자와 소경영주의 이해관계와 정책은 현실에서 이미 엇갈려버렸기 때문이다. '조국방위주의' 문제, 제국주의 전쟁에 대한 태도 문제 같은 극히 중요한 문제들에서도 그들의 이해관계와 정책이 완전히 다르게 나타나고 있는 것이다."(「전술에 관한 편지」)

"우리가 1905년에 말한 것을 지금 반복해서 말하면서 농촌에서의 계급투쟁(부농 대 빈농·농업노동자 간의)에 대해서는 말하지 않는 것은, 프롤레타리아트의 대의를 배반하는 행위다.

지금도 벌써 우리는 토지 문제의 해결을 제헌의회가 소집될 때까지 기다리려는 경향을 수많은 농민대회의 결정 속에서 발견하는데, 이것은 카데츠 쪽으로 기울고 있는 부유한 농민의 승리다. ……

우리의 임무는 이 소부르주아적 수렁으로부터 계급적 방침을 떼어내는 것이다. ……

소부르주아지는 그들에게 완전히 굴복했다. 만약 우리가 프롤레타리아적 방침을 떼어내지 않는다면, 우리는 프롤레타리아트의 대의를 배반하는 것이 될 것이다."(「페트로그라드 시 협의회」)

또, '프롤레타리아트와 농민의 혁명적 민주주의 독재'가 기본 슬로건이었던 1905년과 비교하여 1917년 지금의 정세 조건은 어떻게 다른가?

"혁명을 최후까지 수행한다는 낡은 표현. 그러나 어떤 혁명을? 1905년의 객관적 정세는 프롤레타리아트와 농민이 유일한 혁명적 분자였던 반면 …… 오늘의 조국방위주의는 농민이 소부르주아 전술로 넘어간 것이다. 이러한 상황에서 혁명을 최후까지 수행한다는 것은 의미를 잃었다. ……

볼셰비즘 정치로부터 새로운 방침이 태어나고 있다. 소부르주아지와 대부르주아지가 결합했다. 우리는 여러 계급의 이익이 서로 부딪치는 것을 우리의 출발점으로 삼는다. 농업노동자로서의 농민과 소유자로서의 농민은 서로 다른 입장이다. 전자는 제국주의 전쟁을 반대할 것이 분명하다. 후자는 조국방위주의를 찬성한다.

조국방위주의는 소부르주아지가 노동자계급에서 떨어져나가 대부르주아지의 편으로 넘어갔다는 것을 보여주었다. 농사를 짓는 한편 부분적으로 도시에서 노동을 해 생계를 영위하는 빈농에게 이 전쟁은 불필요하다. 이 계급은 전쟁의 반대자다. ……

현재 러시아에서 지금 거의 모든 나로드니키 당들(인민사회주의자, 트루도비키, 사회주의혁명가당)과 멘셰비키 파 사회민주주의자의 기회주의적 당(조직위원회, 치헤이제, 체레텔리 등)과 대다수의 무당파 혁명가를 사로잡고 있는 이른바 '혁명적 조국방위주의'는 자본가와 마찬가지로 약소민족에 대한 억압을 통해 이윤을 얻고 있는 소부르주아지, 소경영주, 부농의 이익과 관점을 표현하고 있다."(「페트로그라드 시 협의회」)

이러한 정세, 이러한 계급 제세력의 배치관계 속에서 구 볼셰비키는 여전히 농민이 권력에 올라 부르주아 민주주의 혁명을 "완성할" 가능성만을 말하고, "부르주아지와 농민 간에 협정, 또는 계급협조가 존재함을 드러내주는 현실"에 대해서는 눈을 감는다. 그러면서 구 볼셰비키는 '농민과의 동맹을 포기해야 한다는 거냐', '여전히 가능성이 남아 있는 농민혁명을 건너뛰어 직접적으로 사회주의를 도입해야 한다는 거냐'며, 소부르주아지와 프롤레타리아트를 분리시키는 것에 반대한다.

"마르크스주의자가 그와 같은 미래의 단계(농민혁명에 의한 부르주아 민주주의 혁명의 완성)가 가능하다는 이유로, 농민이 부르주아지와 협정을 맺고 있는 현재에 자신의 의무를 망각한다면, 그는 소부르주아가 되어버리는 것이다. 왜냐하면 그는 사실상 프롤레타리아트에게 소부르주아지를 신뢰하라고 설교하고 있는 셈이기 때문이다."(「전술에 관한 편지」)

농민이 임시정부의 꼬리를 이루고 있고 소부르주아 민주주의 세력이 부르주아 정부의 부속물 역할을 포기하지 않고 있는 정세 속에서 구 볼셰비키는 프롤레타리아트에게 부르주아 민주주의 혁명의 "완성" 가능성을 내세워 소부르주아지를 신뢰하라고 설교하고 있다. 그리고 그렇게 함으로써 독립적인 노동자계급의 투쟁을 제한, 억제하고 소비에트를 임시정부에 계속 묶어두는 데 일조하고 있는 것이다.

"지금 '프롤레타리아트와 농민의 혁명적 민주주의 독재'만을 말하는 사람은 생활에 뒤처진 사람이며, 그 결과로 사실상 프롤레타리아 계급투쟁에 반대하여 소부르주아지 쪽으로 넘어간 사람이다."

이렇게 하여 구 볼셰비키는 혁명적 마르크스주의자가 아닌 소부르주아 카우츠키 파, "혁명적 민주주의파"의 좌익이 되어버렸고, 과거에 혁명적 전술이었던 '프롤레타리아트와 농민의 혁명적 민주주의 독재'는 구 볼셰비키의 손에서 프롤레타리아 계급투쟁에 반대하는 계급협조 인민전선 전술이 되어버렸다. (물론, 구 볼셰비키는 멘셰비키처럼 임시정부에 대한 '전략적' 지지자는 아니다. 구 볼셰비키의 '지지'는 현 시기 전술로서의 지지다. 구 볼셰비키는 향후 농민혁명에 의해 임시정부를 '프롤레타리아와 농민의 혁명적 민주주의 독재'로 대체한다는 가능성을 전략 시나리오 안에 포함해두고 있다. 그러나 그 경우에조차도 '프롤레타리아트와 농민의 혁명적 민주주의 독재'는 부르주아 민주주의 혁명을 '완성'한다는 범위 내에서의 독재지, 그 틀을 넘어 프롤레타리아트 독재로의 '전화' 가능성을 내장하고 있는 독재는 아니다. 구 볼셰비키에게 이러한 '전화'란 "단계를 건너뛰어 직접적으로 사회주의를 도입하려는" 모험주의적인 발상이다. 구 볼셰비키의 전략 시나리오에서 두 독재는 서로 연결되지 않는 두 '단계'로, 두 역사적 시대로 엄격히 분리되어 있다. 레닌은 구 볼셰비키기가 말하는 '농민혁명→소부르주아지의 권력 장악' 시나리오가 지금도 가능한지는 알 수 없는 문제지만, 만약 지금도 그것이 가능하다면, 그것에 도달하는 길은 오직 하나밖에 없는데, 그것은 임시정부를 지지하는 소부르주아적 분자로부터 "즉각, 단호히, 돌이킬 수 없이 프롤레타리아적·공산주의적 분자를 분리시켜내는 것"이라고 말한다. 이 경우에도 "프롤레타리아적 공산주의 당을 분리시키는 것에 의해서만이, 이들 소부르주아의 소심함으로부터 자유로운 프롤레타리아적 계급투쟁을 감행함으로써만이 그것은 가능해진다.")

이와 같이 프롤레타리아적 분자(방침)를 분리, 분별시키는 임무를 규정하는 현 시기 정세 조건은 다름 아닌 "소부르주아지가 노동자계급으로부터 떨어져나가 대부르주아지의 편으로 넘어간 것", "농민이 소부르주아 전술로 넘어간 것"이다. 이 정세의 "특수성"을 레닌은 다시 이렇게 묘사하고 있다.

"러시아는 지금 들끓고 있다. 10년간이나 정치적으로 잠들어 있었고, 차리즘의 끔찍한 압제와 지주, 자본가를 위한 고역으로 인해 정치적으로 짓눌려 있었던 수백만, 수천만의 사람들이 깨어 일어나 정치에 돌입하고 있다. 그런데 이 수백만, 수천만의 사람들은 누구인가? 대부분 소경영주, 소부르주아고, 자본가와 임금노동자의 중간에 위치한 사람들이다. 러시아는 모든 유럽 나라들 중 가장 소부르주아적인 나라다.

거대한 소부르주아적 파도가 모든 것을 쓸어버리고 있고, 계급적으로 각성한 프롤레타리아트를 숫자의 힘으로뿐 아니라 이데올로기적으로도 압도하고 있다. 노동자에게 소부르주아적인 정치적 견해를 아주 광범위하게 전염시키고 불어넣고 있는 것이다. ……

평화와 사회주의의 최악의 적인 자본가를 불합리하게도 쉽게 믿어버리는 무자각적인 태도, 이것이 러시아의 현 시기 대중 정치의 특징이다. 이것은 유럽의 모든 나라 중 가장 소부르주아적인 나라의 사회적·경제적 토양 위에서 혁명적 속도로 성장한 열매다. 이것은 임시정부와 노동자·병사 대표 소비에트와의 '협정'(내가 말하고 있는 것은 형식적 협정이라기보다 오히려 사실상의 지지, 암묵적 협정, 쉽게 믿어버리는 무자각적인 권력 양도임을 강조해둔다), 구치코프들에게는 두툼한 살코기—진짜 권력—를 주고, 소비에트에게는 단지 케렌스키들의 말뿐인 약속과 존경(잠시 동안의), 아첨, 미사여구, 맹세, 굽실거리기만을 준 그 협정의 계급적 기초다.

러시아에서는 프롤레타리아트가 수적으로 힘이 부족하다는 것, 프롤레타리아트의 계급적 자각과 조직화가 부족하다는 것이 동전의 이면이다. ……

혁명적 조국방위주의는 '거의 모든 것'을 쓸어버린 소부르주아적 파도의 가장 중요하고 가장 두드러진 표현으로 간주되어야 한다. 이것이야말로 러시아 혁명이 더 한층 전진하고 성공하는 데 최악의 적이다."(「우리 혁명에서 프롤레타리아트의 임무」)

레닌은 이와 같은 계급 세력 관계가 어떠한 종류의 전술을 요구하는지, 비유를 들어 설명한다.

"실제 정세의 특수성으로부터 마르크스주의자—개개의 인물들이 아니라 객관적 사실을, 대중 및 모든 계급을 계산에 넣어야 하는—에게 필요한 현 시기 전술의 특수성이 나온다.

이 특수성은 일차적으로 "혁명적 민주주의라는 미사여구의 설탕물에 식초와 담즙을 붓는 것"(우리 당 중앙위원회의 동료 위원인 테오도로비치가 페트로그라드에서 열린 전 러시아 철도노동자 대회의 어제 회의에서 쓴 아주 적절한 표현을 빌리자면)을 요구한다. 비판 작업, 사회주의혁명가당과 사회민주당 등 소부르주아적 당들의 오류를 설명하는 작업, 의식적으로 프롤레타리아적인 당, 공산주의 당의 분자들을 훈련시키고 결속시키는 작업, '전반적인' 소부르주아적 도취에서 프롤레타리아트를 해방시키는 작업이 바로 그 식초와 담즙을 붓는 과업이다.

이것은 선전 작업에 '지나지 않은' 듯이 보이지만 실제로는 가장 실천적이고 혁명적인 작업이다. 왜냐하면 혁명이 정지해버리고 공문구에 빠지고 '제자리걸음'을 하고 있는 것은 외부적인 장애 때문이 아니라, 부르주아지가 폭력을 행사하고 있기 때문이 아니라(구치코프는 지금으로서는 아직 병사 대중에 대해 폭력을 쓰겠다고 위협하고 있을 뿐이다) 대중의 쉽게 믿어버리는 무자각성 때문이며, 이를 극복하지 못한다면 혁명의 전진은 불가능하기 때문이다.

이 쉽게 믿어버리는 무자각성과 싸우는 것에 의해서만(그런데 이 싸움은 오로지 이데올로기적으로, 동지적 설득에 의해, 생활의 경험을 보이는 것에 의해서만 수행될 수 있고, 또 그렇게 되지 않으면 안 된다) 우리는 횡행하고 있는 혁명적 공문구의 광란에서 빠져나올 수 있으며, 프롤레타리아적 의식도, 대중의 의식도, 현장에서의 대중의 과감하고 결연한 창의도—자유와 민주주의와 모든 토지의 인민적 소유 원칙을 자신의 주도로 실현, 발전, 강화시키는 것도—진정으로 북돋을 수 있다."(「우리 혁명에서 프롤레타리아트의 임무」)

정세의 특수성에서 나오는 현 시기 전술의 특수성이란, 달리 말하면 경찰·상비군·관료 등 억압기구를 분쇄해서 없애버린 맹아적 통치권력으로서 노동자·병사 대표 소비에트가 존재함에도 불구하고, '당장' 임시정부 타도에 착수할 수 없는, 무장봉기를 '직접적' 일정으로 올릴 수 없는, 따라서 당장은 소부르주아적 도취로부터 깨워내는 쓰디쓴 '비판 작업', '참을성 있게 오류를 설명하는 일', '분리, 분별시키는 일'부터 해야 하는, 그러한 특수성이다. 우선은 '혁명적 민주주의' 도취를 깨는, 사실상의 임시정부 지지인 인민전선 '협정'을 깨는, 그리하여 그로부터 프롤레타리아적인 당, 공산주의 당의 분자들이 분별정립하고 소비에트 내부에서 프롤레타리아적 방침으로 다수자를 획득하기 위해 '조국방위주의적 유행병'과 끈질기게 투쟁하는 것을 요구하는, 그러한 종류의 전술(몇 년 뒤 초기 코민테른에서 '노동자 통일전선' 전술로 정립된)이다.

구 볼셰비키는 '프롤레타리아트와 농민의 혁명적 민주주의 독재'라는 죽은 공식을 부여잡고 매달리느라 지금 존재하는 소비에트 내부에서의 이 같은 과업을 방기한다. 소비에트 내에서 '조국방위주의적·소부르주아적인 대중적 도취로부터 프롤레타리아적 방침을 끌어내 분별정립 시키는, 그러한 관건적인 임무'에 반대함으로써 소비에트를 소부르주아 민주주의 세력의 지배에 내맡기고 있고, 그리하여 임시정부의 부속물로 남도록 방치하고 있는 것이다.

"우리의 동지들조차, 당장 임시정부를 타도해야 한다는 것인가 라는 식으로 '단순하게' 문제를 제출하여 그토록 많은 오류를 범하고 있는 이유도" 바로 여기에 있다. 구 볼셰비키는 '당장 타도' 아니면, '(비판적) 지지'로 문제를 "단순하게" 제출한다. "부르주아 민주주의 혁명을 '건너뛰어' 사회주의 혁명에 이르고 싶어하는" 블랑키주의적 위험에 빠져들지 않으려면, 당장은 인민전선으로 임시정부와 함께 '공동의' 전선에 서야 한다는 것이다. 이에 대한 레닌의 대답은 단호하고 명료하다.

"소비에트가 권력을 잡게 하려면 살아있는 힘이 소비에트를 밀어올려야 한다. 그렇게 하지 못한다면, 우리는 자본가가 인민을 기만하여 계속하고 있는 이 전쟁에서 결코 벗어날 수 없을 것이다. 모든 나라가 지금 파멸의 벼랑에 서 있다. 이 점을 인식하는 것이 필요하다. 살 길은 사회주의 혁명밖에 없다. 정부를 타도하지 않으면 안 된다. 그러나 모두가 이것을 올바르게 이해하고 있는 것은 아니다. 임시정부가 노동자 대표 소비에트에 기반을 두고 있는 한, 임시정부를 '간단히' 타도하는 것은 가능하지 않다. 소비에트 내부에서 다수자를 획득함으로써만 임시정부를 타도할 수 있고, 또한 다수자를 획득했을 때에는 반드시 임시정부를 타도해야 한다. 전진하여 노동자·병사 대표 소비에트의 단독권력을 향해 나아갈 것인가, 아니면 후퇴하여 제국주의 전쟁으로 향할 것인가, 이 두 가지 외의 길은 없다."(「페트로그라드 시 협의회」)

'소비에트 내부에서 다수자를 획득하는'(살아있는 힘이 소비에트를 밀어올리는) 노동자 통일전선 전술을 통해 소비에트를 바꿔내는, 즉 임시정부와 뒤얽혀 그 부속물이 되고 있는 소비에트를 임시정부를 타도/대체하는 소비에트로 재편하는 길만이 단 하나의 활로다. 이 길만이 맹아적인 노동자권력에서 실제 노동자권력으로의 이행, 코뮌 국가로의 이행을 보장하는 길이다. 그리고 전쟁으로부터, 임박한 파국으로부터 벗어나는 길이다.

소비에트 내부에서, 혁명적 조국방위주의의 신봉자 대중 속에서 "참을성 있게 설명"하고 끈질기게 선전하자는 것, 그 자체야 구 볼셰비키로서도 반대할 건덕지는 없을 것이다. "참을성 있게" 설명하고 선전해야 한다고 말하는 사람이 조급하게 임시정부 '당장 타도'에 착수하자거나 '직접적으로' 사회주의를 도입하자고 할 리는 없을 테니 말이다. 결국 문제는 선전의 방향이다. 어떤 방향이길래? 무슨 내용이길래? 레닌은 "자본의 이익과 이 전쟁 간의 떼려야 뗄 수 없는 연관을 설명"해야 한다고 한다. "그리고 또 자본을 타도하지 않으면, 전쟁을 끝장내는 것은 불가능"하다는 것, 따라서 "전 국가권력을 노동자 대표 소비에트로 옮길 필요를 선전"해야 한다고 한다.

"자본가들에 의해 시작된 전쟁을 …… 끝내는 것은, 자본가의 이윤을 보호하는 데 실제로 이익을 갖지 않는 계급, 진정으로 자본의 압제에 종지부를 찍을 수 있는 계급, 즉 프롤레타리아·반프롤레타리아 계급의 수중으로 전 국가권력을 이양하는 것에 의해 비로소 가능해진다는 것, 이 진실을 우리 당은 참을성 있게, 끈덕지게 인민에게 설명할 것이다."

임시정부를 타도하고 그것을 코뮌국가로 대체해야 할 필요를 설명, 선전하자는 것이다. 이 방향으로, 이 내용 쪽으로, 이러한 "프롤레타리아적 방침" 쪽으로 다수자 전취에 볼셰비키 당이 나서야 한다는 것이다. 결국 구 볼셰비키로서는 "받아들일 수 없는" 내용이며, 여전히 "단계를 건너뛰어" "이 혁명을 직접적으로 사회주의 혁명으로 전화시키는 것을 목표로 하는" 모험주의적 전술이다. "블랑키주의를 절대적으로 배제하며, 다수자의 직접적이고 무조건적인 지배와 대중의 활동성을 완전하게 보증하고 있"는 "명백히 인민 다수의 직접적인 조직"인 소비에트 내에서 "참을성 있게 설명"하는 노동자 통일전선의 과정을 거치자고 하는 데도 여전히 "단계를 건너뛰는" 것이라고 한다. "이 소비에트 내부에서의 영향력 획득을 위한 투쟁으로 귀착되는 작업은 블랑키주의의 늪으로 빠져들 염려는 절대로 없는"데 말이다.

구 볼셰비키도 '지금 당장'만 아니라면 임시정부를 타도해야 한다는 데는 반대 입장이 아니다. 문제는 레닌이 그 타도/대체의 결과물로 상정하고 있는 국가권력이 '프롤레타리아트와 농민의 민주주의 독재'가 아니라, 프롤레타리아트 독재, 코뮌 국가라는 것이다. 그래서 구 볼셰비키는 절대 반대다. 부르주아 민주주의 혁명과 사회주의혁명을 분간하지 못하고 사회주의를 '직접적으로' 도입하려 한 오류를 범했고 그래서 패배한 것이 파리 코뮌이 아닌가. 지금 레닌의 코뮌국가 요구는 그 같은 오류를 되풀이하자는 것 아닌가. 이러한 구 볼셰비키의 반론에 레닌은 다음과 같이 반박한다.

"카메네프 동지는 '참을성 없이' 너무 나아간 나머지 파리 코뮌이 사회주의를 "직접적으로" 도입하고자 했다는 식의 부르주아적 편견을 반복해서 표하고 있다. 이것은 사실이 아니다. 코뮌은 불운하게도 사회주의를 도입하는 데 너무 더뎠다. 코뮌의 진정한 본질은 흔히 부르주아들이 말하는 데 있지 않다. 특별한 유형의 국가를 만들어냈다는 점, 거기에 코뮌의 본질이 있다. 그런데 러시아에는 그런 국가가 이미 생겨나고 있다. 노동자·병사 대표 소비에트가 그것이다!"(「전술에 관한 편지」)

레닌의 '코뮌으로의 이행' 요구는 아무 전제도, 근거도 없이 무매개로 무언가를 '도입'하는 것이 아니라, 이와 같이 현실에서 "이미 생겨나고 있"는 것, 그것을 전제로 해서, 즉 현재 존재하는 소비에트를 전제로 해서, 싹으로 해서 그로부터 '이행'하는 것이다. 그리고 이러한 소비에트의 존재는—임시정부에 권력을 양도하는 바람에 맹아적인 권력이라 하더라도—이미 부르주아 민주주의 혁명 단계를 경과했다는 것을 의미한다. 그러나 구 볼셰비키는 토지 재분배를 비롯해 부르주아 민주주의 혁명의 과제들 중 많은 것이 아직 실현되지 않았고, 따라서 그 혁명도 완료되지 않았다는 이유를 들어 여전히 권력체제는 그러한 과제에 걸맞게 민주주의 독재여야 한다고 주장한다. 따라서 이러한 민주주의적 과제에 조응하지 않는 코뮌국가 요구는 결국 '단계를 건너뛰어' 농민을 배제하고 프롤레타리아트 독재를 수립하자는 것이라고 비판한다. 구 볼셰비키 미하일 톰스키는 「4월 테제」에 반대하여 이렇게 말한다. "민주주의 독재는 우리의 주춧돌이다. 우리는 프롤레타리아트와 농민의 권력을 조직해야 하며, 이것을 코뮌으로부터 구분해야 한다. 왜냐하면 코뮌은 프롤레타리아트 혼자만의 권력을 뜻하기 때문이다."

레닌은 구 볼셰비키가 "사실을, 실재하는 소비에트의 의의를 충분히 살펴보지 않"고, 죽은 도식으로 주의를 돌리고 있다고 반박한다.

"소비에트란 대체 무엇인가, 소비에트는 그 유형으로 볼 때 의회공화제보다도 한층 더 고도의 것인가 아닌가, 인민에게 더 유용하고 더 민주주의적인 것인가 아닌가, 투쟁에 더 적합한 것인가, 예를 들어 식량 부족 등을 극복하기 위한 투쟁에 더 적합한 것인가 아닌가──이와 같은 실생활이 일정에 올려놓고 있는 긴박하고 사활적인 문제로부터, "직접적으로 전화하는 것을 목표로 한다"는 식의 공허한, 자칭 과학적이지만 실제로는 아무 내용이 없는, 현학적인 죽은 문제로 주의를 돌리고 있는 것이다."(「전술에 관한 편지」)

　구 볼셰비키는 민주주의적 과제의 해결을 오늘의 현실이 아니라 어제의 도식에서 찾고 있다. '프롤레타리아트와 농민의 민주주의 독재'를 수립하지 못해서 여전히 과제가 미해결되고 있다는 것이다. 현실의 이중권력 정세, 그리고 소비에트가 권력을 임시정부에게 넘겨준 정세, 소부르주아지가 노동자계급에게서 떨어져나가 부르주아지의 편으로 넘어간 정세 등, 이러한 실제 사실, 현실의 계급 제 세력의 배치 관계는 그러한 민주주의적 과제조차도 전 국가권력이 소비에트의 손에 쥐어지는 것에 의하지 않고서는 달리 실현될 수 없다는 사실을 지시하고 있는데도 말이다. 현 시기 모든 정세 조건은 오직 노동자와 빈농의 손에 권력을 인도하는 프롤레타리아 혁명에 의해서만 부르주아 민주주의 혁명의 과제도 비로소 해결될 수 있음을 가리키고 있는데도 말이다. 전쟁과 자본가의 사보타지로 인한 당장의 기근과 닥쳐온 경제 붕괴와 전쟁 참화 앞에서 임시정부는 빵도, 토지도, 평화도 그 어느 것도 인민이 요구하는 것을 줄 수 없다. 민주주의적 과제 등 최소요구와 '전쟁 중지'를 실행하고, 나아가 임박한 파국에 맞서 싸우기 위해 은행과 자본가 신디케이트, 카르텔 등 독점 금융단체에 대한 통제와 국유화를 도입하는 등 "아직 사회주의는 아니지만, 사회주의로 나아가는 한 걸음"을 내딛을 수 있는 것은 오직 소비에트 권력뿐이다. 민주주의적 과제 등 최소강령의 실행과 "사회주의로 나아가는" "걸음"이 서로 맞물려서 더 이상 그 양자를 시간적 선후(先後)의 과제로 분리할 수 없게 되었다. 임시정부를 소비에트로 대체하고, 맹아적 권력에서 본연의 권력으로, 프롤레타리아트 독재로 이행하는 것에 의해서만 이 모든 것은 가능하다. "전진하여 노동자·병사 대표 소비에트의 단독 권력을 향해 나아갈 것인가, 아니면 후퇴하여 제국주의 전쟁으로 향할 것인가, 이 두 가지 외의 길은 없다."

IV

10월 사회주의 혁명이 승리했다. 임시정부를 타도하고 소비에트의 단독 권력이 수립됐다. "러시아 인민에게는 아직 코뮌을 '도입'할 만큼의 준비가 되어 있지 않다는" "흔히 듣는 반론"을 거슬러 코뮌이 '도입'된 것이다. 그러나 이것이 '사회주의의 도입'은 아니다. 구 볼셰비키를 비롯한 많은 반대자들이 그렇게 혐의를 씌웠지만, 코뮌은 정치적 틀거리, 즉 "노동의 경제적 해방을 이룩할 정치적 형태"일 뿐, 그 자체로 아직 사회주의는 아니다. 코뮌을 '도입'하는 데는, 즉 전 국가권력을 소비에트의 수중으로 옮기는 데는 "사회주의혁명가당, 치헤이제, 체레텔리, 스테클로프 등의 전술과 정책이 완전히 틀렸고 유해하다는 것을 모든(또는 대다수의) 소비에트의 대의원 다수자가 명확히 인식하"도록 "참을성 있게 설명"하고 "조국방위주의 유행병"과의 투쟁을 거치는 것으로 가능했지만, 사회주의를 '도입'하는 것은 완전히 다른 문제다. 여전히 소농이 주민의 압도적 다수를 이루고 있는, 경제적으로 뒤떨어져 있는 러시아에서 "직접적으로 사회주의의 도입"을 목표로 할 마르크스주의자는 없다.

"코뮌, 즉 노동자·농민 대표 소비에트는 경제적 현실 내에서도, 인민의 압도적 다수의 의식 내에서도 완전히 성숙하지 않은 개혁은 그어떤 것도 '도입'하지 않고, '도입'할 의도도 없고, 또 도입해서도 안된다. ……

소농의 나라에서는, 주민의 압도적 다수가 사회주의 혁명의 필요를 인식하지 못하는 상황에서는 결코 프롤레타리아트 당이 사회주의의 '도입'을 목표로 할 수 없다."(「우리 혁명에서 프롤레타리아트의 임무」)

'코뮌으로의 이행' 요구가 "사회주의의 도입을 목표로 하"는 것이라는 '혐의'에 맞서 레닌은 그렇지 않음을 누차 설명하고 논박해야 했다. 전쟁에서 벗어나고 토지를 농민의 손에 쥐어주고 식량 부족과 기근을 해결하고 임박한 붕괴에 맞서 싸우고 등등 실생활이 일정에 올려놓고 있는 긴박하고 사활적인 문제가 코뮌으로의 이행/ 노동자계급의 권력 장악을 강제하고 있는 것이지, 사회주의의 도입을 목표로 해서가 아니다. 소농의 나라 러시아에서 '직접적으로 사회주의를 도입하는 것을 목표로 할' 수 없다는 것은 마르크스주의자로서 볼셰비키 모두가 인정해온 바다. 레닌도, 구 볼셰비키도 모두가 말이다. 그러나 그것이 노동자계급의 권력 장악도 할 수 없다는 것을 의미하는가? '직접적으로 사회주의를 도입하는 것'을 목표로 할 수 없다고 해서 프롤레타리아트의 수중으로 권력을 옮기는 것도 할 수 없는가? '사회주의의 도입'이라는 문제와 관계 없이, "실생활이 일정에 올려놓고 있는 긴박하고 사활적인 문제들"이 그것을 강제하고 모든 정세 조건이 그것을 지시하고 있는데 말이다. 더구나 러시아 혁명은 노동자 대표 소비에트를 만들어냄으로써 이미 세계적 규모로의 자본 "전선"의 "돌파" 직전까지 러시아 프롤레타리아트를 끌어당"겼는데 말이다.

"지금 세계의 교전국 중에 러시아 정도의 자유가 있는 나라는 하나도 없으며, 노동자·병사·농민 등 대표 소비에트와 같은 혁명적 대중 조직이 있는 나라도 하나도 없다는 것, 따라서 인민의 진정한 다수자, 즉 노동자와 농민의 수중으로 전 국가권력의 이전을 이와 같이 용이하게, 이와 같이 평화적으로 이룩할 수 있는 곳은 세계 어디에도 없다. ……

전쟁을 끝장내는 것은 권력을 다른 계급에게로 이전시키는 것—러시아는 이 지점을 향해 어느 나라보다도 가까이 가 있다—에 의해 비로소 가능한 것."(「페트로그라드 시 협의회」)

레닌은 프롤레타리아트와 빈농의 수중으로 권력을 이전하는 것(즉 노동자계급의 권력 장악)과 '직접적으로 사회주의를 도입하는 것'을 조금도 혼동할 일 없이 분명하게 구별하고 있다. 위 인용문에서 레닌이 러시아가 "이 지점을 향해 어느 나라보다도 가까이 가 있다"고 한 '이 지점'은 권력을 노동자계급에게로 "이전시키는 것"이지, '직접적으로 사회주의를 도입하는 것'이 아님은 분명하다. 그러함에도 불구하고 구 볼셰비키는 왜 권력 장악을 한사코 '직접적으로 사회주의를 도입하는 것'으로 간주하고자 하는가? 여기에 깔려 있는 가정은 이렇다. 설사 일시적으로 노동자계급이 권력을 장악할 수 있다 하더라도 소농의 나라 러시아에서 그것이 '유지'될 수 있겠느냐, 결국은 농민을 건너뛰어 '직접적으로 사회주의를 도입하는 것'이 될 것이고, 이것은 '모험주의적'인 파리 코뮌처럼 패배로 끝나고 말 것이다. 이것이 권력 장악 반대에 깔려 있는 예측 시나리오다. 구 볼셰비키는 '프롤레타리아트와 농민의 민주주의 독재' 시나리오에 대해 확고한 만큼이나 이러한 예측 시나리오에 대해서도 확고하다. 두 시나리오는 같은 동전의 양면이다. 여기서 우리는 다시 러시아 혁명에 대한 레닌의 총괄적인 전략 규정을 상기해 볼 필요가 있다. 구 볼셰비키가 걸고 있는 '혐의'와는 달리, 결코 주관주의적이거나 모험주의적이지 않음을 우리가 앞에서 살펴본 그 전략 규정 말이다.

"1917년 2~3월의 러시아 혁명은 '제국주의 전쟁의 내란으로의 전화'의 출발점이었다. 이 혁명은 전쟁 종결로의 제1보를 내딛었다. 제2보, 즉 국가권력을 프롤레타리아트에게 인도하는 것만이 전쟁의 종결을 보장할 수 있다. 그것은 세계적 규모로의 '전선 돌파', 자본의 이익이라는 전선을 돌파하는 출발점이 될 것이다. 그리고 이 전선을 돌파함으로써만 프롤레타리아트는 전쟁의 참화에서 인류를 구원하고 인류에게 평화의 축복을 안겨줄 수 있다.

러시아 혁명은 노동자 대표 소비에트를 만들어냄으로써 이미 이러한 자본 '전선'의 '돌파' 직전까지 러시아 프롤레타리아트를 끌어당긴 것이다."(「우리 혁명에서 프롤레타리아트의 임무」)

러시아에서 "국가권력을 프롤레타리아트에게 인도하는" 제2의 혁명, 즉 러시아의 사회주의 혁명은 세계적 규모로의 자본 전선 돌파, 즉 세계 사회주의 혁명의 구성 부분이자 그 출발점이다. 그리고 러시아 프롤레타리아트는 이러한 전선의 돌파 직전까지 와 있다. 러시아에서 노동자계급의 권력 장악이 이와 같이 세계적 규모로의 자본 전선 돌파의 일환이자 그 출발점, 그 촉진자라면, 구 볼셰비키의 예측 시나리오는 그 전제부터 허물어진다. 러시아의 노동자권력은 유럽에서의 승리한 사회주의 혁명의 원조를 통해 단지 '유지'만이 아니라 성공적인 사회주의 '도입'의 가능성이 열리기 때문이다. (특히 농업 문제와 관련해서는, 농민이 자발적으로 시범 집단농장에 결합하도록 유도할 기계화된 농업 기반을, 선진 유럽의 노동자권력으로부터 제공받을 것으로 기대할 수 있다.)

이미 전쟁 전부터 모든 나라 사회주의자들이 인터내셔널 대회(바젤, 슈투트가르트)를 통해 전쟁이 야기하는 경제적·정치적 위기를 이용하여 자본주의 전복을 앞당긴다는 결의를 거듭 반복해서 해왔다. 이점에 비추어 볼 때 레닌이 러시아 혁명을 제국주의 세계 전쟁의 결과로 인한 국제적 대격변 물결의 제1파(波)로 본 것은, 전쟁 발발 이래 줄곧 노동운동 내 조국방위주의·사회배외주의와의 투쟁에 전력해온 국제주의자로서 자연스런 것이며, 또한 발전하는 정세의 총체성을 담아낸 과학적인 정세 인식에 기초해 있다. 오히려 그렇게 보길 거부하고, 러시아 혁명을 세계적 규모로의 자본 전선 돌파와 관계없는 일국 혁명('특수 러시아적 혁명')이라는 암묵적인 전제하에 '후진국' 러시아에서 '단계를 건너뛰는' 노동자계급의 권력 장악은 패배할 수밖에 없다고 보는 구 볼셰비키의 예측 시나리오야말로 죽은 공식에 매달려 있는, "자칭 과학적이지만 실제로는 아무 내용이 없는, 현학적인" 도그마다.

「4월 테제」로 촉발된 당내 투쟁이 최종적으로 정리되는 볼셰비키당 7차 전국협의회(4월 24~9일)에서 레닌은 '현 정세에 관한 결의' 내용의 일부로 다음과 같이 보고하고 있다.

"사태의 전개는, 다름 아닌 바로 제국주의 전쟁과 관련하여, 1912년 바젤 선언에서 전원일치로 프롤레타리아 혁명이 불가피하다는 것을 천명한 전세계 사회주의자들의 예측을 명확히 확인해주고 있다. 러시아 혁명(2월 혁명)은 전쟁의 결과로 불가피하게 된 프롤레타리아 혁명들 가운데 첫 번째 프롤레타리아 혁명의 최초 단계일 뿐이다. 모든 나라에서 자본계급에 대한 반란의 기운이 대중 속에서 성장하고 있고, 프롤레타리아트는 권력을 프롤레타리아트의 수중으로 넘기고 생산수단의 사적 소유를 폐지시킴으로써만이 인류를 파멸로부터 구할 수 있다는 것을 자각해가고 있다."

레닌이 「4월 테제」에서 "러시아 현 시기의 특수성은, 프롤레타리아트의 계급적 자각과 조직화가 충분치 못해 권력을 부르주아지에게 넘겨준 혁명의 최초 단계에서, 프롤레타리아트와 빈농층에게로 권력을 넘기지 않으면 안 되는 혁명의 두 번째 단계로 이행하고 있다는 점이다"라고 했을 때 여기서 "혁명의 최초 단계"라는 것도 바로 이러한 '전쟁의 결과로 불가피하게 된 프롤레타리아 혁명들 가운데 첫 번째 프롤레타리아 혁명의 최초 단계'를 뜻한다. 이것은 역으로 "프롤레타리아트의 계급적 자각과 조직화가 충분"했다면, "권력을 부르주아지에게 넘겨준" "단계" 따위는 없었을 것이고, 처음부터 러시아에서 프롤레타리아트 독재로(코뮌 국가 수립으로) 세계적 자본 전선 돌파의 출발점이 되었을 것임을 말해준다.

이 점에서 구 볼셰비키는 죽은 '민주주의 독재' 공식을 붙들고서, 러시아 혁명을 '세계적 규모로의 사회주의를 위한 내란'의 일환으로 위치 짓길 거부하고 있는 것이다. 세계 교전국 각국에서 '제국주의 전쟁을 사회주의를 위한 내란으로 전화하라'는 슬로건을 러시아에서 실행하길 처음부터 거부하고 있는 것이다. 구 볼셰비키는 자본주의를 세계 체제로 만들어놓은 제국주의 단계 이전의, 제국주의 세계 전쟁 이전의, 말하자면 1905년 단계에 머물러 있다.『제국주의론』이전의,『민주주의 혁명에서 사회민주주의의 두 전술』의 민주주의 독재 단계론에 고착되어 있다. 그럼으로써 러시아 혁명이 세계적 규모로의 자본 전선 돌파, 즉 세계 사회주의 혁명의 첫 주자이자 출발점이 되는 것도, 러시아 혁명의 승리 자체도 모두 가로막고 있는 걸림돌, "고물 보관소에나 수용해야 마땅한" 사회주의 혁명의 걸림돌이 되어버린 것이다.

모든 발전을 비약적으로 가속화시키고 계급모순을 극도로 첨예화시킴으로써 혁명 과정의 거대한 촉진자가 된 전쟁은 단순히 '외부'에서 끼어든 우연적인 요인이 아니다. "전쟁은 세계 자본주의의 반세기에 걸친 발전의 산물이자, 그 무수한 끈들과 연관들의 산물이다." 이 전쟁은 자본주의의 제국주의적 단계의 산물로서, 제국주의가 우연이 아닌 것처럼 이 제국주의 전쟁도 정세의 우연이 아니다. 제국주의 전쟁이야말로 배우들의 역할 및 위치와 무대 배치를 지휘하는, "세계사의 속도를 비상하게 높이"고 "역사의 방향을 순식간에 트는 전능한 무대감독"이다.(「먼 곳에서 보낸 편지들」) 임시정부가 인민의 전쟁 종결 염원을 무시하고 전쟁 계속을 감행하여 평화도, 빵도, 토지도, 인민이 요구하는 그 어느 것도 줄 수 없는 것은—따라서 제2의 혁명을 불가피하게 만든 것은—임시정부 각료들이 특별히 더 배외주의적이거나 주전파라서가 아니라, 임시정부가 맺고 있는 "러시아·영국·프랑스의 제국주의적 금융자본과의 커넥션" 때문이며, 그러한 제국주의 자본의 이익을 보호해야 하는 제국주의 정부기 때문이다.

"닥쳐온 완전한 경제적 해체와 기근에 맞서 싸우기 위해 긴급히 필요한 즉각적인 혁명적 방책들", 즉 생산과 분배에 대한 통제 도입, 은행과 자본가 신디케이트에 대한 즉각적인 통제와 국유화 같은 '사회주의로 나아가는 이행기 프로그램'을 실행하지 않을 수 없게 하는 것도, 따라서 노동자계급의 권력 장악을 강제하는 것도 모두 전능한 무대감독인 제국주의 전쟁의 결과로 나온 문제들 때문이다.

"토지의 국유화, 모든 은행과 자본가 신디케이트의 국유화, 아니면 적어도 그것들에 대한 노동자 대표 소비에트의 즉각적인 통제 실시 등과 같은 조치는 결코 사회주의의 '도입'은 아니지만, 무조건적으로 주장해야 하며, 가능한 한 혁명적 방법으로 실행되어야 한다. 이 조치들은 사회주의로 가는 몇 걸음에 지나지 않으며, 경제적으로 완전히 실행가능한 것이지만, 이 조치들에 의지하지 않고서는 전쟁으로 입은 상처를 치유하고 닥쳐온 붕괴를 막아내는 것은 불가능할 것이다. 그리고 혁명적 프롤레타리아트의 당은 다름 아닌 '전쟁 덕에' 패씀한 방식으로 이익을 보고 있는 자본가와 은행가의 전대미문의 높은 이윤에 손대는 것을 결코 주저하지 않을 것이다."(「우리 혁명에서 프롤레타리아트의 임무」)

전쟁은 한편으로 자본의 집적과 국제화를 가속화시키고 독점자본주의를 국가독점자본주의로 전화시킴으로써 사회주의 혁명의 객관적 조건이 엄청난 속도로 성숙하게 되는 결과를 가져왔다. 레닌은 앞에서 언급한 볼셰비키 당 7차 전국협의회에서 현 정세에 관해 이렇게 말한다.

"현 정세에 관한 결의에서 러시아의 조건만 말하는 것은 틀렸다. 우리가 국제적 제관계의 총체를 무시한다면 크나큰 오류를 범하는 것이 될 정도로 전쟁은 우리를 분리할 수 없게 한데 묶어버렸다.

전세계 운동이 사회 혁명의 문제를 제기할 시에는 어떠한 과제들이 러시아 프롤레타리아트 앞에 놓이게 될 것인가, 이것이 결의에서 다루어진 주된 질문이다.

보다 발달한 선진국들에서는 이미 전쟁 전에도 의심할 바 없이 존재한 사회주의 혁명의 객관적 조건이 전쟁의 결과로 엄청난 속도로 성숙해졌다. 중소기업들은 어느 때보다도 더 빠른 속도로 밀려나서 파산하고 있다. 자본의 집적과 국제화가 거대하게 진전되고 있다. 독점 자본주의는 국가독점 자본주의로 발전하고 있다. 많은 나라들에서 사회에 의한 생산·분배 통제가 도입되고 있다. 몇몇 나라는 보편적 노동 징집제를 도입하고 있다. 전쟁 전에는 트러스트와 신디케이트의 독점이었는데, 전쟁 이후 국가독점이 형성되었다."(「러시아 사회민주노동당 7차 (4월) 전국협의회」)

전쟁의 결과로 형성된 자본주의 세계경제의 이러한 조건이 소농의 나라 러시아에서 사회주의로 가는 걸음들을 내딛지 않을 수 없게 하는(또한 내딛는 것을 가능하게 해주는), 그리고 러시아가 '사회주의에 한 발을 걸칠' 수 있게 해주는 물질적 전제다. 또 러시아에서 노동자계급의 권력 장악이 세계적 규모로의 자본 전선 돌파의 출발점으로 되게 하는 것도 바로 그러한 조건이다. 세계 사회주의 혁명 전략을 전제하지 않는, 한 나라의 조건만을 논하는 그 어떤 일국혁명 전략도 구체성과 현실성을 담보할 수 없게 되었다. 제국주의 세계체제와 제국주의 세계 전쟁이 후진국 러시아에서도 혁명을 민주주의적 단계에 머물러 있을 수 없게 만들었다. 전진하여 사회주의 혁명으로 나아갈 것인가, 아니면 후퇴하여 제국주의 전쟁 계속과 반혁명으로 학살되어버릴 것인가.

"마르크스주의 입장에서 볼 때, 제국주의에 대해 말하면서 한 나라의 조건만을 논하는 것은 불합리하다. 그 이유는 자본주의 나라들이 상호 아주 긴밀하게 결합되어 있기 때문이다. 지금의 전시 하에서 이 결합은 깊이를 알 수 없을 정도로 강화되어 있다. 전 인류는 한 줄의 피투성이로 된 실구슬로 엮여 있기 때문에 어떤 민족도 단독으로 빠져나올 수는 없다. 선진국이 있으면 후진국이 있듯이, 현 전쟁은 그들 모든 국가들을 많은 실로 엮어버렸기 때문에 일국 단독으로 그곳에서 빠져나오려고 하는 것은 불가능하다. ……

우리는 지금 다른 모든 국가들과 결합되어 있으므로 그 실구슬로부터 빠져나올 수가 없다. …… 즉 프롤레타리아트 전체가 그곳으로부터 빠져나오든가 그렇지 않으면 학살되어 버리든가 둘 중의 하나일 수밖에 없다. ……

독일과 러시아, 이 양국에서 국가의 전 권력이 완전히, 남김없이 노동자·병사 대표 소비에트의 수중으로 이양된다면, 전 인류는 안도의 한숨을 내쉴 것인데, 왜냐하면 그때는 전쟁의 가장 신속한 종결이, 모든 나라 국민들 간의 가장 영속적인, 진정으로 민주주의적인 평화가 실제로 보장될 것이고, 그와 함께 모든 나라의 사회주의로의 이행도 보장될 것이기 때문이다."(「러시아 사회민주노동당 7차(4월) 전국협의회」)

마지막으로 레닌은 권고한다. '프롤레타리아트와 농민의 민주주의 독재'라는 죽은 공식에 매달려 '민주주의 혁명을 최후까지 수행한다'는 구 볼셰비즘의 집착을 떨쳐버리자. 세계 프롤레타리아 혁명의 첫 주자가 되는 것을 두려워하지 말자.

"우리는 세계를 개조하고자 나서고 있는 것이다. 우리는 수억 명의 사람을 끌어들였으며 수천억, 수조 규모의 자본의 이익이 얽혀 있는 제국주의적 세계 전쟁을 끝장내고자 하고 있다. 인류 역사상 최대의 프롤레타리아 혁명으로써가 아니면 진정한 민주주의적 강화로 끝나는 것이 가능하지 않은 이 전쟁에 우리는 마침표를 찍고자 한다.

그럼에도 우리 스스로는 두려워하고 있다. 우리는 '익숙하고 정든' 더러워진 셔츠에 집착하고 있다…….

더러워진 셔츠는 이제 벗어던지고, 깨끗한 속옷을 입어야 할 때다."
(「우리 혁명에서 프롤레타리아트의 임무」)

* * *

'구 볼셰비즘'의 문제는 단순한 '일시적인' 전술 차이가 아니라 이와 같은 근본적인 차이를 내포하고 있다. 위에서 우리가 보았듯이, 레닌이 "지금의 관건적인 임무"라고 말한, 노동자·병사 대표 소비에트로 실현된 프롤레타리아트와 농민의 민주주의 독재 "내부의 분립"은 혁명의 발전과 승리에 있어 말 그대로 '관건'이었다. "프롤레타리아적 분자(조국방위주의에 반대하고 코뮌으로의 이행에 찬성하는 국제주의적, '공산주의적' 분자)와 소부르주아적 분자(코뮌으로 나아가는 것에 반대하고 부르주아지와 부르주아 정부를 '지지'하는 입장에 서 있는 치헤이제, 체레텔리, 스테클로프, 사회주의혁명가당, 그리고 그 밖의 혁명적 조국방위주의자들)를 분리시키는 임무" 없이는, 이 "관건적인 임무"가 선결되지 않고서는 '모든 권력을 소비에트로!'도, 10월 사회주의 혁명으로 나아가는 것도 다 가능하지 않은 상황이었기 때문이다. 여기서 구 볼셰비키는 어떻게 했는가? "지금 '프롤레타리아트와 농민의 혁명적 민주주의 독재'만을 말하"며 코뮌으로 나아가는 것에 반대하는 구 볼셰비키는 마찬가지로 이 관건적 임무에 대해서도 반대했다. 그 "생활에 뒤처진" 노선, 그 죽은 '공식'으로부터 나오는 논리적 귀결이었다. 이것은 적어도 해당 국면에서는, 앞의 "소부르주아적 분자"와 다를 바 없는 위치, 즉 "코뮌으로 나아가는 것에 반대하고 부르주아지와 부르주아 정부를 '지지'하는 입장에 서 있는 치헤이제, 체레텔리, 스테클로프, 사회주의혁명가당, 그리고 그 밖의 혁명적 조국방위주의자들"과 같은 인민전선에 서 있는 것이었다. 레닌이 규정한 것처럼, "프롤레타리아 계급투쟁에 반대하여 소부르주아지 쪽으로 넘어간 사람"이다.

이와 같이 레닌의 「4월 테제」 대(對) '구 볼셰비즘' 간의 이 시기 당내 투쟁은 러시아 혁명의 진로와 명운을 가르는 투쟁이었다. 10월 사회주의 혁명으로 갈 것인가, 아니면 이 길을 가로막고 제국주의 전쟁으로 계속 나아가 결국 반혁명에 길을 내줄 것인가. 다행히 「4월 테제」가 당의 노선으로 정리되면서 구 볼셰비즘은 '고물 보관소'로 영구 수용되고 마침내 10월 혁명이라는 해피엔딩으로 끝날 수 있었지만, "프롤레타리아 계급투쟁에 반대하여 소부르주아지 쪽으로 넘어"가 부르주아지와 함께 '공동의' 전선에 서는 인민전선 노선은 18년 뒤 스탈린이 당내 반대파 숙청을 완성한 직후 화려한 부활을 맞는다. 1935년 코민테른 7차 대회에서 인민전선이 '국제 공산주의 운동'의 총노선으로 등극한 것이다. 파시즘을 '금융자본의 가장 배외주의적이고 가장 군국주의적인 분파의 테러 독재'라고 규정하여, '그 외의' 금융자본 분파들, 그 외의 부르주아와는 히틀러에 대항하는 공동전선에 함께해야 한다며, 영국·프랑스 연합국의 제국주의 부르주아지와 동맹을 맺었다. 그리고 영국, 프랑스, 미국 등 각국에서 '반파쇼 인민전선' 이름으로 공산당이 '자'국의 제국주의 지배계급을 지지하고, 부르주아지·소부르주아지와의 인민전선 협정을 지키기 위해 프롤레타리아 계급투쟁을 억제하는 데 앞장섰다. 실제로 1936년 프랑스 공장 점거 파업물결에서, 그리고 스페인 혁명에서 인민전선은 '프롤레타리아 계급투쟁에 반대하'는 계급협조 체제를 통해 노동자 투쟁과 나아가 노동자권력의 맹아를 파괴하는 반혁명적 노선으로서의 면모를 실물적으로 보여주었다. (이후 그리스에서, 한반도에서, 나아가 인도네시아에서, 칠레에서, 오늘날 남아공에 이르기까지 인민전선은 '민주주의혁명 단계'론과 한 세트를 이뤄 계급투쟁과 노동자혁명에 재앙적인 노선이 되어왔다는 것은 여기서 다 상술할 수 없다.)

임시정부와 전쟁에 대한 태도, '혁명적 조국방위주의'에 대한 태도, 소비에트에 대한 방침, 소부르주아 민주주의파와 농민에 대한 태도 등 모든 전술 문제에서의 차이는 인민전선 노선의 이러한 역사적 궤적을 통해서도 확인할 수 있듯이, 혁명의 성격, 전략 목표, 세계 사회주의 혁명과의 연관 등 근본적인 전략 규정의 차이를 바탕에 깔고 있는 것이었다.

나아가 이러한 전략 규정의 차이를 가져온 근저에는, 전쟁 발발 후 레닌이 발전시켜온 제국주의 이론과 코뮌 국가론(파리 코뮌의 경험에 기초해 새롭게 정립된 마르크스·엥겔스 국가 이론의 '재발견'이라고 그가 말한)을 구 볼셰비키가 수용, 공유하는 데 실패한 문제가 또한 놓여 있었다. '세계적 규모로의 자본 전선 돌파', 즉 제국주의 세계 사슬 돌파와 분리된 일국혁명 전략과, 새로운 국가 유형으로서의 소비에트의 의의를 부인하고 코뮌으로의 이행을 가로막은 '민주주의' 독재 단계론에 대한 집착은 명백히 이러한 실패와 관련이 있다. (레닌이 「4월 테제」 속에서 제국주의 문제와 코뮌 국가 문제를 당 강령 개정안에 포함할 것을 제안한 이유도 이러한 중대한 차이를 감지하여, 낡고 '생활에 뒤처져' 걸림돌이 된 '공식'과의 단절·쇄신을 명문화하고 당의 강령·전술적 재무장을 기하기 위한 것으로 보인다.)

이미 망명지 스위스에서 레닌은 2월 혁명이 제기하게 될 문제들과 이론적 고투를 벌이고 있었고, 그에 대한 강령·전술적 답을 정식화하고 있었다. 특히 코뮌 국가론의 경우, 그의 『국가론 노트』에서 보듯이 레닌이 2월 혁명 직전까지도 붙들고 씨름하고 있던 주제로서 자신의 이전 규정과의 명시적인 단절을 보여준다. 1905년의 『민주주의 혁명에서 사회민주주의의 두 전술』에서 레닌은 파리 코뮌을 "당시에 민주주의 혁명의 요소와 사회주의 혁명의 요소를 구별하지 못했고, 또 구별할 수 없었던 정부, 공화제를 위해 투쟁하는 임무와 사회주의를 위해 투쟁하는 임무를 구분하지 못하고 혼동한 정부"라고 평가하며, "'혁명적 코뮌' 슬로건은 틀렸는데, 왜냐하면 역사에 알려진, 코뮌이 범한 바로 그 과오라는 것이 다름 아니라 민주주의 혁명을 사회주의 혁명과 혼동한 점이었기 때문"이라고 지적했었다. 이러한 평가는, 앞에서 우리가 본 1917년의 평가, 즉 "새로운 국가 유형"으로서의 코뮌의 의의에 대한 레닌의 적극적인 평가와는 명백히 다른 것이다. 「4월 테제」 논쟁 석 달 뒤에 발표되는 『국가와 혁명』(미처 완성 못한 『국가론 노트』를 이때 완성한 것)에서는 이러한 적극적인 평가가 체계적으로 제시되어 있다. "코뮌은 프롤레타리아 혁명이 부르주아 국가기구를 분쇄하고자 한 첫 시도다. 또한 분쇄된 국가기구를 대체할 수 있고, 또 대체해야만 하는 '마침내 발견된' 정치적 형태다." 그리고 "1905년과 1917년의 러시아 혁명은 파리 코뮌의 사업을 다른 상황에서, 다른 조건하에서 계속하고 있고, 마르크스의 빛나는 역사적 분석을 확증해주고 있다." 1917년뿐만 아니라 1905년에 대해서도 코뮌을 말하고 있다. 이제 레닌은 거슬러올라가, 이러한 코뮌에 대한 새로운 시각을 1905년 혁명에 투영하고 있다.

"프롤레타리아트가 현재 혁명의 성과를 지키고 한 걸음 더 나아가 평화, 빵, 자유를 쟁취하고자 한다면, 마르크스의 표현을 빌리자면 이 '기존의' 국가기구를 '분쇄'하고, 경찰력, 군대, 관료를 무장한 전체 인민과 융합한 새로운 국가기구로 대체해야 한다. 1871년 파리 코뮌과

1905년 러시아 혁명의 경험이 가리키는 길을 따라 프롤레타리아트는 스스로 이런 국가권력 기관을 건설하기 위해, 주민 가운데 가난하고 착취당하는 모든 층들을 조직하고 무장시켜야 한다."(「먼 곳에서 보낸 편지들」 중 "세 번째 편지")

구 볼셰비키가 이미 죽은 '민주주의 독재'라는 1905년 공식을 1917년에 투영하여 코뮌 국가를 '단계를 건너뛰는' 것이라며 반대하고 있는 상황에서 레닌은 "1905년 혁명의 경험이 가리키는" 코뮌 국가의 길이야말로 1917년 혁명이 따라야 할 길이라고 말하고 있다. 이와 같은 '코뮌 국가 대 민주주의 독재'의 대립 구도는 레닌의 「4월 테제」와 구 볼셰비즘 간의 차이가 '일시적인' 전술 차이의 문제가 아님을 확인해주는 또 하나의 지점이다. 레닌은 코뮌의 '재발견'으로 민주주의에 대한 관점도 코뮌의 시각에서 재정립되어야 한다고 보았다.

"민주주의는 국가의 한 형태다. …… 마르크스주의가 아나키즘과 다른 것은 사회주의로 이행함에 있어 국가가 필요하다는 것을 인정한다는 점이다. 그러나(이 점에서 카우츠키 일파와의 차이가 있는데) 통상적인 의회제 부르주아 민주주의 공화국 유형의 국가가 아니라, 1871년의 파리 코뮌이나 1905년과 1917년의 노동자 대표 소비에트 같은 국가가 필요하다. ……

실제 상황과 혁명은 이미 실제로 우리나라에 허약하고 맹아적인 형태로나마 바로 이 새로운 유형의 국가, 본래 의미에서의 국가가 아닌 '국가'를 만들어냈다.

본래의 의미에서의 국가란 인민으로부터 분리한 무장한 인간 부대가 대중을 지배하는 것이다.

태어나려 하고 있는 우리의 새로운 국가 역시 하나의 국가인데, 왜냐하면 우리에게도 무장한 인간 부대가 필요하며, 가장 엄격한 질서가 필요하며, 차리즘 반혁명이든 구치코프-부르주아 반혁명이든 모든 반혁명 기도를 무력으로 무자비하게 진압하는 것이 필요하기 때문이다.

그러나 태어나려 하고 있는 우리의 새로운 국가는 더 이상 본래 의미에서의 국가가 아닌데, 왜냐하면 러시아의 많은 지점에서 이 무장한 인간 부대를 이루고 있는 것은 대중 자신, 인민 전체지, 인민으로부터 분리되어 인민 위에 군림하면서 사실상 소환도 되지 않는 특권을 지닌 인사들이 아니기 때문이다.

앞을 내다봐야지, 뒤를 돌아봐서는 안 된다. 즉 낡은 군주제적 통치 기관—경찰, 군대, 관료—에 의해 부르주아지의 지배를 강화시킨 통상적인 부르주아 형의 민주주의 쪽이 아니라, 앞을, 전방을 보아야 한다.

태어나려 하고 있는, 이미 민주주의이기를 중단하는 중인—민주주의란 인민의 지배인데, 무장한 인민 자신이 자신을 지배하는 것은 가능하지 않기 때문에—새로운 민주주의 쪽을 보아야 한다.

민주주의라는 말은 …… 1917년 3월을 거친 오늘에는, 이 말은 혁명적 인민의 눈을 가려, 그들이 새로운 것—즉 '국가' 내의 유일 권력이자, 국가 일체의 '사멸'을 예고하는 전령으로서의 노동자·농민 등 대표 소비에트—을 자유롭게, 대담하게, 자신의 주도로 건설하는 것을 방해하는 눈가리개가 되고 있다."(「우리 혁명에서 프롤레타리아트의 임무」)

레닌이 당명 개정을 제안하면서 사회 '민주주의'가 아니라 공산주의로 "우리 이름을 대야 한다"고 강력히 촉구한 배경에도 "국가 일체의 '사멸'을 예고하는 전령으로서의" 코뮌의 시각에서 바라본 이러한 '눈가리개'로서의 민주주의라는 인식이 깊이 작용하고 있었다.

그러나 특히 인민전선이 총노선으로 등극한 코민테른 7차 대회 후 '공산'당들의 전략·전술 어휘에서 '코뮌'은 사라지고 '민주주의 인민전선', '반파쇼 민주주의', '인민민주주의', '반독점민주주의', '민주대연합' 등 온통 '민주주의' 판이 된다. 레닌이 경고한, "프롤레타리아 계급투쟁에 반대하여 소부르주아지 쪽으로 넘어간 사람"들이 새 옷으로 위장하고 변신 부활에 성공했다. 1917년 4월의 레닌의 투쟁은 이 때문에 지금까지도 끝나지 않았다. 레닌이 가르쳐준 4월의 전략·전술은 지금도 혁명적 프롤레타리아트에게 가장 필수적인 투쟁의 무기고, 또 그래야만 한다. 진정한 공산주의의 이름으로 노동자운동 내에서 이 소부르주아 민주주의 경향과 투쟁하는 데서 특히 그렇다.

양효식

4월 테제   **066** 레닌   Владимир
                전집   Ильич
                          Ленин

1판 1쇄 발행 2020년 3월 30일

지은이 블라디미르 일리치 레닌
옮긴이 양효식
펴낸이 김찬

펴낸곳 도서출판 아고라
출판등록 제2005-8호(2005년 2월 22일)
주소 경기도 파주시 가온로 256 1101동 302호
전화 031-948-0510
팩스 031-948-4018

ⓒ아고라, 2020
ISBN 978-89-92055-75-8 04300
ISBN 978-89-92055-59-8 04300세트

도서출판 아고라는 노동자·민중의 삶을
이롭게 할 소설·인문·사회·라이프 분야의
원고를 찾습니다.
bookeditor@daum.net으로
원고 또는 기획안을 보내주세요.

* 책값은 뒤표지에 있습니다.
* 레닌북클럽:
facebook.com/groups/leninbookclub